한국어로 내려온
New Bible

새로운
성 경

제112권

7부 | 총10부

하얀마음

하나님 말씀 중에서

1. 사랑의 하나님

- 세상을 창조하신 하나님은 모두를 사랑하신다. 인간만 특별히 더 사랑하지 않고, 우주 만물을 다 똑같이 사랑하신다. 그러니 하나님이 창조하신 천지 만물과 화친하고, 미물까지도 소중히 대하라.

- 하나님은 특정 종파나 민족만을 더 사랑하지 않으신다. 자기 자신만 구원받겠다는 욕심을 버리고, 자기 종파만 구원받는다는 편협한 교리에서 벗어나야 한다. 종파를 초월해서, 모두를 사랑하라.

- 원수까지 사랑하라 했으니, 이 세상에 사랑하지 못할 자가 누가 있겠는가? 종파가 다르다고 해서 부모 형제와 원수처럼 지내는 자는 인간의 근본을 모르는 자다. 가장 가까운 가족부터 사랑할 때 남도 진심으로 사랑할 수 있다.

- 한 사람을 원수같이 생각하던 마음에서 사랑하는 마음으로 돌리면, 자기 자신의 마음이 가장 기쁘고 행복하다. 하나님께서는 인간의 마음속에 무거움이 없이 기쁘고 행복한 삶을 살기를 바라신다.

- 이웃을 "내 몸처럼" 사랑하라 했으니, 마지막 한 장 남은 천국의 티켓도 이웃에게 양보하라. 자기 중심적인 신앙에서 벗어나서 남을 위해 살아야 한다.

- 독초도, 약초도, 이단도 사탄도 천사도 다 필요하기에 존재한다. 독초일지라도 극소량을 사용해서 생명을 살릴 수 있고, 약초라 하더라도 남용하면 생명을 잃을 수 있다.

- 세상 모든 것을 명약으로 활용하는 것은 인간의 지혜에 달렸다. 어떤 것이든 어떤 사람이든 적재적소에 꼭 필요한 명약으로 승화시키라.

- 사탄도 이단도 천사도 모두 하나님의 주관하에 존재한다. 진정한 하나님의 백성은 사탄과 마귀까지도 감화시켜서 천사로 거듭나게 한다.

2. 기도

- 하나님은 인간의 생각까지 모두를 다 알고 계신다. 우리의 소원도 이미 알고 계시기에, 소원의 기도를 할 필요가 없다. 우리가 받을 자격이 되면 내려 주신다.

- 죄를 짓고 아무리 회개를 해도 용서받지 못한다. 도둑질한 자는 용서해 달라고 기도하고, 도둑맞은 자는 도둑을 잡게 해 달라고 기도하면, 공의의 하나님은 누구의 편에 서시겠는가?

- 자기가 잘못한 것은 그 사람에게 직접 갚고 용서를 구하라. 그가 용서하면 하나님도 용서하신다. 땅에서 매면 하늘에서도 매이고, 땅에서 풀리면 하늘에서도 풀리는 이치다.

- "회당에서 기도하지 말고 골방에서 기도하라" 했다. 눈에 보이는 골방이 아니라, 골방과 같이 고요한 마음이다. 잡념을 버리고 하나님을 향해 마음을 집중하며, 사랑하고 용서하는 아름다운 생각만 나오도록 하라.

- "두드리면 열릴 것이다." 하는 것은 육의 소원을 위해 두드리라는 것이 아니라, 진리의 깨달음을 얻기 위해 두드리라는 것이다.

- 기도하는 방법: 생활 속에서 수시로 기도하는 삶을 살아야 한다.

- "저의 죄를 용서하여 주옵소서." 하는 회개의 기도를 하라.
- 범사에 "하나님! 감사합니다." 하라. 현재 가진 것에 감사하며, 과욕하지 말라. 자기 노력 이상의 것을 더 갖고자 기도하는 것은 도둑놈심보다. 공의의 하나님은 각자 노력한 만큼 주신다.
- "하나님 뜻대로 살아가겠나이다." 하며 마음의 각오를 다지라.

- 기도는 하나님의 말씀을 받아서 "행하는 것"이다. 하나님이 계심을 굳건히 믿고, 하늘을 향하여 한 점 부끄럼 없이 사는 삶 자체가 가장 위대한 기도이며, 삶이 곧 예배다.

3. 지도자

- 똑같이 사랑한다는 말을 해도, 순수하게 하는 말은 천사의 말이지만, 사기 쳐서 재산을 가로채려고 하는 말은 사탄의 말이다.

- 종교 지도자가 아무리 훌륭한 설교를 해도, 신도의 재물을 거둬서 더 큰 교회를 짓고 자기의 부귀영화를 바라며 설교하면 사탄의 가르침이 된다.

- "저희 교회는 만원사례요, 믿음은 다 같으니 이웃의 개척 교회에 가서 예배를 드리시오." 하며, 이웃 교회의 부흥을 먼저 생각하여 제 신도를 보내는 종교 지도자가 있다면 그를 따르라. 그가 하나님의 사랑을 실천하는 자다.

- "부자가 천국에 들어가는 것은 낙타가 바늘구멍을 통과하는 것보다 더 힘들다" 하였거늘, 지금의 교회에서는 부자가 되기만을 기도하고 소원하니, 이는 곧 천국을 포기하고 지옥 행 열차의 티켓을 사는 것과 같다.

- 예수는 빈손이었다. 종교 지도자가 예수보다 더 호화롭고 편안하게 살아간다면 잘못된 것이다. 부귀영화와 명예를 바라는 자는 절대로 갈 수 없는 좁고 협착한 길이 종교 지도자의 길이다.

- 종교 지도자는 유리로 비춰 봐 한 점의 부끄러움이 없이 살아야 한다. 의식주도 직접 일해서 해결하고, 예수의 가르침과 행함을 그대로 따라야 한다.

- 종말은 없다. 지금의 잘못 가는 종교 집단에게만 종말이 있다. 보이지 않는 하나님은 보이는 육의 종말은 관여하지 않으신다. 환경 파괴로 인간이 스스로 멸망을 자초하는 것이다. 종파끼리 싸우기 전에, 무너진 인성을 바로잡고 지구의 몸살을 해결하는 데 뜻을 모으는 게 급선무다.

4. 성전이란

- 이 세상 자체가 하나님께서 만드신 성전이다. 자연보다 더 아름다운 성전이 있는가? 보이는 건물이 성전이 아니라, 성스러운 마음가짐이 성전이다.

- 반석 위에 교회를 지으라 했다. 지상의 단단한 돌은 인간이 쪼갤 수 있으나, 마음속의 굳은 결의는 세상 무엇으로도 쪼갤 수 없다. 바르고 굳건한 믿음으로 성경의 가르침을 실천하는 것이 마음의 반석 위에 교회를 짓는 것이다.

- 손으로 지은 건물의 교회에 모여서 복음을 전하는 것이 아니라, 교회를 개인과 가정에 심어 주어야 한다. 무너지고 부서지는 건물을 짓지 말고, 마음속에 영원히 불변하는 참진리의 교회를 지으라.

5. 십계명

- 십계명은 인간이 죽어서 반드시 통과해야만 하는 열 개의 관문이다.

- 부모를 공경하지 아니한 자는 “네 부모를 공경하라.” 하는 제5계명의 관문이 열리지 않으니 구원받을 수 없다.
- 살인, 간음, 거짓, 우상 등의 나머지 계명도 마찬가지다.

- 십계명은 하나님의 친필이다. 모기소리만 한 하나님의 음성이라도 들어 보겠다고 여기저기 찾아 헤매지 말고, 십계명부터 암송하고 지키라.

- 십계명은 영혼을 구원하는 양식이며, 십계명을 지키는 것이 구원을 받는 길이다. 인간이기에 지키고자 노력하고 또 노력한다면 지킬 수 있다.

- 십계명을 지키고 천사처럼 아름답게 살아가는 그 마음 하나면 세상에 이루어지지 않는 것이 없다.

6. 보물

- 하나님은 재물이 아니라 우리의 마음을 받으신다. 사랑을 실천하며 천사처럼 변하는 마음이 하나님께 바치는 보물이다.

- 보이지 않는 하나님께 재물을 바치려 하지 말고, 너희를 길러 준 부모에게 용돈 드리고, 찾아뵙고, 효성을 다하라. 그것이 하나님께 효도하는 것이다.

- 하늘에는 선과 악의 창고가 있다. 자기 창고에 선이 많으면 천국으로 구원을 받고, 악이 많으면 심판받아 지옥으로 간다. 그것이 바로 “선한 일을 행한 자는 생명의 부활로, 악한 일을 행한 자는 심판의 부활로” 나오는 것이다.

- “선악과를 따먹지 말라”는 것은 양심을 지키라는 것이다. 선과 악을 구분할 수 있는 양심을 최초에 인간에게 주셨다. 선한 열매는 취하고, 악한 열매는 버리며, 양심에 비추어 부끄럼 없는 삶을 살아가라.

- 가장 작은 거짓말을 하지 않고, 가장 작은 죄를 짓지 않으며, 가장 작은 선행을 하고, 가장 작은 악행을 멀리하는 것이 율법의 일점 일획도 빠뜨리지 말고 다 지키는 삶을 사는 것이다.

7. 우상

- 박물관에 있는 불상은 하나의 예술품이다. 그 조각품에 대고 제 소원을 빌 때 우상숭배가 된다. 십자가라 하여도 그 앞에서 소원을 빈다면 우상숭배하는 것이며, 하나님께 소원을 빈다면 하나님을 우상으로 전락시키는 것이다.

- 지금 기복신앙에 젖어 있는 모든 사람이 우상 앞에 절을 하고 있다. 조각품을 우상이라며 파괴하지 말고, 네 마음속에 있는 욕심의 우상을 무너트리라.

- 생수를 약초가 먹으면 약을 만들고 독사가 먹으면 독을 만든다. 같은 성경을 봐도 선한 지도자는 신도를 천사로 만드는 데 활용한다. 그러나 욕심이 가득한 지도자는 재물을 거두어들여 제가 부귀영화를 누리는 데 악용한다. 그가 바로 성경을 우상숭배의 도구로 전락시키는 거짓 선지자다.

- 성경을 한 획도 빼거나 더하지 말라는 것은, 그 가르침을 빠트리지 말고 온전히 지키라는 것이다. 성경 속에서 자기에게 유리한 구절만 보는 것은, 자기에게 불리한 구절들을 빼 버리는 것이다. 믿음이 제일이요, 행함은 구원과는 관계없다는 것은 자신에게 유리한 쪽으로 성경을 악용하는 것이다.

- 진정한 종교 지도자는 종파에 관계없이 어떤 종파든 어떤 책이든 접하고 보고 깨우쳐 견문을 넓히도록 인도한다. 참진리를 모르고 자신이 없는 자가 남을 이단이라며 배척하고, 신도들의 눈과 귀를 가린다.

8. 예수

- 예수의 재림은 없다. 예수가 다시 온다 해도, 과연 누가 그를 예수라고 믿겠는가? 예수와 같은 삶의 행함이 곧 예수의 재림이다. 각자 모두가 "재림 예수"가 되는, 차원 높은 믿음으로 가야 한다.

- 예수는 "주여 주여 하지 말고, 아버지의 뜻대로 행하라"고 했다. 예수가 전한 하나님의 뜻이 곧 "길이요, 진리요, 생명"이며, 그 가르침이 예수의 보혈처럼 소중한 것이다. 예수를 믿는 것은, 예수의 가르침을 믿고 따르는 것이다.

- 예수는 낮은 자로서 만백성을 섬기고자 했다. 만나는 모든 사람을 다 하나님이라 생각하라. 돈을 벌수록 겸손하고, 높은 지위를 얻을수록 낮아지라.

▪ 예수는 종파를 만들지 않았다. 인간이 만든 종교와 인간의 교리를 따르지 말고, 예수를 통해 전한 하나님의 참진리를 연구하고 따르라.

▪ 예수가 2천 년 전에 만백성을 위해 죽었으니, 지금 이 땅에는 예수의 가르침대로 사는 천사만 존재해야 한다. 예수가 죽어 가면서 바란 것은 만백성이 천사가 되어 예수의 자리를 채워 주는 것이지, 지금과 같이 재물을 바치면서 중언부언 제 소원만을 비는 백성들을 바란 것이 아니다.

9. 구원

▪ 천사가 사는 천국에는 천사만 갈 수 있으니, 천사 같은 마음을 길러야 한다.

- "천국 열쇠를 네게 주리니 땅에서 무엇이든지 매면 하늘에서도 매일 것이라" 했다. 땅에서 천사같이 사는 자가 하늘에서도 천사가 되어 천국에 들어간다. 모든 사람에게 천사같다는 말을 듣는 삶을 살아야 한다.

▪ 천사의 곱고 아름다운 마음은 부모를 공경하고 어른을 어른으로 대접하는 데에서 출발한다. 효도하는 자는 형제와 화목하게 지내기에 가정이 화목해지고, 이웃과 화목해지고, 국가가 화목해지고, 온 인류가 화목해진다.

- 그러므로 지상의 아름다운 소왕국은 가정에서부터 이루어야 한다.

▪ 선택된 14만 명만 구원받는 것이 아니라, 천사처럼 변하고자 하는 14만 명을 기초로 온 인류가 천사처럼 거듭나는 영적인 개혁이 시작되는 것이다.

▪ 천 년에 걸쳐서 하늘에서 이루어진 것같이 이 세상을 낙원으로 만들어, 만백성이 지상의 천국에서 살다가 죽어서 그대로 하늘의 천국으로 들어가는, 영원한 지상 낙원을 건설하는 것이 하나님의 계획이다.

- 이것이 구약과 신약에 이어 "새로운 성경"으로 역사하시는 하나님의 창조의 완성이다.

▪ 지금의 믿음으로 구원받을 수 있다면 그 길을 가라. 그러나 자신이 없다면 하나님께서 직접 내리신 160권의 "새로운 성경"을 읽고 구원의 길을 보라!

하나님 머리말씀

이 새로운 성경을 읽는 너희 모두는
이 율법에 따라 행하면 영원히 구원받을 것이니라.

너희 인간이 수년, 수십 년, 평생
성서를 공부하고 기도하는 것은
하늘나라 나의 곁으로 오고 싶은 소망일진대,

몇천 년 전의 너희 인성과 생각이
지금의 너희와는 판이하게 다르니,

꺾여 가고 병들어 가는 너희를 고칠 수 있는 길은,
오늘 내가 선지자에게 내리는 새로운 성경과 같이
너희가 변화되는 것뿐이니라.

나의 예수가 태어난 것처럼
내가 아들 선지자를 선택하여
나의 새로운 성경을 온 세계에 전하고자 하니,

묵은 것은 버리고 새로운 것은 취하여,
너희 모두는
'여호와 하나님! 저의 죄를 용서하여 주옵소서.'
하는 기도문으로 기도하고, 죄를 뉘우치라.

이 새로운 성경은
수천 년간 내려온 성서를 요약한 것이니,
너희는 이 책을 정독하여 쉽게 깨달음을 얻고,
이대로 실천하여 하늘에 오르라.

대역자 머리말

■ 하나님의 율법을 지키는 선지자로 선택을 받도다.

저는 남들처럼 그저 열심히 살아온 평범한 사람이었습니다. 그러나 50대 중반에 사업에 실패하여 많은 부채에 시달렸으며, 건강도 악화되어 눈이 잘 안 보이고, 걷기도 어렵고, 두통이 심해서 잠을 이룰 수 없는 고통의 나날을 보냈습니다. 그때 제가 선택할 수 있는 것은 육의 삶을 끝내는 길뿐이었습니다.

죽기 직전에 그동안에 죄를 지은 이들에게 용서를 빌고 인생을 끝내기로 작정하였습니다. 어려서부터 지은 죄를 빌고 빌다 보니 끝이 없었고, 죽음으로도 그 많은 죄를 용서받을 길이 없다는 생각에 하염없이 눈물이 흘렀습니다. 그 순간 '재래식 화장실의 구더기는 죄를 짓지 않는데, 나는 인간으로서 구더기만도 못한 삶을 살았구나.' 하는 생각이 들면서 괴로움에 몸부림칠 때, 갑자기 하나님의 음성이 들렸습니다.

"나는 여호와 하나님이니라. 너는 십계명을 암송하고 내가 내려 주는 메시지를 받아 책으로 만들어 만백성을 구하라." 하시며, 제 눈을 손으로 문지르게 하시고, 아픈 머리와 다리를 손으로 두드리게 하셨습니다. 그러고 나니 눈도 잘 보이고 걸을 수 있었으며 머리의 통증도 말끔히 낫게 되었습니다. 그때부터 십계명을 암송하고 나면 들려주시는 말씀을 기록하였고, 1999년 8월부터 2004년 7월까지 권당 288쪽, 총 160권을 받아서 "새로운 성경"이라는 책으로 펴내게 되었습니다.

그러한 저에게 죽기보다도 힘든 길이 시작되었습니다. 모든 교인들이 저에게 사탄이요, 이단이요, 악마요, 마지막 시대에 온 거짓 선지자라 하면서 공격하였고, 저를 짐승을 보듯이 대하는가 하면, 편협한 종교 지도자들의 선동으로 신도들이 이 책을 직접 읽어 보고 평가할 기회마저 막아 버렸습니다. 그래서 하나님의 말씀을 세상에 내는 데 많은 어려움을 겪으며, 피를 토하는 심정으로 책을 전하고 있습니다.

그러나 아무리 인간의 힘으로 막으려 해도, 하나님의 뜻이 세상에 전해지는 위대한 역사는 계속될 것입니다. 책으로 전해지는 "하나님의 말씀"은 세상 끝날까지 항상 우리와 함께하실 것입니다. 사람은 죽어도, 책에 기록된 말씀은 영원히 남으니까요.

■ 따뜻한 실천

하나님께서는 어려운 사람들에게 삶의 터전을 마련해 주고, 미래를 열어 주는 것을 기뻐하십니다. 어려운 이웃이 스스로 자립할 수 있도록 이끌어 주는 것이 진정으로 이웃을 돕는 것이라고 말씀하셨습니다. 그래서 일자리가 없는 제자들에게 작은 사업장을 만들어 주는 "달란트 사업"을 하고 있습니다. 식당, 반찬 가게 등을 차려 주고, 기존의 어려운 사업장이 자립할 수 있도록 돕고 있습니다(커피숍, 미용실, 의상실 등).

하나님께서는 교회에 나와서 모든 시간과 재물을 쏟기를 원하지 않으시고, 그 시간과 재물을 교육에 투자하여 스스로 미래를 열어 가기를 원하십니다. 그래서 제때 공부하지 못한 제자들에게 학업을 이어 가도록 하였습니다. 중화요리 주방장을 하며 초등학교 검정고시부터 공부하여 2012년에 방통대를 졸업한 36세 남성, 만학도들의 2년제 중학교에 입학해서 2007년에 명지대학을 졸업한 38세 여성, 중학교 검정고시를 시작으로 숭의여자대학을 졸업한 47세 여성 등이 있습니다. 그밖에도 많은 제자들에게 나이를 초월하여 배우고 깨우쳐서 사회 속의 당당한 일원이 되도록 인도하고 있습니다.

학자금 대출로 힘겨워하는 젊은이들을 위해 "따뜻한 바람 장학회"를 발족하여(2016년 12월) 대출받은 학자금 전액을 매월 갚아 주고 있습니다. 또한, 다문화 가정을 위해 "다문화 가족 랜드"를 조성하여, 각종 시설을 무료로 활용하도록 하고 있습니다.

이러한 따뜻한 실천이 아직은 미약합니다. 그러나 책의 수입이 늘고, 저와 뜻을 같이하는 분들이 늘어나면 계속 확대할 것입니다. 지도자로서 신도의 재물을 헌금으로 거둬들여 착복하는 것이 아니라, 하나님께서 기뻐하시는 일에 사용하도록 중매 역할만 하며 살아가고자 합니다. 이런 제가 과연 사탄이고 이단인가요? 하나님께서 기뻐하시는 일이라면, 저에게 사탄이라 하든 거짓 선지자라 하든 굽히지 않고 실천해 나갈 것입니다.

끝으로, 일상의 삶 속에서 "지금 내가 하는 행동이 과연 하나님께서 기뻐하실까, 슬퍼하실까?" 생각하고, 매사에 하나님께서 기뻐하시는 길을 택하기 바랍니다. 교회에 모여서 집단적으로 예배 드리는 것이 아니라, 개인이나 가정 단위로 새로운 성경을 읽어 스스로 깨우치고 그대로 행하면 충분합니다. 그것이 마음속에 성전을 짓고, 신령과 진정으로 예배 드리는 길입니다. 그러면 천국의 문에 들어서게 됩니다.

2017. 2. 1.

하나님 말씀 대역자 김용철

차 례

십 계 명

이 책은 십계명을 암송하고 나면 내려 주시는 "하나님의 음성"을 듣고 그대로 받아쓴 기록입니다. 하나님께서 십계명을 모세에게 내려 주셨지만, 그것은 만백성에게 내려 주신 것입니다. 마찬가지로 이 책의 모든 말씀도 저에게 내려 주셨지만, 만백성 각자에게 들려주시는 말씀입니다. 여러분도 이 책을 접할 때마다 십계명을 암송하고 나서 정독해 주시기 바랍니다.

제일은, 너는 나 외에는 다른 신들을 네게 있게 말지니라.
제이는, 너를 위하여 새긴 우상을 만들지 말고, 또 위로 하늘에 있는 것이나, 아래로 땅에 있는 것이나, 땅 아래 물 속에 있는 것의 아무 형상이든지 만들지 말며, 그것들에게 절하지 말며, 그것들을 섬기지 말라.
제삼은, 너는 너의 하나님 여호와의 이름을 망령되이 일컫지 말라.
제사는, 안식일을 기억하여 거룩히 지키라.
제오는, 네 부모를 공경하라.
제육은, 살인하지 말지니라.
제칠은, 간음하지 말지니라.
제팔은, 도적질하지 말지니라.
제구는, 네 이웃에 대하여 거짓 증거하지 말지니라.
제십은, 네 이웃의 집을 탐내지 말지니라.

나 여호와가 존재함을 믿는 그 자체가 구원의 길에 들어서는 기본이요, 근본이며, 나의 새로운 성경을 가슴에 안고 정독하는 자, 반석 위에 서서 하늘에 오르는 찬란한 빛을 보게 되는 영광을 얻게 됨이니라. 진정 나를 따르고 믿는 자는 감히 사탄이나 마귀도 근접하지 못하느니라.

〈하나님 말씀〉

2003년 10월

8,127 번째 하나님 말씀

2003년 10월 24일 12시 17분

1 사랑하는 나의 아들아!
2 "네, 아버님! 말씀하옵소서."
3 또한, '너희가 지도자라 칭함을 받지
말라' 성서에 기록하여 너희에게 가르
쳤음이니,
4 지도자라 하는 것은 그리스도요, 나의
아들 예수밖에 세상에 없으며 창조주
나 여호와밖에 없음이니 너희는 지도
자라는 것을 붙이지 말라 함이니라.
5 그러나 그와 같이 깨달음을 오로지 나
의 아들만 선생이요, 지도자란 말을
들을 수 있다고 그리 생각하니 이것
이 잘못됨이니라.
6 그와 같은 것은 무엇을 의미하는가?
7 너희가 정녕 지도자라는 그 명칭을 받
으며 지도자로서 나의 뜻을 역사한다
면 그 명칭을 받을 자격을 갖추라 함
이니라.
8 그리하여 너희에게 노력하는 것을 촉
구하는 것이니라.
9 그리스도 나의 아들 예수요, 나만 지
도자가 될 수 있다는 그와 같은 생각
에서 너희 스스로 포기하는 그와 같
은 삶을 살지 말라 함이니라.
10 너희가 나의 아들 예수의 삶이요, 그
삶보다 능가하는 그와 같은 칭송을 받
는 삶을 살면 바로 나에게 오를 수 있
다 함이니,
11 너희가 지도자 소리를 들으려면 그와
같이 아름다운 삶으로 변하도록 하라
는 경고요, 깨우침이니,
12 너희가 나의 아들 예수처럼 변했을 때
어찌하여 지도자라는 칭호를 받을 수
없단 말이더냐?
13 다만, 그와 같이 변하지 아니하며 참
진리를 모르는 자가 지도자라 하여
나의 피조물 만백성을 우롱하며 그들
을 지옥으로 이끌어 가는 것, 잘못 인
도하는 것을 내가 미리 방지하고자 함
이니,
14 오늘의 거짓된 종교 집단 지도자요,
삯꾼들이 지도자요, 선생이라는 말을
들으면서 나의 피조물 만백성들을 지
옥으로 이끌어 가는 것을 단죄하며,
이를 알고 있기에 내가 막고자 하여
성서에 기록한 내용이라는 것을 너희
는 여기서 깨달아야 할 것이니라.
15 오늘의 삯꾼의 종교 지도자요, 교회를
지어 만백성을 끌어들여 그 안에서 모
두 깨우치겠다는 욕심을 부리는 그와
같은 자들이 거짓된 자들이요,
16 나의 아들 예수가 역사한 뜻과 관계
도 없는 자격 미달인 자들이 나의 피
조물 만백성들을 이끌어 가니 그와
같은 자를 따르지 말며 그와 같은 자
들이 존재할 세상을 미리 알아 내가
예언하여 가르친 뜻임을 알라.
17 다만, 지도자라 칭함을 받지 말라 하
는 것은 나의 아들 예수와 같은 삶으
로 변하지 못하는 자가 받지 말라 함
이요,

18 나의 아들 예수와 같은 삶을 사는 자,
그보다 더 위대한 삶을 산다고 칭송을
받는 자는 너희가 지도자라 하지 아
니하여도 지도자가 되는 것이며, 너희
가 그 역사를 하지 아니한다 해도 나
여호와가 너희를 지도자로 명하여 그
역사를 임하게 함이니,
19 예수의 삶 같이 변화되어 칭송을 받지
아니하면 아니 된다는 나의 뜻임을 알
라.
20 그리고 오늘의 잘못된 종교 집단이요,
지도자들의 그 사악한 현상을 내가 알
기에, 그들은 다 잘못된 자들이요, 그
들을 단죄하고 그들의 말에 현혹되어
소중한 너희 자신을 함부로 내던지지
말라.
21 단 한 번밖에 없는 기회인 거듭나는
오늘의 삶을 함부로 값없이 살지 말라
는 경고요, 가르침이니,
22 내가 너희를 사랑하기에 미리 다 예
견하여 준비한 내용임을 알라, 사랑하
는 나의 아들딸들아!

8,128 번째 하나님 말씀

2003년 10월 24일 12시 19분

1 사랑하는 나의 아들아!
2 내가 성서에 기록하여 너희에게 전하
기를, 너희 중에 큰 자가 되고자 하며
또한 섬김을 받는 자가 되고자 한다
면 스스로 낮은 자가 되며 남을 섬기
는 자세로 살아가는 것이 너희가 곧
큰 자가 되며 섬김을 받는 백성의 길
이라 하지 아니하였더냐?
3 이를 내가 너희에게 가르치는 의미가
무엇인지 알겠느냐? 내가 그와 같이
가르친 것은 너희가 높은 경지에 이
르는 삶을 살라 함이니라.
4 너희의 경지가 높고 높으면 밉고 고운
자가 없으며 선과 악이 너희에게 없음
이니라.
5 그리고 너희는 시기 질투하는 것도 없
으며 마음이 동요됨도 없으며 흔들림
이 없으며, 세상의 모든 사물을 보지
아니하며 그 모두를 똑같이 사랑할 수
있는 그와 같은 경지에 오르는 것이
나의 뜻을 위하여 큰 사람이며 섬김을
받는 사람이 된다는 뜻이니라.
6 너희가 낮은 자세로 살아가는 것만이
아니라, 낮은 자세로 살아가려면 정녕
경지에 오르고 깨달음이 높지 아니하
면 낮은 자로 살아갈 수 없음이니,
7 너희가 낮은 자로 살아가고자 노력하
기 전에, 나의 법전을 읽고 깨우쳐, 나
여호와가 원하는 것이 무엇이며 내가
사랑하는 백성이 어떠한 백성인가 그
것을 알아 그대로 행하고 살아가면 큰
그릇으로써 역사할 것이며, 가장 낮은
자가 되며 섬기는 자의 자세로써 가
있음을 알게 될 것이니,
8 너희가 깨달음의 경지를 높이 가져 밉
고 곱고 싫어하고 예뻐함이요, 선과
악을 초월하는 그와 같은 마음으로 변
하는 삶을 살아가도록 하는 것이 나
여호와의 뜻이니라.
9 그러니 나의 아들을 따르는 제자요,
나의 법전을 읽고 깨우친 백성 너희는
무엇이냐?
10 주변의 모든 사람으로부터 부족한 자
요, 어리석은 자요, 바보 같은 자라는

소리를 들을 수 있는 것이 경지가 높은 자리에 있음이요, 깨달음이 높이 있으며 나에게 오르는 빛을 보는 자니,

11 그 바보라는 소리를 듣는 자는 선과 악도 모르며 밉고 고운 것도 없으며 맛있고 맛없는 것도 없으며 예쁘고 고운 것도 없는 그 경지에 도달하는 것이 큰 자니,

12 너희는 섬김을 먼저 하라는 나 여호와의 가르침의 뜻이 여기 있음을 깨달으라, 사랑하는 나의 아들딸들아!

8,129 번째 하나님 말씀

2003년 10월 25일 0시 21분

1 사랑하는 나의 아들아!

2 "네, 아버님! 말씀하옵소서."

3 나의 아들 예수가 세상에 내려가 그 어렵고 힘든 죽음의 길에서 '창조주 아버지시여! 정녕 제가 이 잔을 받지 아니하면 아니 되겠으며 제가 이 길을 가지 아니하면 아니 되겠습니까?' 하는 그 애절한 기도를 거절하며 그를 들어주지 아니하고 내가 역사한 것이 무엇이었더냐?

4 사랑이라는 것이요, 사랑을 베풀고 나누며 사는 그와 같은 삶을 위하여 너희가 사랑으로써 삶을 살다 나에게 오를 수 있는 그 길을 위해 내가 그 모두를 다 거둬들이지 아니하고 받지 아니하고 모르는 체하여 등을 돌렸다 하였음이니,

5 그 마음의 아픔을 너희가 지금 생각하는 백성이요, 그 마음을 아는 백성인가, 내가 너희에게 물어본나 하였음이니, 정녕 너희가 그를 아는 백성이던가?

6 그러니 지금까지 수천 년 동안 흘러온 종교 집단이요, 나의 피조물 만백성을 구한다는 종교 지도자, 또 구원을 받았다는 백성, 너희는 사랑을 베풀고 나눔을 갖지 못하는 오늘의 형국으로는 절대 천국에 오를 수 있는 백성이요, 나에게 오를 수 있는 백성의 길이 아니요,

7 나를 거역하는 그 길만 가는 백성이라 그리 말하는 내 말을 믿지 아니할 것이니라.

8 너희는 또 어떠한 형태든지 지금 돌이킬 수 없는 그 지경에 왔으며, 너희 종교 집단이요, 지도자들이 가르치는 그 설교요, 방법으로써는 나의 피조물 만백성들이 마음을 돌릴 수 없도록 너희가 멀리 가 있으며 지금 타락된 그와 같은 형국이기에,

9 내가 법전을 만들어 만백성이 보고 듣고 깨우칠 수 있도록 이 세상을 다 덮는 그 역사를 이룬다 하지 아니하였던가?

10 너희의 마음이 얼마나 사악해졌으며 얼마나 다스릴 수 없는 그 형국에 갔는가?

11 그리하여 너희가 마음을 돌이킬 수 없다는 나 여호와의 뜻이 오늘의 종교 집단이요, 지도자들이 나의 백성이 구원의 길로 올라올 수 없도록 다 만들어 놓은 그 원흉이요, 죄의 온상이요, 그 근본이요, 선봉장이라 함을 너희는 아니라 할 것이니라.

12 지금의 나의 백성 너희는 한번 돌이
켜 보라.
13 사랑하는 나의 백성이 사랑을 베풀며
이웃과 더불어 나누며 산다 하나, 목
숨을 부지하고 사는 그 음식까지도
가짜가 있으며 거짓이 있으며 거기에
대해 진품과 가짜를 구분해야 하는
그와 같은 공포 분위기 속에서 살아
가는 백성이 아니더냐?
14 너희의 생명을 존재시키고 너희의 생
명을 지속시킬 수 있는 가장 소중한
먹는 음식에도 가짜와 진짜가 있으며,
용서받지 못할 그와 같은 행위로써 지
금 이루어지는 것이 이 백성의 살아
감이니라.
15 너희가 먹는 음식까지 그 식품까지도
거짓이 아닌 게 어디 있으며, 거짓된
것이 아닌 것이 거기에 어디 있는가
한번 돌이켜 보라.
16 오늘날 이와 같이 험악한 세상이요,
불안한 세상으로 되어 있음이니, 그와
같이 사악한 너희 마음을 과연 어찌
돌리겠는가?
17 너희가 즐기는 모든 오락이요, 입고
걸치는 옷이요, 너희가 생활하는 모든
것, 너희가 휴대하는 그 장식품이요,
너희가 필요로 하여 구매하여 쓰고자
하는 것이 모두 다 얼마나 가짜며 진
품이 아닌 것이 이 세상에 존재하는가?
18 그러니 그는 거짓된 것이요, 남을 속
이는 역사가 있음이니라.
19 생명이 좌우되는 먹는 음식이요, 먹는
식품이요, 그리고 너희가 관리하는 모
든 것을 거짓과 진품과 가짜를 구분하
기 위하여 혈안이 되어 있으며, 그를
알지 못하도록 교묘하게 속이고 속이
는 것이 지금의 나의 피조물 만백성
너희가 지금 살아가는 형국이 아니더
냐?
20 그것은 모두 무엇이더냐?
21 자기 자신을 위하며 저만을 위하는 그
와 같은 백성이니, 그리하여 그와 같
이 험악한 세상이 되었으니,
22 너희 자신도 모르게 인간 자체도 벌써
가짜가 되어 있으며 거짓투성이로 물
들어져 있다는 것을 너희는 모를 것
이니라.
23 이 세상이 거짓된 것으로써 모두 존재
하며, 거짓된 것이 이 세상에 판을 치
며, 진실은 숨을 쉬지 못하는 그와 같
은 형국이 되었음이니,
24 나의 백성이 생명을 좌우하는 그 모
든 것까지도 그와 같이 가짜가 판치는
세상이요, 진품을 구분할 수 없는 그
와 같은 형국으로 나의 피조물 만백성
들이 타락되었다 함이니라.
25 너희의 생명을 좌우하는 그 음식까지
도 진품인지 가짜인지 불안해하는 그
와 같은 역사가 자행되고 있는 이 세
상이니,
26 여기에서 너희가 무엇으로 바르게 살
수 있으며 나에게 오를 수 있으며 진
정한 진리의 길을 위해 나의 백성을
바로 가르쳤다고 그리 말할 수 있는가?
27 작은 옷부터 큰 것까지 그 재료요, 준
비된 것이요, 너희가 걸치는 옷이요,
생활하는 모든 기호품이 다 진품과 가
짜를 구분하지 아니하면 아니 되며,
그를 구분할 수 없도록 교묘하게 만드
는 그와 같은 자들이니,

28 너희는 자기만을 위하고 자기를 위해 살아가는 백성이기에, 다른 사람의 생명이요, 그 모든 것은 관여치도 않는 것이 오늘 나의 피조물 만백성들이 살아가는 마음이니, 잘못된 거짓된 것이요, 가짜가 얼마나 이 세상을 설치고 덮는가?

29 그만큼 너희 마음도 가짜 같은 인생이요, 거짓된 인생을 살아가도록 거기에 같이 편승하여 물들어 있다는 것을 알아야 할 것이니라.

30 그러니 너희가 눈으로 보는 것, 만지는 것도 모두 우선 진품이냐, 이것이 네가 속는 것이냐 하는 그와 같은 공포의 마음을 버리지 못하는 것이 너희이니,

31 그를 구분하기 위하여 온갖 지혜를 다 동원하여 관찰하고 살피는 그와 같이 불안한 거래를 하고 사는 것이 오늘의 세상이니, 과연 그와 같은 것을 누가 만들었던가?

32 오늘의 종교 집단이 저 자신을 위한 믿음으로 타락되었으며, 나 여호와는 오로지 너희만을 위해 존재하는 것처럼 지금 착각하며, 그를 위하여 믿음 속에 맹종하는 백성이 되어 있음이니라.

33 너희를 가르친 종교 집단이요, 그 믿음이 세상을 다 덮었으며 그와 같은 사악한 심성이 나의 피조물 만백성들의 마음마저 그리 궁핍하게 만들어 모든 것을 다 가짜로써 세상을 덮고 가짜로써 역사하는 이와 같은 험악한 세상이 되었음을 너희는 알아야 할 것이니라.

34 그러니 너희는 고개를 들고 살 자격이 없다 했으며 종교 집단이요, 지도자요, 구원을 받았다 말하는 너희는 코를 땅에 박고 기어다니는 그와 같은 삶을 살아도, 너희가 지금까지 나의 피조물 만백성들을 지옥으로 보내며 그 후손들까지 지옥으로 보내며, 지금까지 모든 백성을 그리 이끌어 갔던 그 죄를 용서받지 못할 것이며,

35 이 아름다운 강산의 나의 피조물 만백성들에게 진품이 아니요, 그 가짜인 것에 얽매어 그 가짜 속에서 살아가는 그와 같은 세상을 만든 것은 그들이 원흉임을 알라.

8,130 번째 하나님 말씀

2003년 10월 25일 0시 27분

1 사랑하는 나의 아들아!

2 "네, 아버님! 말씀하옵소서."

3 너희는 세상의 법도를 알아야 할 것이며 또한 하늘의 법도를 알아야 할 것이며, 하늘에 역사하는 그와 같은 것을 알아야 할 것이니라.

4 내가 나의 아들을 통하여 그 제자들에게 뭐라 말하였느냐?

5 너희가 나의 법전이요, 내가 내리는 나의 성령을 밤을 새워 만들고 전하는 그 공을 들인다 해도, 그것으로써 상을 받고 내가 너희 이름을 기억하여 구원하는 일은 절대 없다 그리하였음이니라.

6 너희가 나의 법전을 만들어 세상에 전하고 만백성을 구하는 그 역사를 이루지만, 그와 같이 전하는 것으로써 그

역사의 은혜를 받을 수 없는 것이 하
늘의 법도요, 하늘의 뜻이라 하였느니
라.
7 그러니 너희가 구원을 받는 것은 무
엇이라 말하였느냐?
8 나의 사랑하는 백성이 나의 계명을
지키고 나의 율법을 지키고 지금 나의
아들을 통하여 내리는 제3의 시대의
나의 법전대로 살아 천사와 같이 그
마음이 변하는 만큼 너희가 나에게
상을 받으며, 구원의 길에 오르고 못
오르는 것은 여기 있다 나의 법전에
기록하여 너희에게 전하였음이니라.
9 그러니 이와 같은 나의 뜻도 모르는
너희가 지금 몇천 년 동안 믿어 온 것
은 무엇이더냐?
10 재물을 바치라, 시간을 바치라, 각종
이름을 붙여 댄 헌금을 바치라 하며,
남이 죽은 집에 가 뭐라 중언부언하고
서 봉투를 받아오는 자들,
11 슬픔과 고통스러운 그곳에서도 바치
면 구원을 받으며 목자요, 종교 지도
자들을 기쁘게 왕처럼 대접하면 구원
을 받는다, 그저 물건이요, 재물이요,
금화와 은화요, 시간이요, 모든 것을
다 갖다 바치면 구원을 받는다고 가르
치는 종교 집단의 지도자 그것이 과연
진리요, 나 여호와의 뜻이라 할 수 있
는가?
12 너희는 그와 같은 재물이요, 물질을
어떠한 것을 바쳐도 그건 내 것을 잘
못 쓰는 죄만 가중되는 것이요,
13 너희 자신이 천사 같이 아름다운 마음
으로 변하는 그것으로써 나에게 구원
을 받으며 축복을 받는다고 나의 법
전에 기록하여 그리 전하였음이니,
14 그저 물질로써 모든 것을 얻고 살 수
있다는 그와 같은 마음으로 가는 오늘
의 종교 집단이요, 지도자가 얼마나
어리석던가?
15 이 세상 인간사에서 재물을 주고 뒷거
래하며 부족한 자가 자리를 지키며 부
족한 자가 능력 있는 자를 밀어붙이
고 올라서려고 금화와 은화로 뒷거래
하고 바치는 사악한 자들의 그 살아가
는 수법을 하늘에 오르는 그 길에도
적용해서 재물로써 살 수 있고 구원할
수 있다는 그 착각 속에 살아가는 자
들이니라.
16 착각이 아니요, 그것이 지옥으로 가는
잘못된 것임을 아는 종교 지도자들이
수없이 있느니라.
17 그러나 육의 삶이요, 육의 향락이요,
그를 벗어나지 못하여 그와 같은 방법
으로 나의 피조물 만백성을 이끌어 감
이니,
18 너희가 하늘에 재물을 쌓아 놓는다,
십일조를 낸다, 각종 헌금을 바친다
하며 그것으로써 열과 성의를 다하면
구원을 받는다는 그와 같은 생각을
하지 말라.
19 그와 같은 것으로써 구원을 받는다는
생각을 하는 그 자체가 죄를 더 짊어
지며 죄만 가중되며 지옥으로 가는 것
이니라.
20 나의 성령을 태워 만백성을 구하며,
한 사람의 의인을 구할 때 너희가 세
상의 모든 죄를 감면받을 수 있는 그
와 같은 나의 법전을 만들며 역사하는
백성,

21 그리고 모든 경제저이요, 금화와 은화
로써 이를 세상에 만들어 만백성에게
전하는 공을 들이고 아무리 큰 역사를
한다 해도 그것으로써 나에게 올 수
있는 것이 아니요, 나로부터 상을 받
을 수 있는 것이 아니요,
22 마음이 천사 같이 변하고 변하는 그것
만으로써 나에게 상을 받고 못 받으
며, 하늘에 오르고 못 오르는 것은 모
두 그것으로써 열매를 맺는 결과가 된
다 하였음이니라.
23 오늘의 종교 집단이요, 지도자들이 수
천 년 동안 믿음의 길을 온다는 것이
'달라, 구원해 달라, 그리고 바치면 된
다' 그리하느니라.
24 아무런 근거도 없어 내릴 수도 없고
역사하지도 않는 나 여호와요, 우리
부자의 이름을 부르며 달라 하면 준다
면서 그와 같이 가르치면서, 현실적으
로 눈으로 보고 만질 수 있으며 인간
이 사용할 수 있는 금화와 은화를 실
질적으로 너희가 거둬들이니,
25 속은 너희가 채우고 허황된 말로써 그
리고 말도 안 되는 것으로써 나의 피
조물 만백성들을 그저 달라고 구하면
열배 백배 준다는 그와 같은 말로써
현혹하면서, 물질과 재물은 실질적으
로 뒷구멍으로 챙기는 자들이니 이게
얼마나 사악한 자들이요, 마귀들이 하
는 짓이던가?
26 너희가 볼 수도 없고 역사할 수도 없
는 나 여호와요, 나의 아들 예수의 이
름을 부르기만 하고 소원을 빌며 열배
백배 다 그를 얻음이니, 육의 행복이
요, 더욱이 너희가 죽음에 가서 구원
까지 받는다고 가르치면서,
27 그 대가로 현실에 존재하는 현물이요,
금화와 은화요, 내가 내려 준 재산을
백성으로부터 거둬들이는 짓을 하는
얼마나 사악한 자요, 마귀요, 사탄의
자식들이요, 사탄이 되어 하는 행위인
지 너희는 알지 못함이니, 이를 깨우
쳐 주어야 할 것이니라.
28 알지 못하는 백성에게 이를 보도록 나
의 법전에 기록하여 그들에게 전하도
록 하라, 사랑하는 나의 아들딸들아,
29 그들이 얼마나 무모한 짓이요, 얼마나
사악한 짓이요, 얼마나 웃지 못할 그
와 같은 연극을 하는 자들인가를.

8,131 번째 하나님 말씀

2003년 10월 25일 0시 31분

1 사랑하는 나의 아들아!
2 **"네, 아버님! 말씀하옵소서."**
3 지금 내가 제3의 시대요, 심판의 시대
를 열지 아니하고 이와 같은 역사를
이루지 아니하면 아니 되도록 한 것
은, 오늘의 사악한 삶이요, 잘못된 믿
음의 길을 가는 백성 때문이요, 이와
같이 세상이 타락되었음이니,
4 그리하여 나 여호와가 제3의 시대를
열어 너희를 심판하며 구원할 자와 버
릴 자를 선별하지 아니하면 아니 되며,
5 더 이상 너희에게 시간을 줄 수 없으
며 더 이상 묵과할 수 없는 그와 같은
형국이 되었음이니라.
6 내가 너희에게 좀 더 시간을 주고 너
희에게서 손을 놓고 기다린다면, 너희
는 정녕 자신을 지탱할 수 없는 그와

같은 형국으로 치달을 것이니라.
7 세월이 지나면 지날수록 깨달음의 경
지가 높아지고 깨달음을 얻음이 높아
지고 천사 같은 마음으로 변화되는 삶
을 사는 것이 진정한 진리의 길을 가
며 깨달은 것이요, 진리 속에서 생활
하는 자들이 역사하는 근본이니라.
8 그러나 지금의 모든 종교 집단이요,
지도자들이 비진리를 가지고 깨우치
며, 나 여호와의 뜻이 아닌 인간의 교
리를 가지고 하늘의 뜻이라 그리 가르
치고 깨우쳐 왔기 때문에,
9 나의 사랑하는 백성이 세월이 지나갈
수록 더 이기주의자로 변하여 나만 알
게 되며 사랑의 믿음이요, 나눔의 믿
음이라는 위대한 내 뜻을 역사하는 것
이 아니라, 저 자신을 위하고 개인을
위한 그와 같은 믿음으로 모두 전락하
는 그와 같은 형국이 되었음이니라.
10 이를 변화시킬 새로운 시대를 열지 아
니하면 아니 되는 것은 너희가 자초했
으며 지금처럼 만든 것이 너희라는 것
을 알아야 할 것이니라.
11 너희가 가는 그 믿음은 저만을 위한
믿음이요, 저만을 위한 절대적인 믿음
으로써 지금 굳어져 가는 것이니라.
12 그러니 너희 자신을 위한 삶이요, 나
여호와까지도 너희가 기도하고 소원
하는 것을 들어주는 것으로써 너희를
위해서만 존재하는 것처럼 지금 착각
속에 살아가는 것이 너희이니라.
13 종교 집단과 지도자들이 제자리를 모
르고 제가 무엇을 역사하고 무엇을 이
루어야 하는지 그 사명조차도 모르는
자들이 나의 피조물 만백성들을 구원
한다는 그와 같은 오늘의 형국이 되었
음이니라.
14 그와 같은 자의 말에 현혹되어 따라가
는 자는 나의 뜻을 알 수 없음이니, 너
희는 구원의 심판대에 서지도 못하며,
15 너희가 그리도 두렵고 무서워하는 지
옥 불로 너희 자신이 흘러가고 있으
며, 그 문을 통과하지 않으면 아니 되
는 운명이 되어 있다는 것을 알라.

8,132 번째 하나님 말씀

2003년 10월 25일 0시 38분

1 사랑하는 나의 아들아!
2 "네, 아버님! 말씀하옵소서."
3 성서에 기록하여 너희에게 전하기를,
가장 보잘것없는 미미한 사람에게 온
정을 베푸는 것은 너희가 그 사람을
위해서 베푸는 것이 아니요, 나 여호
와를 위하여 베푸는 것이며 역사하는
것이라 내가 너희에게 그리 가르치고
전하였음이니라.
4 너희는 그와 같은 뜻을 아는가?
5 그와 같은 뜻을 알고 깨우쳐 행하는
것이 나의 아들딸로서 역사하는 것이
요, 나의 아들딸로서 거듭나는 것이
너희가 그리도 갈망하는 구원을 받는
길이라는 것을 알아야 할 것이니라.
6 이제 너희는 그와 같은 나 여호와의
가르침을 다시 한 번 깨우쳐 그 의미
를 알아야 할 것이니라.
7 또한, 너희가 베풂에 있어서 인간적인
마음으로써 베푸는 것은 인간 세상의
계산으로 장삿속으로써 모두 베푸는
것이기에 그와 같은 마음으로써 베푸

는 것은 아니 된다고 내가 그리 말하
였음이니라.
8 다만, 너희가 성령으로써 임하는 그와
같은 마음 자세로써 베푸는 것이야말
로 진정으로 베푸는 것이요, 대가성이
없는 베풂이요,
9 베풂이라는 것을 대가성 없이 나눠 주
고 또한 사랑을 베풀 때 대가성 없는
사랑을 베풀어 주는 것은 성령으로써
임한 백성만 역사하는 것이니,
10 너희 자신이 성령으로써 임하는 그와
같은 삶을 먼저 깨우치고 살아야 하는
것이 얼마나 귀하고 소중한 것인가를
알아야 할 것이니라.
11 너희가 인간적인 생각으로써 베푸는
것은 대가성이 있는 것이기에 그것은
사랑도 아니요, 나눔도 아니라 하였으
니,
12 성령으로써 임하여 변화되는 백성이
역사하는 것은 대가성이 없는 사랑이
요, 베풂이니 나 여호와의 뜻이라 하
였음이니라.
13 그러나 너희가 그와 같은 길이 무엇이
며 그와 같이 역사하는 것을 알 수 없
으며 너희를 제대로 가르치는 선생이
없어, 내가 160권이라는 법전을 만들
어 너희를 가르칠 수 있는 손색이 없
는 선생으로서 세상에 내려보내니,
14 나의 법전을 읽고 깨우치는 백성은 성
령으로 임하게 될 것이며, 성령으로
임하여 너희의 마음이 변화되었을 때,
모든 것을 반대 방향에서 볼 수 있고
반대쪽에 숨어 있는 모든 뜻을 알 수
있으며,
15 그와 같은 모든 역사를 할 수 있고 스
스로 구원받을 수 있으며 나에게 오를
수 있는 모든 것이 이루어지느니라.
16 성령으로 임한 자가 베풀 때 대가성이
없는 것이요, 대가성이 없는 사랑을
베풀 수 있다는 것을 명심하고 또 명
심해야 할 것이며 절대 잊지 말라.
17 이것이 너희의 오늘의 삶이요, 너희가
역사하는 길임을 잊어서는 아니 되느
니라.
18 반드시 성령으로 임하여 대가성 없이
베푸는 그와 같은 삶을 살 때, 이 세상
에 아름다운 낙원의 역사가 이루어짐
을 너희는 알아야 할 것이니라.
19 사랑하는 나의 백성 너희가 이 지상의
낙원을 얼마나 갈구하고 원하는가?
20 '하늘에서 이루어진 것같이 이 땅에서
이루어 주소서.' 하고 기도하고 매달
리는 그와 같은 의미를 아는가?
21 너희는 하늘에서 이루어진 것같이 이
지상에 이루어 달라 함이니, 이 지상
을 천국 같이 만들어 달라는 것이 이
루어 달라 하는 것이니, 너희는 그 뜻
이 무엇인 줄 알겠느냐?
22 그와 같이 역사하려면 너희가 하늘의
이치를 깨달아야 할 것이며, 하늘에
역사하는 것이 무엇인가를 들여다보
고 연구하여 깨우치라 한 가르침이 거
기에 있음이니라.
23 너희가 하늘에서 이루어진 것같이 이
땅에서 이루어 달라 하는 것, 이루어
질 수 있다고 바라는 것은 모두 그 의
미를 알아야 할 것이니,
24 이는 곧 너희가 하늘의 이치를 깨닫는
그와 같은 변화된 삶으로 살아가라 함
이니라.

25 하늘의 이치를 알고 깨달으며 하늘의 이치를 연구하고 그를 알고자 하는 그와 같은 노력으로써 역사하는 것이 너희가 먼저 해야 할 일이며 과제라는 것을 알라.
26 하늘에서 이루어진 것같이 이 땅에서 이루어지는 그 과제는 하늘의 뜻을 먼저 깨닫고 보는 그와 같은 깨달음을 얻어야 하는 것이니라.
27 그와 같이 깨달음을 얻는 백성이 세상에 존재하며 세상을 그들이 지배할 때 모든 것을 역사하는 것이니라.
28 그러나 이를 가르쳐 주는 선생이 없으며 바로 아는 자가 없음이니,
29 그리하여 나의 아들을 통하여 160권의 법전 속에 그 모든 것을 기록하여 깨우치고자 하며, 그와 같은 삶을 사는 것이 너희임을 알라.
30 너희가 지상에서 역사함이니, 지상에서 역사하는 모든 것을 이루어 달라는 것은 너희가 천사와 같은 삶으로써 변화되는 것을 먼저 행하며 변화되는 삶을 살도록 너희에게 깨우쳐 주는 것이니라.
31 하늘에서 이루어진 것같이 이 땅에서 이루어 달라는 그 가르침의 의미는 너희가 천사와 같은 삶을 살며 하늘의 뜻을 알고 하늘의 이치를 깨달으라는 것이니, 그러면 그것이 곧 무엇이던가?
32 하늘에서 이루어진 것같이 이 땅에서 이루어지는 그 역사가 이루어진다는 것을 내가 너희에게 깨우쳐 주는 그와 같은 한 구절임을 알라.
33 그러니 천사 같은 삶을 살고 행하라.
34 그러면 그 모든 것이 이루어질 것이니라.
35 지금 나의 백성이 이루고자 하면 모두 이룰 수 있으며 얻고자 하면 모두 얻을 수 있는 것은 바로 천사와 같은 마음이요, 하늘의 이치요, 하늘의 뜻을 깨달아 성령으로 임하는 삶을 살도록 하라는 것이 오늘 가르침의 의미임을 너희는 알라.

8,133 번째 하나님 말씀

2003년 10월 25일 07시 25분

1 사랑하는 나의 아들아!
2 "네, 아버님! 말씀하옵소서."
3 가정사에 한 가족이 살아감이니, 그 어린 자식들을 다스리는 어머니가 그 자식이 잘못 가는 것을 바로잡고 사랑으로써 다스리고자 무던히 애를 쓰며 노력을 하나,
4 그 어머니의 사랑스러운 인자함으로써 도저히 다스리지 못하고 그 자식이 계속 거역하여 무너질 때, 결국 그 어머니는 아버지에게 이야기하여 아버지가 매를 드는 그와 같은 것이 인간사에 살아가는 가정의 한 단면의 모습이라 내가 그리 기록하였음이니라.
5 그러니 지금 내가 나의 법전을 너희를 통하여 내리며, 사랑하는 나의 아들딸들을 심판할 시대에 버릴 자와 구원할 자를 이와 같이 역사하는 것은, 그와 같이 하지 아니하면 아니 되는 형국이 지금 도래했기 때문이니라.
6 자상한 모습으로써 인자한 사랑의 모습으로써 너희를 다스리고 인도할 수 있는 그와 같은 한계를 벗어났음이니,

7 사악하게 무너진 그 마음을 다스릴 수
가 없으며 말로써 역사할 수 없기에,
내가 오늘 나의 아들을 통하여 너희에
게 제3의 시대요, 심판의 시대를 열었
음이니 너희는 이를 명심해야 할 것이
니라.
8 지금 나의 아들을 통하여 너희에게 내
리는 나의 법전이요, 이 새로운 성경
은 내가 너희를 유하고 부드러운 마음
으로 달랠 수 없는 그와 같은 오늘의
삶의 형국이기에, 지금 너희에게 마지
막 극약 처방이 바로 무엇인 줄 알겠
느냐?
9 내가 법전을 통하여 너희에게 한 번의
기회를 줌을 알아야 할 것이니라.
10 지금 나의 법전이 유하고 부드러운 가
르침으로써 너희를 다스린다 생각하
지만, 나의 법전이 얼마나 무섭고 이
법전이야말로 너희가 어찌할 수 없는
길이라는 것을 알아야 할 것이니라.
11 어떠한 매보다도 어떠한 고통보다도
더 무서움을 가진 것이 나의 법전이니,
12 너희는 나의 법전 대하기를 책으로써
나온 것이요, 창조주 나 여호와가 너
희를 깨우치려는 그저 자애로운 어머
니의 말씀이요, 자장가처럼 생각하여
태만을 부리는 자는 결코 구원을 받을
수 없으며,
13 한 번 가면 다시 돌이킬 수 없는 고통
스러운 지옥문을 가고 안 가는 모든
결정판이 나의 법전에 있음이니,
14 그보다도 더 무서운 매가 없으며 그보
다 더 무섭게 너희를 다스리는 길이
없다 함을 알아야 할 것이니라.
15 너희가 어머니가 조용히 다스릴 수 있
는 자식이 되었다면 오늘에 나 여호와
가 이와 같이 마지막 시대에 무섭고
두려운 법전을 세상에 내려보내지 아
니하였을 것이니라.
16 오늘의 너희 마음이 극에 달하였으며
극한 상태에 와 있으니, 어떠한 방법
으로도 너희를 다스릴 수 없는 오늘의
이 시점을 보는 나 여호와의 마음이
얼마나 아프고 가슴이 저린지 알겠는
가?
17 부드럽고 유한 모습으로는 도저히 다
스릴 수 없으며, 무서운 것으로써 너
희를 다스리지 아니하면 아니 되는 것
이니라.
18 너희가 손으로 꺾을 수 있는 부드러운
나무가 잘못됐을 때는 바로잡을 수 있
으나,
19 잡을 수 있는 한계를 벗어나 쓸모없는
잡목으로 구부러지고 휘어진 상태로
써 자란다면, 도끼로 잘라 내고 베어
내는 그와 같은 고통으로 다스릴 수밖
에 없음이니,
20 지금 그보다 더 험악하게 마지막 시대
에 와 있는 것이 너희가 지금까지 역
사한 것이요, 살아온 것이요, 너희의
형태가 그러하니라.
21 모든 종교 집단이요, 지도자들이 나의
피조물 만백성 너희를 구원하여 하늘
에 오르는 것이라 하여 바로잡고 바로
다스릴 수 있는 것처럼 그리하였으나,
22 수천 년을 흘러오는 동안에 바로잡을
수 없는 거목으로 컸으며, 그 거목은
하나도 쓸모없는 잡초만도 못한 형국
으로 자랐음이니,
23 그 밑에 자라는 모든 나무까지도 그늘

로 가려 쓸모없게 만들며 나약하게 만
들어 그들도 잘못 살고 잘못 크도록
그리 만들어 놓음이니, 너희가 지금
무엇인 줄 알겠느냐?
24 달래고 바로잡고자 노력해도 잡을 수
없어 잘라 내고 찍어 내야 하는 그와
같은 형국이니,
25 바로 도끼요, 칼이 나의 법전이라는
무섭고 두려움을 알지 않는 자는 정녕
나에게 올 수 있는 길이 없음을 알아
야 할 것이니라.

8,134 번째 하나님 말씀

2003년 10월 25일 07시 31분

1 사랑하는 나의 아들아!
2 "네, 아버님! 말씀하옵소서."
3 부드러운 말로써 인자한 모습으로써
상대방을 제압하며 상대방을 다스리
는 그와 같은 한계를 너희는 벗어났음
이니라.
4 너희가 어떠한 전쟁을 치르든 그저 그
들에게 필요한 것이며 어려운 것을 들
어주면서 어르고 달래는 평화로운 방
법으로써 그 민족을 굴복시키며 한 나
라의 미래를 열어 줄 수 있는 그와 같
은 역사를 한다 해도,
5 그 미개하고 어리석은 백성이 그를 듣
지 아니하고 거부하며, 도와주고자 하
는 자들에게 목숨을 걸고 공격하고 살
해하는 그와 같은 방법으로 갔을 때
결국 어찌하는가?
6 또한, 그와 같은 자들이 세상에 그대
로 존재하는 것이 아니요, 사악한 집
단으로써 악의 뿌리요, 악의 독소를
뿌리니,
7 그래도 그들을 다스리고 바로잡고자
하는 강대국들의 노력을 무시하고 그
를 따르지 아니할 때, 그 강대국은 어
찌하는가?
8 그 병사들에게 살상하는 무기를 손에
쥐어 주어 그 백성을 진압하는 그와
같은 형국이 이루어지는 것이니, 지금
나의 피조물 만백성 너희가 처해 있는
것이 그러하니라.
9 그러니 사랑하는 나의 아들딸이요, 선
택된 너희가 양식이요, 아름다운 모습
으로써 물자를 가지고 그들을 평화적
으로 다스리고 역사하여 이룰 수가 없
으며 이미 그 한계를 벗어난 상태이니
라.
10 그러니 내가 너희에게 무기를 주어 그
들을 제압하고 다스리는 이와 같은 형
국으로 가지 아니하면 아니 되는 것이
오늘의 형국이니,
11 내가 너희에게 나의 법전이라는 불 칼
을 쥐어 주며 그들을 다스리도록 앞세
워 내보내는 이 가슴 아픈 형국이 도
래하였음이니라.
12 그것이 아니고는 도저히 이들을 다스
릴 수 없는 것이 오늘의 타락하고 무
너진 백성이 서 있는 현주소이니라.
13 그러니 너희는 알아야 할 것이니라.
14 나 여호와가 너희에게 그저 먹이로써
물자로써 모든 것을 다스리는 그와 같
은 역사를 이루는 한계를 벗어나
15 너희에게 살상 무기를 쥐어 주어 너희
를 보호하고 그들을 제압하여 다스리
는 이와 같은 형국이 되어 있음이니,
바로 나의 법전이 그들을 다스리는 검

이요, 불 칼임을 너희는 알아야 할 것
이니리.
16 오늘 내가 너희에게 그를 쥐여 주어
다스리게 하는 나 여호와의 마음이 이
리 아프고 저림이니라.
17 나의 법전이 세상에 나가 깨우칠 때
그들이 받아들이지 아니하면 그들은
어떠한 결과가 되느냐?
18 내가 너희에게 마지막이 나의 법전이
라 함이 무엇이던가?
19 이제 내가 너희에게 불 칼이요, 검을
주어 그들을 다스리도록 함이니, 그래
도 거역하는 자, 그래도 듣지 아니하
는 자, 그리고 변화되지 아니하는 자,
그들을 가차 없이 베야 하는 전사로서
지금 선택된 백성이니,
20 내가 너희를 내려보내면서 내 마음이
아프며, 또한 너희를 다스리는 그와
같은 마음을 너희는 모르지만 오죽 고
통스러우며 아픔을 겪겠느냐?
21 지금이 바로 이와 같은 대치 상황임을
너희는 알아야 할 것이니라, 사랑하는
나의 아들딸들아!
22 나의 법전이 세상에 나가 평화로움이
요, 평화군으로써 저희를 다스리고자
손에 법전을 쥐여 줘도, 이를 받아들
이지 아니하고 이를 거역하는 백성이
된다면 너희는 부득이 어찌하는가?
23 그 불 칼을 휘두르고 검을 휘두르는
그와 같은 형국이 됨이니라.
24 나 여호와가 보는 지금의 종교 집단이
요, 지도자들은 아무리 양식을 주고
아무리 부드럽고 자애로운 것으로써
너희가 비둘기같이 평화로운 평화 군
으로서 그들을 다스리고 어루만지려
해도 그들은 절대 듣지 아니하며,
25 그리하여 어쩔 수 없이 나의 검에 피
를 묻히는 그와 같은 공격적인 형태로
돌변한다 해도 그들은 그를 두려워하
지 아니하며 그 무서움을 모르며 제가
죽어 감을 모르며 너희에게 끝까지 항
거하고 대들 것이니 이를 어찌해야 하
겠느냐?
26 이리 갈 수도 없고 저리 갈 수도 없는
것이 나 여호와의 뜻이니, 결국 나의
검으로써 그들을 모두 다스리는 그와
같은 험악한 형국이 이루어짐이니,
27 그를 바라보는 나 여호와의 마음이 어
떠하겠으며, 그를 역사하는 너희 마음
인들 또한 어떠하겠는가?
28 사랑하는 나의 아들딸들아!
29 오늘에 이와 같은 형국에 있음이니 어
찌하겠는가?
30 이제 이 길을 이리 갈 수도 없으며 저
리 갈 수도 없는 극한 상황까지 도래
한 것은 지금의 종교 집단이요, 지도
자들이 그리 뭉쳐져 있으며, 그들이
굳어져 있어,
31 세상의 아무리 아름다운 것으로도 도
무지 녹일 수가 없으며 무서운 것으로
써 다스릴 수도 없음이니, 이제 그들
을 베는 길밖에 없는 형국이니라.
32 그리하여 내가 나의 아들을 통하여 오
늘의 그 역사를 이루며 마지막으로 나
의 법전을 세상에 던져 부드러움이요,
자애로움으로써 그들이 깨달을 수 있
는 그 길을 기다림이니,
33 이것은 천 분의 일도 안 되는 기대요,
천 분의 일도 안 되는 그 역사가 이루
어짐이니라.

34 모두 베고 다스리는 그와 같은 것이
이 세상에 이루어져야 하니, 보지 아
니하여도 이보다 더 큰 전쟁이요, 더
무서운 것이 없음이니,
35 너희가 그와 같이 공격적인 전사로서
그 직분을 다한다 하면 이보다 나 여
호와의 아픈 마음이 없음이니라.
36 그러니 너희가 법전을 전하여 그들에
게 어떤 계기가 되도록 하며 그들이
변할 수 있는 그 틀을 만들어 주는 것
이 너희 소임이니라.
37 그렇지 아니할 때 너희가 힘들고 고달
프며, 보는 나 여호와의 가슴이 그리
아픔을 너희는 알아야 할 것이니라.
38 모든 종교 집단이요, 지도자들이 어찌
왔는가?
39 십자군이라는 것을 내세워 나의 피조
물 만백성들을 도륙 내는 그와 같은
행위를 한 것,
40 그리고 나의 아들을 통하여 말했듯이
진실한 것이 세상을 덮은 것이 아니
요, 거짓된 것이 세상을 다 덮다시피
했으니, 모두 가짜며 믿을 수 없는 것
으로써 이 세상을 덮었으니,
41 거기에 물들어 있고 젖어 있는 백성은
말로써 아니 됨이니 이를 어찌해야 한
단 말이던가?
42 이것이 지금 나 여호와의 걱정이요,
나 여호와의 고민이요, 나 여호와가
이리 괴로운 고통을 당하고 있음이니
라.
43 이는 나의 법전을 전하여 그들이 하나
의 계기를 역사하는 기적적인 분위기
를 스스로 조성하여 벗어나는 것밖에
없음이니, 그를 바라는 것은 만 분의
일의 역사도 아니 됨이니 이를 어찌하
겠는가?
44 너희는 오늘 나 여호와의 고통스러운
현실을 바로 직시하여 너희가 천사 같
이 변하는 그와 같은 역사를 이루고,
나의 법전을 만들어 만백성에게 전하
는 그 길에, 너희에게 내가 기대를 걸
고 있음을 알아야 할 것이니라.

8,135 번째 하나님 말씀

2003년 10월 25일 07시 42분

1 사랑하는 나의 아들아!
2 **"네, 아버님! 말씀하옵소서."**
3 나의 사랑하는 백성이 모두 간단한 이
치 하나만 깨우치면 오늘과 같은 긴박
한 상황은 되지 아니할 것을, 어찌하
여 이 아름다운 지상의 나의 낙원을
이리 만들어 놓았단 말이더냐?
4 너희는 세상에 살면서 지금 죽어 나에
게 와 심판을 받을 때 천국이요, 지옥
이라는 곳을 역사하며 거듭나고 거듭
나지 않는 그와 같은 역사는 너희가
죽은 다음에 모두 이루어진다는 생각
을 버리고 살아야 할 것이니라.
5 내가 너희에게 간곡히 눈물로써 호소
함이니라.
6 나의 아들 예수를 죽게 던져 줘 너희
를 구하고자 했던 내가, 너희 앞에 눈
물 흘리며 호소하지 못할 것이 무엇이
있더냐?
7 너희는 창조주 나 여호와가 모든 것을
뜻대로 역사하면 될 것을, 어찌하여
하나님 아버지께서 눈물로써 너희에
게 하소연하며 너희가 바로 서기를 바

라는가 하는 것은 너희가 죽어 나에게 왔을 때 모두 알 것이며,

8 나의 아들 예수가 그리 고통스럽게 죽는 것을 보며 나 여호와가 가슴이 찢어지는 그 아픔을 알면서 그를 행했던 그 뜻을 너희가 안다면,

9 오늘에 내가 너희를 구원하고자 무릎 꿇고 눈물로써 하소연한다는 그 뜻을 알라.

10 내가 더 이상 어떠한 비참한 모습으로써 어떠한 고통으로써 사랑하는 나의 아들딸을 구할 수 있단 말이더냐?

11 진정 사랑하는 나의 아들딸들 너희가 정녕 얼마나 사악해졌으면, 부모가 자식을 잘못 가르치고 잘못 다스린 죄로 인하여 무릎 꿇고 하소연하며 바로 서기를 바라는 이와 같은 심정이라 내가 너희에게 말하겠느냐?

12 너희는 정녕 얼마나 사악해졌으며 얼마나 잘못 가고 있는가, 이것을 알아야 할 것이니라.

13 그러니 내가 아무리 유하고 부드러운 방법으로써 너희를 이끈다 해도 도저히 돌이킬 수가 없으며 바로잡을 수 없는 그와 같은 세상이 되어 있는 것이라 말하지 아니하였더냐?

14 너희는 이제 나의 법전을 전해야 한다는 것을 알아야 할 것이며, 이 소중한 것만이 마지막 기회요, 더 이상의 기회가 없다는 것을 알아야 할 것이니라.

15 지금 이와 같은 형국의 마음 자세로써는 절대로 구원을 못 받음이니, 너희가 죽어 나에게 왔을 때 천국이요, 지옥이 분류되는 것이 아니요,

16 이 세상에 사는 삶에서 천국과 지옥 같은 삶을 너희 자신에게 엮어서 살아가느냐, 어떠한 길을 가느냐에 달렸으니,

17 여기서 회개하고 반성하여 거듭나는 그와 같은 기회가 와 거기서 얻고 잃는다는 것을 모름이니라.

18 모든 나의 사랑하는 백성에게 전하라.

19 천국이요, 지옥도 너희 마음에 있고 오늘의 너희 삶에 있으며, 지금의 삶에서 거듭나지 못하면 영원히 사는 나의 나라에 올 수 없다는 것을 전하라.

20 그렇지 아니하다면 너희가 육의 세상에 살아 있는 이 삶 속에서 읽고 들을 수 있는 법전을 나의 아들을 통하여 이 고통스러운 장정의 세월을 가며 이걸 만들겠느냐?

21 그리고 내가 너희에게 내려보낼 이유가 어디 있겠느냐?

22 사랑하는 나의 아들딸, 너희는 들어야 할 것이니라.

23 이 세상에 내가 구약을 내렸으며 신약을 내렸음이니, 그것을 내린 모든 의미가 무엇이더냐?

24 오늘의 삶이 얼마나 소중하며, 거듭나고 못 나는 것이 여기에 있기에 너희가 거듭날 수 있도록 그 구약과 신약이 내려온 의미가 거기에 있음이니라.

25 그리고 내가 너희에게 보낸 나의 아들 예수의 고통스러움이요, 욥이요, 또한 모세요, 그리고 이삭이라는 자식의 죽음까지도 던져 나의 명을 따르는 아브라함의 그 역사함도 모두 다 무엇인 줄 알겠느냐?

26 이 지상에서 너희가 그를 보고 배우고 깨닫지 아니하면 아니 되는 것이 바로

원리요, 진리요, 그것이 근본이라는
것이니라.
27 그렇지 않다면 내가 노아의 방주와 같
은 모든 역사를 너희 눈으로 보고 깨
우칠 수 있는 지상의 세상에서 그와
같은 처참한 모습이요, 그 고통스러운
역사요, 그와 같은 것은 보이지 아니
하였을 것이니라.
28 너희가 살아 있을 때 깨우치고 보이는
그 원인은 바로 무엇이더냐?
29 너희가 육을 가지고 살아 있는 이 세
상에서 어찌 사느냐 하는 것, 거듭나
고 못 나는 것이요, 구원을 받고 못 받
는다는 것을 증거하려는 것이요,
30 육으로써 볼 수 있는 이 세상의 세속
의 삶에서 모든 역사가 이루어졌거늘,
지금의 종교 집단이요, 잘못된 그들이
어찌 가르치느냐?
31 그 모든 의미 하나도 알지 못하면서
육으로써 행하고 지상에서 역사하는
것은 아무것도 아니라고 가르침이니,
32 그것 하나만 바로 서도 지금 나의 아
들딸들이 불 칼로써 검으로써 가지를
치고 다스리며 너희의 밑을 잘라 내는
그와 같은 아픈 역사는 이루지 아니할
것이니 그리 전하라.
33 피바람이 불며 핏물이 흐르며 꼭 사람
이 죽어서 풍기는 피바다요, 살생의
냄새만이 전쟁이 이루어지는 것이 아
니라, 보이지 않는 전쟁 속에서 더 무
서운 역사의 결과가 이루어져야 할 것
이니라.
34 이 세상에 역사하는 모든 것, 나의 법
전이 세상에 나오는 것, 나의 아들 예
수가 세상에 나와 너희를 깨우치고자
했던, 눈으로 보고 만질 수 있고 들을
수 있는 역사,
35 그 모두는 구원을 받고 못 받고, 천국
에 오르고 못 오르고, 거듭나고 못남
이 다 이 지상에서 이루어지는 그 결
과라는 것을 보여 주고 깨우쳐 주기
위해서 그 방대한 몇천 년의 역사 속
에서 그 형용할 수 없는 기적과 역사
를 다 이루어 보여 줬거늘,
36 그것은 다 필요 없는 것이라 하여 읽
고 듣고 깨우치고 행함이 없이 휴짓조
각처럼 똘똘 뭉쳐 다 불 속에 태워 버
리며,
37 이 세상에서 이루어지는 것은 아무것
도 아니니, 그저 말로 나의 아들을 찾
으며 나를 부르기만 하면 구원을 받으
며 너희가 죽어 왔을 때 모두 역사하
는 것이라 그리 가르치는 이 허탄한
세상에 그들을 불로 다스리는 것이 먼
저 해야 할 것이니라.
38 내가 지금 나의 법전을 내려보내는 것
은, 너희가 칼로써 베는 것은 그들부
터 다스릴 것이며, 그들을 다스려도
나의 피조물 만백성들이 오늘처럼 마
음을 돌리지 못하며 깨닫지 못할 때
내가 그들을 다스리는 그 아픈 역사가
이루어지니,
39 이를 막고자 하며 이를 미리 사전에
예방하고자 하는 것이 나의 애절한 뜻
이니라.
40 내가 너희에게 무릎 꿇고 간절히 눈물
로써 하소연함이니라.
41 이 세상이 그와 같은 이치이니, 나의
법전을 읽고 깨우쳐 그와 같은 역사
요, 내 앞에서 내 자식이 죽어 가는

것, 또 내가 내 칼로써 그들을 다스리
는 그와 같은 전철을 보지 아니하려
함이니,
42 이는 나의 아들 예수가 모든 것을 안
고 갔던 죽음의 고통을 바라보는 것보
다도 직접 내가 검으로써 벨 자와 베
지 아니할 자를 선별하는 내 마음이
얼마나 아프며 내 칼에 피를 묻혀야
하는 그와 같은 아픔을 보라.
43 육의 세상에서 자식을 베야 하는 부모
라면 과연 벨 수 있는가?
44 그 부모는 자식을 안고 마지막까지 눈
물로써 하소연할 것이며, 자신의 목숨
을 대신 줄 것이니 바르게 곱게 살아
그 범죄의 소굴에서 인간으로서 거듭
나기를 애원할 것이니라.
45 그보다 천배 만배 더한 모습이 오늘의
나 여호와의 모습이니, 너희는 이를
그대로 믿고 생각하라.

8,136 번째 하나님 말씀

2003년 10월 25일 08시 20분

1 사랑하는 나의 아들아!
2 "네, 아버님! 말씀하옵소서."
3 너희 인간 세상에 살아가면서 세속적
인 말에 그런 말이 있느니라.
4 '굼벵이라는 미물도 구르는 재주가 있
다'는 그런 말을 하지 않는가?
5 그와 같이 내가 그 미물에게도 구르는
재주를 주어 이동을 하며 움직일 수
있는 그와 같은 방법을 다 주었거늘,
6 사랑하는 나의 피조물 만백성 너희를
세상에 내보내면서 구르는 재주 하나
를 주지 아니하였겠느냐?
7 너희에게 모두 구르는 재주처럼 한 가
지 특성을 다 주어서 세상에 내보냈음
이니라.
8 그러니 내가 준 특기요, 장점을 가지
고 살아간다면 모두 제자리에서 순리
적으로 돌아갈 수 있는 것이 아니더냐?
9 그와 같은 것을, 너희는 욕심이라는
것 때문에 모두 다 무너트린 것이며,
그와 같이 무너트리도록 한 것은 오늘
의 종교 집단이요, 지도자들이 가르친
그 결과이니라.
10 너희는 들어야 할 것이니라.
11 작은 나무로써 하나의 자리를 지켜야
할 것을, 무쇠요, 황금으로써 그 자리
에 끼운다 해서 더 단단하고 견고하고
완벽하다 생각하지 말라.
12 나무를 끼워 나무와 나무끼리 부딛치
는 유하고 부드러움이 있으며 휘고 휘
지 않을 때 그 필요함이 있어서 나무
로써 하나의 연결 매체를 만들도록 했
다면, 쇠요, 강한 것으로써 거기에 연
결 고리를 만들면 그것이 더 견고하고
튼튼할 것이라는 것이 인간의 생각이
니라.
13 그 무쇠는 휠 때 휠 능력이 없으며 구
부러질 때 구부러질 그와 같은 능력이
없느니라.
14 그러니 바로 부러지고 모두 다 쓰러지
는 것이 아니더냐?
15 이것이 세상의 순리요, 모두 역사하는
것이니라.
16 바로 내가 나의 아들을 통하여 나의
법전을 전하는 것은 순리를 어기지 말
며 내가 명한 대로 가라 함이니, 내가
명한 것을 순종하는 그것밖에 없음을

알아야 할 것이니라.
17 내가 글로써 친필로 써 내린 십계명은
그것이 얼마나 소중하고 필요하면 그
리 내렸겠는가?
18 너희는 그것을 근본적으로 거부하는
자들이니라.
19 내가 부드러운 끈으로써 모두 연결할
수 있는 것을 너희에게 연결하라 하
면, 그 끈으로 연결하는 것은 무너지
지 아니하며 깨지지 아니하며 파손되
지 아니할 것을,
20 너희가 더 단단한 쇠고리로써 그와 같
이 할 때 그들은 유하고 부드러움이
없어 결국 무너지는 것이 아니더냐?
21 이것이 오늘의 세상을 무너트렸으며
이 세상을 다 파괴한 것이니라.
22 그리하여 내가 지금 나의 법전을 내리
는 것은 무엇이더냐?
23 그리고 유하고 부드럽고 아무리 나약
하다 해도 제자리에 놓으란 것을 제자
리에 갖다 놓는 현명함이요, 그와 같
은 깨달음을 너희에게 가르치고자 하
는 것이 나의 법전임을 너희는 알아야
할 것이니라.
24 내가 굼벵이라는 미물도 구를 수 있는
재주를 주었듯이, 나의 피조물 만백성
너희에게 모두 그 재주를 주었음이니,
그 재주를 가지고 그 자리를 지키지
아니하는 것이 바로 무엇이더냐?
25 내가 나무로써 연결 고리를 하라는 것
을 너희가 쇠붙이로 고리를 하는 것은
욕심이요, 잘못된 것이며, 내 뜻에 순
응하지 아니하고 듣지 않는 그와 같은
마음이 있기 때문이니,
26 바로 내가 그와 같은 이치를 바로잡으
라 하는 것이며, 그와 같이 제자리를
지키고 제 몫을 하라는 것이 나의 법
전을 세상에 내려보내는 것이니라.
27 아무리 나약하고 몹쓸 것이요, 그들이
쓸모없는 것이라 해도 제자리에 있을
것이 있어야만 그 기능을 발휘할 수
있으며 모든 역사를 할 수 있거늘,
28 황금만능주의요, 재물이요, 금화와 은
화요, 누릴 수 없는 권좌를 누리기 위
해 너희가 모든 역사를 하고자 하며
그를 바라보고 달려가느니라.
29 인간은 수천수만 명이 생각하는 것,
나로부터 받아 나간 장기가 다 다르
니, 나의 사랑하는 피조물 만백성 너
희가 만 명이면 만 명이 각자 할 일이
다르며 나로부터 받아 간 것이 다르니
라.
30 그러나 너희는 만 명이 한두 가지 목
표를 놓고 그걸 향하여 달려감이니,
질서가 깨지는 것이며, 무너지며, 거
기에는 아귀다툼이 있으며 서로 욕심
과 욕망으로 물고 뜯는 그와 같은 형
국이 된 것이니,
31 그걸 부채질한 것이 오늘의 종교 집단
이요, 지도자들이니라.
32 너희가 지금 만 명이 만 가지 기질을
가지고 제자리에 섰을 때 모두 평화롭
게 유지되는 것을,
33 모두 부귀영화요, 권좌만 가지고 역사
하겠다는 목표를 만 명이 똑같이 세워
놓고 달려감이니, 너희 운명은 그리
정해지지 아니한 자요, 나로부터 가지
고 나간 것이 없음이니 어찌 그리 이
루겠는가?
34 그곳에서는 한두 명이 그 자리에 가도

록 정해진 자 외에는 아무것도 아니 됨이니라.
35 오늘날 너희의 그 믿음의 질서가 그러하니라.
36 나 여호와가 모든 역사의 기적을 이루어 구약과 신약에 기록되어 너희에게 깨우침을 전해 준 것은 각자 제 직분을 찾으라는 것이거늘, 너희는 오로지 믿음의 목표가 무엇이더냐?
37 나의 아들 예수의 보혈로써 구원받아 하늘에 오르는 길, 그것밖에는 없고 그것 외에는 지금 믿음의 길을 가지 아니하느니라.
38 자리는 하나밖에 없는데 만 명이 치고받고 싸우는 형국의 믿음으로 가니 모든 질서를 파괴한 것이요, 하늘에 오르는 나의 백성마저도 지옥으로 이끌어 가 서로 파멸되는 그와 같은 형국이 오늘의 종교 집단의 믿음이요, 너희가 대표적인 자들이니라.
39 오로지 구원이라는 하나의 목표요, 구원을 받는 것도 정해진 것을 놓고 그 길을 달려가게 하였음이니, 그것을 어찌 그리 이룰 수 있단 말이던가?
40 이와 같은 나의 뜻을 잘 깨우쳐 너희 스스로 회개하고 반성하며 깨닫는 현명한 백성이 되도록 나의 법전에 기록하여 전함이니 그리 알라.

8,137 번째 하나님 말씀

2003년 10월 25일 10시 39분

1 사랑하는 나의 아들아!
2 **"네, 아버님! 말씀하옵소서."**
3 내가 너의 제자들에게 너희 이름이 낙원에 기록되어 있으며 나의 나라에 올 수 있는 자리가 있다 하였음이니, 이와 같은 것을 나의 아들을 통하여 너희에게 전하는 것을 영광이요, 축복이요, 은혜 받은 것이라 그리 생각하지 말라.
4 그것은 모두 다 너희의 노력에 달렸으며 마음 자세에 달렸음이니라.
5 너희가 오늘에 나의 법전을 만드는 그와 같은 삶을 위해서 내가 너희에게 상으로써 모두 내려 준 것이 아님을 알라.
6 너희는 이제 여기서 깨우쳐야 할 것이니라.
7 너희가 모든 것을 믿고 따를 수 있는 그 길은 무엇인 줄 알겠느냐?
8 너희가 나에게 오르는 길이요, 네 명패 앞에 올 수 있는 자라 내가 말한 것은, 너희가 진실하게 삶을 살아가고자 하면 그것이 바로 나에게 오르는 길이라는 것이니라.
9 이제 사랑하는 아들딸 그리고 나의 아들을 따르는 선택된 제자, 너희는 특별히 선택된 백성이요, 그리하여 너희 이름이 와 있는 것이 아니요, 올 수 있다는 것이 아님을 알라.
10 그러니 특별히 생각할 것도 없으며, 깨우치지 못한다고 괴로워 생각할 것도 없음이니라.
11 다만, 너희는 올 수 있는 자들이고, 올 수 있는 길을 가고 있기 때문이니라.
12 지금처럼 진실하고 아름다운 마음으로 살아가도록 마음을 갈고 닦고 살아가면 너희가 오고 싶지 않고 오지 않으려 해도 결국 그 심판의 결과에 따

라 나의 나라에 올 수 있는 것이니, 그
것이 너희가 올 수 있다는 것이요,
13 너희가 특별한 인간이요, 너희가 나의
법전을 만드는 데 노력하고 역사함으
로써 내가 너희의 이름을 갖다 놓았다
하는 것이 아니니라.
14 다만, 너희가 지금까지 진실한 삶을
살고자 노력하는 것, 너희가 마음을
비우고 살아가고자 하는 것, 그것이
나에게 오는 길이요, 간단한 이치이니,
15 누구나 다 너희 이름을 낙원에 갖다
놓을 수 있고 갖다 놨다 할 수 있음이
니, 그것을 특별한 은혜요, 상이라 그
리하지 말라.
16 너희는 지금의 진실한 마음을 계속 더
진실하고 아름답게 살아갈 수 있는 백
성이요, 그 길에 들어섰기 때문에 당
연히 올 수 있다는 것이니, 그것은 네
노력에 달렸음을 알라.
17 그러니 너희가 나에게 구원을 받고 못
받는 것을 두려워하지 말고, 천국의
나라에 올 수 있는지 올 수 없는지 의
심하지 말고 두려워하지 말라.
18 너희 마음만 진실하게 살아가면 그것
이 나에게 오르는 것이니 못 오를 자
가 어디 있단 말이더냐?
19 지금도 너희는 마음이 갈고 닦아져 그
마음이 곱고 다른 사람보다 아름다운
경지에 이르러 있음이니, 여기서 좀
더 노력하고 좀 더 진실한 마음을 가
지고 그대로 살라.
20 너희는 그리 살 수 있는 자요, 그리 살
아가며 그리 변하는 길밖에 없기에 너
희 이름을 내가 거기에 걸었다 함이니,
21 특별히 선택된 것이요, 은혜와 영광을
내린 자들이 아니니라.
22 그러니 구원을 받았다는 그 백성과 너
희의 차이점이 거기 있음이니라.
23 너희는 노력하는 것, 진실한 길을 알
고 아름답게 살아가는 것을 알기에 그
와 같은 것으로 계속 변화되고 전진하
는 삶을 살 수 있는 것이요, 그리 살아
가야 한다는 것을 명심하라.
24 그러니 구원을 받고 못 받는 것을 걱
정하지 말며 두려워하지 말며 불안해
하지 말라.
25 너희 마음이 진실하게 변하는 것, 그
리고 진실하게 살아가는 것, 그것이
너희 운명이요, 너희는 그리 살아갈
자들이니 은혜를 받는 것이요, 나로부
터 상을 받는 것이지,
26 내가 특별히 너희에게 내리는 것이 아
니요, 오늘의 마음처럼 다스리고 또
다스려 여기서 그와 같이 살다 주저하
지 말고 두려워하지 말라.
27 너희 마음은 이미 곱고 아름다운 진리
쪽으로 들어서기 시작하였으며 진실
만을 가지고 살아가는 길에 들여놓기
시작했으며 들어왔으며 시작했음이
니,
28 그대로 한발 한발 전진하면 되기 때문
에 너희 이름이 나의 낙원에 기록된
자요, 나에게 올 수 있는 백성이란 의
미가 그들과 다름을 알라, 사랑하는
나의 아들딸들아!

8,138 번째 하나님 말씀

2003년 10월 25일 10시 44분

1 사랑하는 나의 아들아!

2 "네, 아버님! 말씀하옵소서."
3 나 여호와가 너희를 얼마나 사랑하며
내가 너희와 같이 있기를 얼마나 원하
는가?
4 그리하여 나 여호와는 너희에게, 마음
의 문을 열라, 내 성령이 너희에게 임
할 수 있도록 닫혀 있는 마음의 열라,
네 마음의 문을 열라, 그리 나의 성령
으로써 너희의 마음 문을 수없이 두드
리고 또 두드리고 있음이니라.
5 그러니 너희가 나의 성령을 받아들이
며 나의 뜻에 따라 행한다면, 그리고
너희가 마음의 문을 열어 나의 성령이
임할 수 있도록 그리 간다면 너희는
하늘에 오르는 길이요, 그 모든 것을
구할 수 있고 얻을 수 있거늘,
6 어찌하여 나의 성령의 손으로써 마음
의 문을 열라 그리 두드리고 애원해도
그 마음을 닫아 버리고 열지 아니하고
굳건히 닫혀 있는 것이 오늘의 나의
백성 너희이니 이는 무엇이더냐?
7 믿음이라는 길이요, 하늘에 오르는 길
은 한 길이라 하여 고집 피우는 잘못
된 종교 집단 지도자들 때문에, 너희
가 가슴을 열고 나의 성령을 받아들여
야 하늘에 오르는 길이라 하여 너희
가슴을 그리 두드리고 대문을 두드려
도 너희는 그 문을 열지 아니하며 귀
를 닫아 버리니, 그리하여 너희가 어
떠한 형국에 젖어 있느냐?
8 나 여호와가 두드리는 소리에는 대문
을 열지 아니하고 사탄의 자식이요,
사악한 자들이요, 거짓된 자들이 문을
두드리면 맨발로 달려나와 문을 열고
그들을 받아들이는 그와 같은 형국이
되어 있음이니라.
9 어찌하여 창조주 나 여호와가 사랑하
는 내 아들딸들을 나의 나라에 영원히
안주시키기 위하여 사랑의 은혜요, 사
랑의 선물을 가지고 가서 문을 열기만
하면 너희가 성령을 받아들여 하늘에
오를 수 있게 하려고 내가 두드리는
문은 절대 열지 아니하고,
10 어찌하여 지옥이요, 사탄들의 안내요,
거짓된 자들이 두드리는 것에만 달려
가 그 문을 열어 주는가?
11 이것이 오늘날 너희의 뜻이니라.
12 육의 세상에서도 사랑하는 자식에게
부모가 양식이요, 그 모두를 공급해
주고자 사랑스러운 눈으로 대문을 두
드려도 그 문을 열어 주지 아니하고,
13 사악한 자요, 거짓된 자들이 오면 그
문을 열어 주고 제 부모보다도 더 그
들을 모시고 공양하며 받들고 대접하
는 그와 같은 형국으로 간다면, 그를
바라보는 부모의 마음이 얼마나 아프
겠는가?
14 그 부모는 제 말을 들어 주지 아니하
고 참진리를 듣지 않는 그 자식이요,
그리고 저희에게 무상으로 베풀어 주
고자 하는 모든 은혜를 받지 아니하고
저희 것을 도둑질해 가려는 자들에게
만 현혹되어 그들의 말을 듣고 부모의
말을 듣지 아니한다면,
15 인간의 부모도 눈물을 흘리고 뒤돌아
설 것이니, 그 부모의 마음이 얼마나
아프겠는가?
16 지금 너희가 그러하니라.
17 창조주 나 여호와가 너희가 갈망하는
구원의 길에 올 수 있도록 성령을 받

아들이라 너희의 마음을 수없이 두드
리지만,
18 너희는 그 문을 열지 않고 사탄이요,
사악한 자들이 두드리는 것에만 문을
열어 주니 너희를 곧 패망이요, 멸망
의 길로 이끌어 가는 것이니라.
19 너희를 지옥 불로 인도하는 사탄이 두
드리는 데만 귀를 기울여 그 문을 열
어 주고 온갖 정성을 다하여 그들을
영접하고 받아들이는 것이 오늘의 나
의 피조물 만백성이니,
20 너희를 그리 만든 것은 오늘의 종교
집단이요, 지도자들이니라.
21 너희가 그 영접하는 자의 강론을 듣고
그 깨달음을 듣고 그에게 세뇌된다면
이제는 내가 두드리는 대문 자체도 문
을 걸어 잠그고 길을 막을 것이니,
22 너희는 돌아오는 길이 없으며 나에게
오는 길이 열리지 아니하고 그게 닫혀
가는 형국이 되어 있음이니라.
23 이와 같은 것이 오늘의 세상에 살아가
는 나의 백성이요, 믿음의 길을 가는
백성 너희가 하는 행위라는 걸 알라.
24 사랑하는 나의 아들아!
25 나의 성령이 두드릴 때 문을 열어 그
를 받아들이면 그리 갈구하는 천국에
와 영원히 사는 새 생명을 얻을 것이
거늘,
26 어찌하여 너희는 사탄이요, 거짓된 자
가 두드리면 문은 열어 그들을 영접하
고 대접하며 모시고 그들의 말에 세뇌
되어 지옥으로 가는 길이 나에게 오르
는 길이라 그리 가는가?
27 이것을 뒤돌아봐야 할 것이며, 이것을
오늘 깨우쳐 주어야 할 것이며 만백성
이 깨우쳐야 하는 길이라는 것을 알
라, 어리석은 백성들아!

8,139 번째 하나님 말씀

2003년 10월 25일 10시 49분

1 사랑하는 나의 아들아!
2 **"네, 아버님! 말씀하옵소서."**
3 사랑하는 자식에게 사랑하는 마음을
듬뿍 안고 가서 문을 두드려도 그 문
을 열어 주지 아니하고 영접하지 아니
하고,
4 사탄이요, 거짓된 자들에게 문을 열어
주고 그들을 영접하여 받들고 그들의
간교한 설법과 유혹에 넘어져 정녕 돌
아올 수 없는 그 다리를 건너감이니라.
5 이는 나의 자식이 되는 것이 아니요,
사탄의 자식이 되어 버리는 그와 같은
형국이 지금 너희가 처해 있는 믿음이
요, 신앙의 실체라 내가 너희에게 간
곡히 전함이니,
6 너희는 이를 깊이 깨우쳐야 함을 잊어
서는 아니 될 것이니라.
7 너희가 그와 같은 자들의 설교요, 강
론에 세뇌되어 악한 생각이요, 악한
뜻이 이 세상을 다 덮어 가며 전하면
서,
8 그것이 나 여호와의 뜻이요, 나의 참
진리인 것처럼 착각하여 만백성들에
게 전하고 나서는 자들로서 지금 이
세상을 지배하는 것처럼 그리 가지만,
9 그것은 나 여호와의 뜻에 의한 것이
아니요, 사탄의 뜻에 따라 사악한 세
상을 만드는 데 지금 너희가 그와 같
은 명을 받아 역사하고 있다는 것을

알아야 할 것이니라.
10 그것은 하늘에 오르는 길이 아니요,
멸망의 길이요, 죽음의 길이라는 것을
지금 외치고 복음이라 전하는 것이며,
너희 형제요, 이웃 백성이요, 나의 아
들딸들을 끌어들이는 것은 바로 죽음
의 길이요, 멸망의 길로 안내하기 위
하여 너희가 선봉장으로서 소리 지르
고 있음을 알아야 할 것이니라.
11 너희는 지금 나의 사랑하는 백성을 개
인적으로 무너트리고 집단적으로 무
너트리고 가정적으로 모두 분할시켜
그들을 지옥으로 가게 하는 앞잡이로
서 모두 다 끌어들이고 그를 이끌어
가는 것만이 나에게 구원이요, 영광
받는 것이라는 착각 속에 헤매고 있음
이니라.
12 그러니 나의 뜻을 역사하는 것이 아니
요, 내가 이루고자 하는 것을 거역하
며 반대의 길을 가면서 나 여호와의
명을 받은 자요, 이것이 나에게 오르
는 길이요, 나의 뜻이라 하며 나의 피
조물 만백성에게 가르침이니,
13 그 말을 듣는 백성이요, 신도들이 착
각하여 그 속에서 헤어나지 못함이니
라.
14 그들에게 맹종 맹신하는 것이 너희가
나에게 치받는 행위요, 참진리를 거역
하는 길을 가는 삶이라는 것을 나의
법전에 수없이 기록하여 선하고 전하
였건만,
15 어찌하여 깨달음을 얻지 못하고 이를
보고 바로 서는 그와 같은 삶을 살지
못한단 말이더냐?
16 지금의 모든 종교 집단이요, 지도자
요, 그 신도들이 역사하는 것은 나의
참진리요, 나의 뜻이 아니라 사탄들에
게 세뇌되어 악의 생각이요, 거짓된
생각이요, 악의 뜻에 의해 모든 역사
를 하며 자신이 지옥으로 가는 것도
부족하여 나의 사랑하는 백성마저 지
금 이끌어 가고 있음이니,
17 그것이 너희가 지금 하는 일이요, 역
사하는 것을 알라.
18 너희는 모든 나의 뜻에 만 분의 일도
따르는 것이 아니요, 그것을 모두 정
면으로 거역하고 정면으로 받아들이
지 아니하는 그와 같은 행위를 하는
것이 오늘의 믿음의 길이요, 신앙의
길에 젖어 있는 백성이라는 것을 내가
전하고 전함이니라.
19 사랑하는 나의 아들딸들아!
20 자기 자신을 지키며 너희 가정을 지키
며 이웃을 지키는 그와 같은 깨달음으
로써 현명한 길을 가도록 그리하라,
사랑하는 나의 아들딸들아!

8,140 번째 하나님 말씀

2003년 10월 25일 10시 53분

1 사랑하는 나의 아들아, 지금의 형국이
어떠하다 했더냐?
2 수천 년 동안 믿음의 길을 오는 그 백
성이요, 종교 집단이 모두 나 여호와
의 뜻을 따름이 아니요, 나를 능멸하
는 행위요, 정녕 나로부터 멀어지고
멀어져 다시는 나에게 돌아올 수 없는
그 길을 향하여 모든 것을 다 바치고
달려가는 길이라 하지 아니하였더냐?
3 그러니 거기서 깨어나 지금 악으로 끌

려가는 그 쇠사슬을 끊고 나의 법전을
손에 들고 가슴에 이를 안고 읽고 깨
우쳐 눈을 뜨는 그와 같은 변화가 없
이는 너희는 절대로 구원의 길에 오를
수 없다는 것을 알라 전하였음이니라.
4 이는 내가 마지막 시대에 너희를 모두
깨우침이니라.
5 구약이요, 신약이요, 그것도 모두 인
간 세상에서 그걸 근본으로 삼아 깨우
쳐 인간의 삶을 아름답게 살라는 근본
이요, 기본이라 했듯이, 그것은 모두
악을 끊고 바로 서라는 그와 같은 깨
우침이요, 가르침을 주려고 구약과 신
약이 있으며 모든 기적의 역사를 지상
에서 보여 준 것이니라.
6 이는 그를 보고 깨우쳐 하늘에 오르는
길이요, 육의 세상에서 구원의 길을
받는 것이 하늘에 와 구원을 받는 길
이라는 걸 너희에게 깨우쳐 주며,
7 또한 악을 근절하고 악을 끊는 방법을
너희에게 심어 주고 깨우쳐 주기 위해
서 법전이요, 또 구약이요, 신약의 역
사가 이루어졌다는 것을 알아야 할 것
이니라.
8 지금의 너희는 험악해질 대로 험악해
졌으며 무너질 대로 무너져 구약과 신
약의 그 구태의연한 방법으로써는 절
대 구원할 수 없으며 이끌 수 없는 것
이 오늘의 현실이기에,
9 내가 마지막으로 너희를 갈라서 버릴
자 버리고 남길 자 남겨서 다듬어 바
로 세울 수 있는 그와 같은 마지막 제
3의 시대요, 심판의 시대를 열고 있음
이니,
10 심판의 시대에는 그 심판의 시대의 법
전이 필요한 것이니라.
11 그러니 심판의 시대에 필요한 것을 구
약이요, 신약을 바탕으로 깨우침을 얻
을 수 있고 변하는 길을 볼 수 있지만,
12 너희가 정녕 변하고 행하는 것은 마지
막 시대에 내리는 나의 법전이 아니면
절대 역사할 수 없음이니라.
13 그러니 너희가 그 악의 끈을 끊고 그
곳에서 뛰어나와 나의 법전을 손에 들
고 가슴에 안고 이를 읽고 깨우쳐 눈
이 뜨이고 귀가 열리는 그와 같은 그
대변화의 역사를 이루지 아니하면 정
녕 돌아설 수가 없느니라.
14 이제 내가 만백성에게 전함이니라.
15 나의 법전을 읽고 깨우쳐 눈이 뜨이고
귀가 열리는 백성, 지옥으로 끌려가는
그 삶에서 뛰쳐나온 나의 피조물 만백
성들은 너희만 깨달으며 나에게 오는
그 길을 봐 구원을 받고자 함이 아니
요,
16 너희를 지금까지 지옥으로 끌고 간 사
악한 사탄들의 모든 실체를 하나하나
남김없이 갈기갈기 모두 파헤쳐 그 실
상을 만백성에게 보여 주는 그 대명을
역사해야 함을 알라.
17 이제 앞으로 나의 법전을 읽고 깨우쳐
악의 고리를 끊고 새로운 백성으로 태
어난 너희는 지금까지 몸담았던, 너희
를 끌고 지옥으로 이끌어 가는 집단들
을 하나도 남김없이 다 뒤집어 파헤쳐
서 모든 백성이 그 현상을 보도록 할
것이요,
18 그리하여 나의 피조물 만백성을 구하
는 일에 모든 것을 다 바쳐야 할 것이
니라.

19 하나도 남김없이 모두 다 헤쳐 만백성
이 볼 수 있도록 백일하에 드러내, 너
희가 사랑하는 형제요, 나의 아들딸들
을 하늘에 오르는 길로 구원하는 것이
너희의 대명이며 역사해야 할 것이니
라.
20 이제 나의 법전을 읽고 깨우친 백성
너희는 그와 같은 길에 너희 모두를
다 바치고 던져야 함을 잊지 말라, 사
랑하는 나의 아들딸들아!

8,141 번째 하나님 말씀

2003년 10월 25일 11시

1 사랑하는 나의 아들아!
2 "네, 아버님! 말씀하옵소서."
3 내가 법전에 너희에게 전하였음이니
라.
4 나의 법전은 곧 무엇이라 말하였더냐?
5 너희 마음을 다스리고 마음의 역사함
을 돕는 길이며, 너희가 천사와 같은
삶을 살아가는 변화되는 그 길이라 그
리하였음이니라.
6 그리하여 내가 법전에 기록하여 전하
기를, 너희 마음은 너희보다 더 잘 아
는 사람이 없음이니,
7 너희 스스로 네 마음을 다스려 깨끗하
게 다시 나는 그와 같은 삶이요, 거듭
나는 길만이 하늘에 오르는 길이요,
나를 볼 수 있다고 너희에게 전하였거
늘,
8 이와 같은 나의 법전이요, 새로운 성
경을 사탄이요, 이단이요, 사악한 자
라 하며 이를 찢어 버리고 태워 버리
고 나의 아들을 능멸하는 그와 같은
오늘의 그 사악한 행위는 2천 년 전의
그 모두를 재판하고자 하는 현실이며
그보다 더 가혹하고 사악한 행위이니
라.
9 너희는 알아야 할 것이니라.
10 내가 성경에 기록한 한 구절을 여기에
기록하여 전함이니, 이를 깨닫고 다시
태어나는 그와 같은 현명함을 얻어야
할 것이니라.
11 2천 년 전 나의 아들을 통하여 너희에
게 그리 전했음이니라.
12 '마음이 청결한 자는 복이 있을 것이
며 나 여호와를 볼 것이라' 하였으니,
13 네 마음을 다스림이 곧 나를 볼 수 있
는 것이며 복이 있음이라고 법전에 기
록한 그 내용과 과연 무엇이 다르더냐?
14 한 자도 빼서도 안 되며 더해서도 안
된다는 성경에 기록되어 있는, 마음이
청결한 자는 복이 있으며 나 여호와를
볼 수 있다 한 것과, 너희 마음을 다스
려서 천사와 같이 변하는 자가 나를
볼 수 있으며 나로부터 상을 받을 자
격이 있다고 내가 법전에 기록한 그
내용이 무엇이 다르던가?
15 너희는 지금 그와 같은 이치를 다시
한 번 깨우쳐 봐야 할 것이니라.
16 그렇다면 하늘에 오르는 길이 무엇인
가를 너희가 알 것이니라.
17 그러니 나의 법전을 이단이요, 사탄이
라 말하는 자는 나의 피조물 만백성들
이 이를 보고 구원을 받고자 하는 길
마저 막는 사악한 자들의 행위임을 알
라.
18 너희는 구원의 길이 무엇인 줄 알지
않느냐?

19 마음을 다스리며 청결한 자이니라.
20 그러니 나의 아들을 통하여 법전에 기
록한 것은 마음을 다스리며 천사와 같
이 변하는 것이 하늘에 오르는 길이라
하였음이니라.
21 그러니 이는 실천해야 한다는 것이 나
의 법전이요,
22 너희는 지금까지 말로써 풍성한 말 잔
치로써 모두 다 이루어진다 함이니,
그것이 잘못 가르친 것이고 잘못된 것
이라는 것을 알아야 할 것이니라.
23 이제 풍성한 말 잔치로써 말로써는 아
무것도 얻을 수 없으며 구원의 길을
갈 수 없느니라.
24 너희 자신의 마음을 다스리며 청결한
자요, 천사와 같은 마음으로 변하는
그것밖에 오를 수 없다는 것이니라.
25 그러니 너희가 진정한 아름다운 마음
이요, 천사와 같은 마음으로 너희 자
신을 다스리며 그 길을 가고자 해도
그 길을 갈 수 없는 것이 너희이니,
26 그리하여 나의 법전을 세상에 내려보
내 너희를 깨우쳐 주는 길잡이로 세우
고자 함이니라.
27 그러니 먼저 나의 법전을 접하고 깨달
아 그를 읽고 깨우치는 길부터 먼저
선택했을 때 너희 마음이 비워지고 그
속에 나의 성령이 임하니,
28 나의 성령이 임하는 자가 바르고 곧게
하늘에 오르는 그 길을 볼 수 있음이
니라.
29 내가 다시 너희에게 전하느니라.
30 마음이 청결한 자가 복이 있으며 나를
본다고 하지만, 그 마음을 청결하게
다스리지 못할 때 나의 법전을 읽으라.
31 그러면 마음을 청결하게 다스릴 수 있
고 천사와 같이 변하는 모든 방법이
나의 법전에 있음이니,
32 그리하여 이를 160권으로써 세상에
내려보내는 대역사가 오늘 이루어진
다는 것을 너희는 명심하고 또 명심하
여 그리 전하도록 하라.
33 그리고 그리 행하도록 하라, 사랑하는
나의 아들딸들아!

8,142 번째 하나님 말씀

2003년 10월 25일 11시 04분

1 사랑하는 나의 아들아!
2 "네, 아버님! 말씀하옵소서."
3 지금의 믿음의 길을 가는 백성이요,
구원을 받았다 말하는 자들은 죽어서
천국의 비단길을 올 수 있다고 생각하
며,
4 오로지 하늘나라에 와 저희가 받을 그
수많은 상과 온갖 은혜가 무엇 무엇이
저희를 기다리고 있다는 그 착각 속에
헤매고 있으며 꿈을 깨지 못하는 불쌍
하고 가련한 백성이니라.
5 그들에게 너희는 조용히 깨우쳐 주어
야 할 것이니라.
6 구원을 받았다는 자는 그것의 고유 권
한은 나 여호와이니, 네가 그리 말해
서도 아니 되며 그것이 얼마나 오만한
자인가를 알라 하라.
7 그리고 창조주 나 여호와가 이 세상을
역사한 것의 만분의 일이라도 그 뜻을
이룰 수 있으며 그를 볼 수 있는 자가
하늘에 오를 수 있는 자라 말할 수 있
으나,

8 그것도 모르고 진리의 뜻이 무엇이며
그 많은 진리의 역사함을 알지 못하는
그와 같은 백성은 정녕 구원을 받았다
고 그리 말해서는 아니 된다고 가르쳐
주라.
9 다만, 너희가 구원을 받는 그 길은 내
가 직접 불로 써 내린 나의 친필인 십
계명을 지키고 행하고 사는 것이니라.
10 그리고 지금 마지막 시대요, 심판의
시대에 나의 아들을 통하여 새로 내리
는 나의 성경이요, 나의 법전을 지키
고 살고자 노력하는 백성만 나를 따르
며 나의 뜻에 순종하는 백성이니, 그
들만 나를 볼 수 있으며 나에게 오르
는 길은 그들에게만 열린다는 것을 알
라.
11 나의 뜻을 순종하지 아니하고 거역하
고 사는 그와 같은 백성, 그리고 내 뜻
과는 관계없는 것을 죄로 생각하지 못
하며, 육의 향락을 위하여 거침없이
어떠한 일이든 역사하는 그와 같은 사
악한 백성은 결국 나를 볼 수 없으며
나의 음성을 들을 수 없는 것이니라.
12 너희가 나의 뜻을 순종하며 내가 내린
계명을 지키며 나의 법전에 따라 살아
가는 그와 같은 삶을 살아서 나에게
오를 수 있을 때만 내가 너희에게 내
리는 사랑이요, 내가 너희에게 내리는
그 은혜를 모두 다 받을 수 있거늘,
13 어찌하여 나에게 오르는 그 길이 무엇
이고 어찌 역사해야 오를 수 있는 것
인가 그 정답도 모르는 자들이 그저
구원을 받았다, 하늘에 올라올 수 있
다 그리 말하는가?
14 너희는 죽어 내 앞에 왔을 때 나에게
오름이 아니요, 지옥으로 가는 자들이
니라.
15 나에게 오르는 자가 나의 사랑이요,
나의 축복이요, 영광을 모두 받을 수
있는 것이지, 지옥으로 내려가는 자는
그 은혜와 축복이 있을 수 없으며 그
를 받을 수 있는 자격도 없으며 그를
보지도 못하는 자들이니,
16 내가 일찍이 나의 아들을 통하여 내렸
던 그 무서운 단어 한마디, '나는 너희
를 모른다.' 함을 알라.
17 너희가 울고불고하며 '하나님의 뜻에
따라 나는 다른 신을 두지 아니하였으
며 다른 길을 가지 아니하였으며 아버
님의 길을 역사하려고 수많은 재물을
바쳤으며 모든 것을 다 바치고 살아온
저를 아버님, 어찌하여 버리시나이
까?' 네가 그리 말해도,
18 그것은 네가 사탄이 되어 사탄을 도운
것이며, 나의 뜻을 거역하는 데 사역
한 것이라는 내용이 법전에 기록되어
있으며,
19 내가 너희를 깨우쳐 하늘에 오르는 것
은 직접 불로 쓴 십계명을 지키지 아
니한 그것이 죄요,
20 그리고 마지막 시대에 나의 법전을 내
렸으나 너희는 이를 핍박하고 찢어 버
리고 태우며 이를 보고 깨우치지 못한
어리석은 자니, 나는 그와 같은 자시
을 둔 일이 없다 그리 말할 것이니 그
리 알라.

8,143 번째 하나님 말씀

2003년 10월 25일 11시 08분

1 사랑하는 나의 아들아!
2 "네, 아버님! 말씀하옵소서."
3 천 마디 만 마디 어떠한 짓을 한다 해
도 너희가 나에게 오르는 길이요, 나
의 사랑이요, 내가 원하는 길에 들어
서기 시작하는 그때부터 모든 것을 알
게 되어 있음이니라.
4 너희가 나에게 가까이 온 만큼 오를
수 있고 나의 뜻을 알 수 있는 것은 곧
무엇이더냐?
5 너희가 아무리 어떠한 행위를 해도 내
가 직접 써 내린 나의 친필인 십계명
과 지금 나의 아들을 통하여 내리는
새로운 성경이요, 너희를 심판하는 나
의 법전을 접하는 백성과 그를 접하지
아니한 백성은 차이점이 거기에 있음
이니라.
6 접한 백성은 이제 참진리를 깨닫는 것
이요, 나의 뜻에 따라 나의 뜻을 알기
시작하여 변화된 삶을 사는 것이요,
그리하여 그를 지키고 산다는 것은 곧
무엇이더냐?
7 나의 삶을 대신 사는 것이며 내가 역
사하고자 하는 것을 대신 역사하는 참
진리 속에 살아가는 진정한 나의 아들
딸이니라.
8 그러나 이를 거역하는 자, 이를 찢어
버리고 태우는 그와 같은 자는 나의
뜻을 알지 못하며 나를 거역하는 자
요, 순종치 않는 백성이니 그는 나의
아들딸이라 말할 수 없으며,
9 이미 너희는 사탄의 앞에 그 성을 가
졌으며 그들 앞에서 받은 명패를 가진
것이 너희이기에 나와 관계없다 함이
니라.
10 나의 뜻대로 살아가고 계명대로 살고
자 노력하는 백성은 이제 참진리요,
나의 뜻에 들어서기 시작함이니, 그것
이 곧 나의 뜻대로 살아가고자 역사하
는 것이니라.
11 나의 뜻대로 살아가는 것은 무엇이더
냐?
12 너희가 사랑을 실천하는 백성이 되어
가고 있다는 증거이니라.
13 내가 존재함을 믿고 나의 계명을 믿으
며 나의 법전을 믿고 그대로 따르는
자는 곧 사랑을 실천하는 백성으로서
거듭나기 시작하기 때문이며,
14 그리하여 성경에 기록하여 너희에게
전했듯이 나의 계명을 지킨 자는 곧
나를 사랑하는 자요, 나를 사랑하는
자는 곧 내 뜻에 의해 사랑을 역사하
는 것이니, 곧 나의 사랑으로 충만한
백성은 만백성에게 전하고 깨우치는
것이 인간 너희를 세상에 내려보낸 그
본뜻이라 내가 말했듯이,
15 지금 나의 법전을 접하고 사는 백성
너희는 곧 나의 뜻에 따라 사랑의 그
역사함을 시작하는 자요, 나의 삶을
대신 역사하는 자들이라 함을 여기서
알아야 할 것이니라.
16 그러기에 성경에 기록되어 있듯이, 곧
이것이 너희가 나의 사랑을 알며 나의
사랑의 뜻이 무엇인가를 알며 내가 사
랑을 역사하는 것을 받아들여 그를 가
지고 만백성에게 전하는 그와 같은 백
성이 됨을 알라.

17 나의 계명이 나의 뜻이요, 나의 법전
이 나의 것이라 하여 지키고 따르고자
하는 사람만이 나의 사랑이 임함이니,
18 나의 사랑이 임한 자만 만백성을 구하
는 데 쓰고자 하며 내가 인간을 세상
에 만들어 인간의 열매를 맺고자 하는
그 정답이요, 그 아름다운 길이요, 나
의 길에 동참하여 최선을 다하여 가는
백성이기 때문에 나로부터 받을 상이
있으며 은혜가 있다는 것을 잊지 말라.

8,144 번째 하나님 말씀

2003년 10월 25일 11시 39분

1 "너는 나 외에는 다른 신들을 네게 있
게 말지니라.
2 너를 위하여 새긴 우상을 만들지 말
고, 또 위로 하늘에 있는 것이나 아래
로 땅에 있는 것이나 땅 아래 물속에
있는 것의 아무 형상이든지 만들지 말
며, 그것들에게 절하지 말며 그것들을
섬기지 말라.
3 너는 너의 하나님 여호와의 이름을 망
령되이 일컫지 말라.
4 안식일을 기억하여 거룩히 지키라.
5 네 부모를 공경하라.
6 살인하지 말지니라.
7 간음하지 말지니라.
8 도적질하지 말지니라.
9 네 이웃에 대하여 거짓 증기하지 말지
니라.
10 네 이웃의 집을 탐내지 말지니라.
11 나 여호와가 존재함을 믿는 그 자체가
구원의 길에 들어서는 기본이요, 근본
이며, 나의 법전을 가슴에 안고 정독
하는 자, 반석 위에 시서 하늘에 오르
는 찬란한 빛을 보게 되는 영광을 얻
게 됨이니라."
12 너희는 들어야 할 것이니라.
13 사랑하는 나의 아들아!
14 "네 아버님! 말씀하옵소서."
15 네가 나의 법전을 만들고 모든 역사를
할 때마다 나의 성령을 받을 때마다
십계명을 한 번씩 암송하며 모든 역사
를 하라 하였음이니,
16 이는 곧 십계명이 존재함을 의식하며
믿음으로써 사랑이 임하는 그 길에 들
어서는 그와 같은 역사를 하기에 나의
법전에 십계명을 수없이 기록하여 전
하며 나의 백성에게 그를 읽게 함이니
라.
17 너희가 십계명을 읽고 그를 깨우치는
그 순간에 사랑이 무엇이고 내 품에
들어올 수 있는 그와 같은 길을 알고
깨닫는 역사가 이루어지기 때문이라
내가 너에게 그리 가르쳤음을 명심해
야 할 것이니라.
18 그리하여 네가 나에게 경배와 기도를
할 때 꼭 그 십계명을 암송한 다음에
나의 성령을 너에게 내리는 그 뜻은,
19 네가 그와 같이 암송하고 또 암기하는
속에 실천하기 시작할 것이며, 그 실
천은 곧 나의 사랑이요, 나의 모두를
역사하는 그와 같은 길이 이루어지기
때문임을 알아야 할 것이니라.
20 십계명을 암송하고 또 암송하는 그 길
을 가고자 하는 백성, 그리고 나의 법
전대로 깨우쳐 가고자 하는 그 백성,
그들과 지금 수천 년 동안 믿어 온 그
백성의 믿음의 한계가 어찌 다른지 알

겠느냐?
21 너희는 알아야 할 것이니라.
22 십계명을 소중히 생각하지 아니하며,
내가 친필로 써 내린 것이며 이를 지
키는 것이 하늘에 오르는 길이라 생각
하지 아니한 백성의 믿음은 비가 쏟아
져 장마가 지는 것이요, 그 물이 범람
함이니, 세상을 다 덮고 쓸어 갈 것처
럼 무섭게 몰아붙이는 그 물의 믿음과
같으니라.
23 그 물줄기와 같은 것이 오늘의 종교
집단이요, 지도자들의 믿음의 길이니
라.
24 그러나 범람하는 물은 시간이 지나면
수그러지며, 그 범람했던 물은 아무리
많다 해도 생명수로써 먹고 쓸 수 있
는 물이 못 됨이니라.
25 그와 같이 오늘날 수천 년 동안 믿음
을 온 자들이 장마철에 물이 범람하여
강둑을 넘고 모든 백성의 농작물이요,
인간의 생명을 위협하는 그와 같은 형
국이 되지만, 아무리 많다 해도 그 물
은 쓸모가 없느니라.
26 그러니 정녕 생수라는 것은 깨끗하고
청결한 깊은 곳에서 뽑아내는 것이 생
수이니,
27 얼마 되지 아니한다 해도 그 물은 생
수로써 쓸 수 있다면 그것이 너희 생
명을 구제하는 것이며 모든 역사를 하
는 것이니, 그게 바로 하늘에 오를 수
있는 그 생수이니라.
28 그러니 나의 십계명을 암송하고 또 암
송하는 백성은 바로 그와 같이 귀하고
소중한 생수와 같은 믿음의 길을 갈
수 있는 것이니라.
29 또한, 믿음은 무엇이더냐?
30 내가 오늘 너의 제자에게 그리 가르치
고 말하지 아니하였더냐?
31 너희 믿음이 지금 하늘을 찌를 듯하며
네 믿음이 대단한 것 같으며 네가 모
든 역사를 할 것이라 하지만, 네 믿음
을 다시 시작해야 한다 그리하였음이
니라.
32 네가 불과 같은 마음으로 믿음의 역사
를 하지만, 내가 강물 위에 실을 띄워
놓고 그 강을 건너라 할 때, 그는 불과
같은 성격이요, 세상을 다 바쳐 믿음
의 길을 가는 것 같아도,
33 막상 그 위에 발을 놓고 힘차게 걸어
가는 그와 같은 용기가 없는 믿음이
니, 그와 같은 믿음의 길을 갈 수 있도
록 그리 다스리라 하지 아니하였더냐?
34 그와 같으니라.
35 너희가 불과 같이 모든 역사를 하며
목숨을 바쳐 나 여호와의 뜻으로 믿음
을 갈 수 있는 것같이 말을 하지만,
36 막상 나 여호와가 강 위에 실오라기
하나를 걸쳐 놓고 이것을 밟고 건너갈
수 있으니 건너라 할 때, 그를 밟고 건
너는 용기가 필요하니 그것이 믿음이
니라.
37 그러니 그 믿음도 두 갈래이니라.
38 말없이 믿음을 가고 요란하지 아니하
며 목숨을 바쳐 갈 것같이 아니 해도,
내가 강 위에 실을 걸쳐 놓고 네 몸을
지탱할 수 있을 것이라 할 때, 말없이
'예' 하고 대답하고 건너는 그와 같은
믿음의 길을 가는 사람이 있는가 하면,
39 불과 같이 열성을 가지고 있지만, 막
상 건너라 할 때 이것을 인간적으로

생각하고 계산하여 이는 도저히 역사
할 수 없는 것을 가라 하니, 이것은 나
여호와의 뜻이 아니라 하여 등을 돌리
고 그를 명하는 나의 아들에게 거부하
는 그와 같은 마음을 갖는다면 그 믿
음이 얼마나 차이가 있는 무서운 믿음
이더냐?

40 그러니 너희는 그와 같은 믿음을 가서
는 아니 되는 것이 막중대사임을 너희
는 알아야 할 것이니라.

41 평소에 믿음에 모두를 다 보이고 변함
이 없으며 등 돌리지 아니하고 내 뜻
이요, 나의 아들을 배신하지 아니할
것 같은 믿음을 갖는다 해도,

42 막상 닥쳤을 때 그 길을 가지 못하는
것은 다 허상의 믿음이요, 다 용기 없
는 믿음이요, 다 부질없는 믿음이니,

43 너희는 여기서 알아야 할 것이니라.

44 생명이요, 모든 것을 내놓고 역사할
때 변하지 않고 약해지지 않는 믿음이
요, 그와 같은 믿음으로 가는 것이 나
에게 오를 수 있는 백성이라 하였음이
니,

45 너의 제자들에게 자신이 그와 같은 믿
음이 아닌가 생각하고 깨달으라 하여
내가 그 제자에게 그리 명하고 가르쳐
주었음이니라.

46 그것은 그 제자에게만 해당하는 것이
아니요, 너를 따르는 모든 제자에게
해당하는 것이며 그들에게 질문을 던
져 물어야 할 것이니 그리 알라, 사랑
하는 나의 아들아!

8,145 번째 하나님 말씀

2003년 10월 25일 11시 44분

1 사랑하는 나의 아들아!

2 "네, 아버님! 말씀하옵소서."

3 내가 너의 제자들에게 그리 말하여 가
르쳤느니라.

4 이 세상에는 유사품이 정녕 정품처럼
똑같이 만들어지며, 그와 같이 나의
피조물 만백성들의 눈을 홀리며 속이
는 것이 오늘의 세상에 나와 진실한
제품이 아니요, 정품을 능가하는 비품
이 세상을 혼란케 함이니,

5 너희가 지금까지 믿음의 길을 가는 것
이요, 산에 가서 공부했으며 또한 어
떤 절에 가서 공부했으며 어떤 스님을
따라 공부했으며, 성서의 진리를 공부
했다는 것은 모두 정품이 아니요, 정
품을 능가하는 비품의 행사를 하는 자
들 밑에 가서 공부하고 배웠으니,

6 그를 가지고 아는 체하지 말며 그를
가지고 깨달았다 하지 말라 내가 그리
하지 아니하였던가?

7 그것을 모두 접어 두는 마음이요, 모
두 다 지워 버리는 그와 같은 마음으
로써 역사하지 아니하면 깨달음을 얻
기가 어렵다 하였음이니, 그 뜻을 너
의 제자들이 알아야 할 것이니라.

8 많은 곳에서 참진리인 것처럼, 하늘에
오르는 길인 것처럼 너희가 가서 배우
고 들은 것은 모두 무엇인 줄 알겠느
냐?

9 유사품이요, 가짜 제품이요, 정품이
아닌 비품을 정품 빰치게 만들어 놓은
그와 같은 형국이니,

10 오늘의 믿음이요, 너희가 깨달았다는
것은 그와 같은 속에서 깨닫고 배웠다
는 것을 그들에게 전해 주라.
11 그러나 정품과 비품의 차이는 어느 한
구석이든지 다른 것이 있느니라.
12 그 제품이 다를 수 있으며 그 섬세함
이 다를 수 있으며, 정성을 들여서 만
들지 아니한 다름이 있으니, 그를 살
피고 뒤지면 알 수 있음이니라.
13 이제 너희는 나의 아들 앞에 와 무엇
을 공부했으며 어떠한 역사를 했으며
나의 법전을 가지고 공부하면서도 지
난날 정품이 아닌 비품이요, 정품과
같은 똑같은 그 비진리 속에서 배우고
깨달았던 것을 벗어 버리지 못하고 던
져 버리지 못하고 헤맨다 하면, 너희
는 정녕 나 여호와의 참뜻을 받아들일
수 없음이니 그리 전하라.
14 너희가 나의 성전에 와 나의 법전을
공부하며 나의 아들을 따른다면 지금
까지 배웠던 그 모든 것을 다 덮어 두
라 전하라.
15 그것은 모두 위장된 것이요, 비진리
요, 비품을 가지고 정품이라 너희가
어리석게 따랐던 것이니,
16 비품을 가지고 정품인 것처럼 착각하
며 때로는 그를 그리워하며 그 시절을
생각하는 마음이요, 거기서 역사한 것
은 어떻고 어떻다는 말을 하고 시시비
비를 하는 것은 너희의 어리석음이니
라.
17 오로지 정품은 한 가지뿐이며 한 가지
모델이며 한 가지에서 나온다는 것을
잊지 말라.
18 지금까지 모두는 나 여호와의 참진리
의 길이 아님이니라.
19 너희는 모두 유사품에 속아 지금까지
살아온 삶이니 이를 감사하라 함이니
라.
20 정품을 가슴에 안은 너희야말로 내가
그 길을 안내해 주었으며 그를 안을
수 있도록 너희에게 축복과 영광을 내
린 것을 알라.
21 이제 유사품에 속은 것을 가지고 세상
사의 이치를 아는 것처럼 그리 말하지
말라는 가르침을 모든 제자에게 그리
전하도록 하라.
22 정품은 오로지 한 길이요, 하나뿐이
며, 한 곳에서 나오는 것이요, 그것이
너희가 가야 할 길이며, 그를 보지 못
하면 아니 되는 것이니라.
23 너희가 지금까지 배우고 배웠던 모든
정품과 같은 것이 비품이요, 유사품이
라는 것을 깨우쳐 주라, 사랑하는 나
의 아들아!

8,146 번째 하나님 말씀

2003년 10월 25일 11시 48분

1 사랑하는 나의 아들아!
2 "네, 아버님! 말씀하옵소서."
3 이른 새벽에 너의 제자가 너에게 질문
하기를 그리하였느니라.
4 지금의 믿음은 어떠한 것이며, 동료가
가는 그 믿음은 과연 어떠한 것인가
너에게 물었을 때, 네가 뭐라 대답했
느냐?
5 항우장사 같은 짐승들이 가려운 곳을
긁을 때 언덕에 비비고 나무에 비비며
거기에서 그 가려움을 면했다면 그 짐

승은 가려울 때마다 계속 거기에 가서
비비고 문지르는 그와 같은 형태이니,
6 지금 너희의 믿음이 그와 같이 고착된
것이라 그리 가르쳤음이니, 또한 그
뜻을 많은 너의 제자들에게 깨우쳐야
할 것이니라.
7 짐승처럼 생각이 모자란 자는 가렵고
아픈 곳을 문질러 시원함을 얻었다면
그곳에 찾아가는 그와 같은 방법 한
가지 길밖에 모르는 것이 미물이요,
짐승들이 하는 행위라 그리 말하였음
이니라.
8 지금의 모든 종교 집단이요, 지도자
요, 그리고 지금까지 믿어 왔던 그것
을 벗어나지 못하며 거기에서 깨어나
지 못하는 백성이, 바로 내가 너에게
명하여 너의 제자에게 이른 새벽에 가
르쳐 주었듯이,
9 지금 가려운 곳을 그저 황소처럼 문지
르는 것을 가르치는 그 방법밖에는 모
르는 그것이 너희의 믿음이요, 그 어
리석은 믿음이어서는 아니 된다 하였
음이니라.
10 인간인 너희가 그를 곱게 단장해 주며
그를 문질러 주며 치료해 주는 그와
같은 방법을 그들은 모르기 때문이라
하였음이니라.
11 그리하여 그걸 비유하여 오늘의 믿음
이요, 종교 집단의 가는 길이 오로지
한 길이요, 하나밖에 모르는 그와 같
은 우매한 짐승과 같은 믿음의 길을
가는 것이라 그리 말하였음이니라.
12 나 여호와의 뜻이요, 너희가 가는 그
길은 차원 높으며 고차원적인 방법으
로써 깨닫고 여러 가지 방법과 길이
있고, 너희가 변화될 수 있도록 역사
하는 것이니,
13 하나밖에 모르는 어리석은 믿음에서
깨어나는 백성이 되어야 한다는 것을
이른 새벽에 찾아온 너의 제자에게 그
리 깨우침을 주었듯이, 이와 같은 뜻
을 나의 피조물 만백성들에게 전하라.
14 너를 따르는 제자들도 한 가지 방법이
요, 하나의 길에서 벗어나지 못하고
그것에 연연하며 그곳을 그리워하며
손을 놓지 못하고, 오늘 나의 법전의
강론을 들으면서도 이리 재고 저리 재
고 이리 생각하고 저리 생각하는 그
마음을 가지고는 너희가 천년만년을
가도 내가 쓸 수 있는 사람이 되지 못
함이니,
15 이는 곧 나의 아들이 쓰러지며 나의
법전이 무너져 시련을 겪을 때, 너희
는 두 가지 마음을 가지고 돌아설 수
있음이니 그를 용서치 못한다 하지 않
았더냐?
16 나의 아들 예수를 따랐던 그 제자들도
다 두 가지 마음에 자리를 잡지 못하
였으며 깨우치지 못하였음이니,
17 하나만 고집하며 한 길만 보고 생각했
으며 인간의 왕이요, 세상을 지배하는
왕이요, 세상에 와 부귀영화를 누리며
그보다 위대한 자가 없을 것이라는 그
기대치의 마음에서 그들이 서서히 무
너지기 시작하니,
18 그들의 마음은 서서히 멀어졌으며 등
을 돌리기 시작하여, 저희가 죽고 사
는 그 환경에서, 내가 강 위에 줄을 띄
어 놓고 이를 건너라 할 때, 건너야 할
것을 건너지 못하고 등 돌린 자와 똑

같은 그와 같은 마음의 믿음의 길을
가는 자들이기 때문에 오늘날 이와 같
이 험악한 전철을 밟는 세상이 되었음
을 너희는 명심하고 또 명심하라.
19 그러니 하나만 고집하는 그 어리석음
에서 깨어나며, 수천수만 가지의 방법
이 있으며 돕는 자가 있으며 협조하는
자가 있으며 치료해 주는 자가 있으며
어루만져 주는 자가 있다는 것을 너희
는 깨우쳐야 할 것이니 그리 알라.

8,147 번째 하나님 말씀

2003년 10월 25일 11시 52분

1 사랑하는 나의 아들아!
2 "네, 아버님! 말씀하옵소서."
3 나 여호와가 너희에게 마음을 비우고
천사와 같은 삶을 살아야 하며, 그와
같이 변화되지 아니하면 너희는 모두
를 알 수 없다 함이니,
4 이 말 한마디가 내가 너희를 얼마나
사랑하고 아끼며, 너희가 높은 경지에
올라와 하늘에 올 수 있는 그 길을 열
어 주는 것인지 알겠느냐?
5 내가 천사와 같은 깨달음을 가지라 함
은, 천사는 인간 너희와 다름이니, 그
들이 가진 지혜요, 아름다움이요, 생
각하는 것과 깨달음은 끝이 없으며 한
이 없는 것이니라.
6 천사들이 가진 마음은 아름다움이요,
지혜로움이요, 깨달음이요, 그 모두가
끝이 없이 역사하는 것이니라.
7 그러나 인간 세상에서 벗어나지 못하
는 너희는 깨달음이요, 아름다움이요,
그 지혜가 한계가 있어 거기를 벗어나
지 못함이니,
8 바로 나로부터 무한한 은혜와 지혜를
받으며 너희가 천사와 같은 지혜요,
사랑함이요, 모든 능력을 겸비할 수
있도록 그리 끌어올리고자 하며 그리
오라 하는 것이니,
9 천사들이 가진 지혜요, 현명함을 너희
것으로 만들라는 그 뜻이 거기 있음이
니라.
10 이는 내가 너희를 얼마나 사랑하고 아
끼는 것인지 알겠느냐?
11 천사와 같이 되는 자만이 탐하지 아니
하고 시기하지 아니하고 질투하지 아
니하며 그와 같은 마음을 다 버릴 수
있음이니라.
12 선함도 끝이 없으며 사랑함도 끝이 없
으며 용서함도 끝이 없으며 모두를 다
스릴 수 있는 그 지혜도 끝이 없는 것
이 천사와 인간의 차이점이니라.
13 그 모두를 너희가 역사할 수 있으며
받을 수 있으며 그 경지를 얻어 행할
수 있도록 하라는 것이 나 여호와의
뜻이며 내가 너희에게 간곡히 바라는
것이니라.
14 그리하여 내가 너희에게 천사가 되라
는 그 뜻을 이제 알겠느냐?
15 그러니 천사가 되라는 것을 고통스럽
고 힘든 그 길을 가라는 것만 생각하
면 가기가 힘들고 어려우니라.
16 너희가 목적이 없고 계획이 없으며 얻
어지는 것이 없고 결과가 없는 멀고
먼 길을 가라면 얼마나 힘들겠냐?
17 그러니 너희는 이제 천사가 되는 그
길이 어렵고 힘들다 생각하지 말라.
18 너희가 천사가 되는 것은 인간으로서

생각할 수 없는 위대한 지혜를 얻으
며, 사랑을 얻으며, 그리고 악을 버리
고 선한 마음으로써 역사할 수 있는
모든 것을 다 너희에게 내리고자 함이
니라.
19 너희는 그를 얻기 위해 천사가 되고자
노력한다고 생각하라.
20 오늘의 너희가 잘못하는 것, 실수하는
것을 모두 다스리고 변하여 깨우쳐 가
도록 그리하면 천사가 가진 모든 것을
다 누리고 얻을 수 있음이니, 그보다
더 큰 은혜와 영광이 어디 있겠느냐?
21 그를 내가 너희에게 주고자 하여 너희
에게 천사가 되라는 것이니,
22 천사가 되는 것을 어렵고 힘든 노력의
한계로써만 보지 말라.
23 그러니 너희는 얻음이 있고 은혜가 있
고 상이 있으며 천사가 생각할 수 있
고 행할 수 있는 모든 것을 다 얻을 수
있는 것이 너희이니 그를 생각하면서,
24 지금까지 힘들고 어렵게 깨우치고자
몸부림쳤던 것에 기쁨이 있고 희망이
있고 아름다움을 얻는다는 그와 같은
희망의 마음으로 변해 가 인간의 한계
를 넘도록 그리하라, 사랑하는 나의
아들딸들아!
25 나의 아들을 따르는 너희를 사랑함이
요, 오늘의 내 뜻을 들으며 이 가르침
을 듣는 너희는 그와 같이 갈 수 있으
며 될 수 있기에, 빨리 와 받으라 함이
니,
26 너희를 사랑함이니라.

8,148 번째 하나님 말씀

2003년 10월 25일 11시 58분

1 사랑하는 나의 아들아!
2 "네, 아버님! 말씀하옵소서."
3 모든 종교 집단의 지도자들이 가르치
기를, 나의 아들이 사탄과 광야에서
싸움하며 그 고통을 이긴 것은 나 여
호와가 존재하며 성령으로 태어난 나
의 아들이요, 그리고 나로부터 선택된
아들이기 때문이라 하며, 그와 같은
믿음이요, 그와 같은 마음을 가지고
가는 것이라 그리 생각하지만,
4 이제 하나를 더 깨달으며 너희의 마음
을 고르고 다스려 여유 있는 마음으로
살아가도록 그리하라.
5 나의 아들 예수가 광야에서 사탄과 싸
우고 역사하는 그 순간에 가장 귀중한
것은 그가 그것으로써 싸운 것이요,
나의 성령의 아들이기 때문에 이긴 것
이라는 것보다도,
6 사탄과 싸우면서 나의 아들 예수는 그
고통 속에서 무엇을 깨달았는지 알겠
느냐?
7 나 여호와가 존재함을 깨달았으며, 내
가 역사함을 깨달았으며, 나의 아들이
갈 수 있는 그와 같은 것을 거기서 깨
달았음이니라.
8 그러니 사랑하는 나의 아들딸이요, 나
의 아들을 따르는 제자, 선택된 너희
는 알라.
9 나의 아들 예수가 광야에서 40여 일
동안 온갖 유혹과 고통 속에서 그가
얻은 것은, 하늘에 아버지가 계시며
아버지께서 역사한다는 것이니라.

10 그때부터 모든 지혜를 얻을 수 있고,
인내할 수 있는 것이 무엇이며 갈 길
이 무엇인가를 알았으니, 그와 같은
고통과 시련 속에서만 나 여호와의 뜻
을 깨달으며 하늘의 뜻을 나의 아들
예수와 같이 깨달을 수 있는 것이 거
기에 있는 것이니라.
11 그러니 오늘의 고통과 시련을 모두 싸
우고 이기며, 또한 쓰러지지 말고 지
치지 말고 다시 일어서는 그와 같은
오늘의 삶 속에서 나의 아들 예수가
모든 것을 깨닫는 것처럼 너희도 깨닫
는 그와 같은 역사가 진행된다는 것을
이제 알며 그리 생각하라.
12 그러니 너희는 예수보다도 더한 고통
이 있다 해도 그 속에서 인간이 느끼
고 알 수 없는 것을 깨달으며, 나 여호
와의 뜻을 바라보고 거듭나는 역사는
오로지 그와 같은 것이니라.
13 정녕 너희가 나의 아들 예수가 광야에
서 사탄과 싸우는 유혹보다도 더 큰
유혹이 있으며 그보다 더 고통스러운
시련이 너희에게 있을 때 포기한다면,
나는 너희를 사랑할 것이며 버리지 아
니할 것이니라.
14 그러나 그보다 못한 유혹이요, 그보다
못한 시련이요, 고통에서 쓰러져서는
아니 될 것이니라.
15 너희 또한 예수처럼 육을 가진 나의
아들딸이기 때문이니라.
16 다만, 예수는 성령으로 임했기 때문에
고통이 없으며 아픔이 없다고 생각하
지 말라.
17 너희는 나의 똑같은 아들딸이요, 그는
성령으로써 세상에 왔으니, 너희의 육
위에 내가 성령을 부어 준 그와 같은
나의 아들딸이라 일찍이 깨우쳐 주지
아니하였더냐?
18 너희는 여기서 그 깨달음이 있어야 할
것이니라.
19 예수가 광야에서 사탄과 싸워서 이긴
것은 믿음이요, 그와 같은 믿음의 성
령으로 태어난 아들이기 때문에 그리
하여 나의 아들 예수는 위대한 것이
며, 창조주요, 너희를 구원하는 구세
주라 그리 생각하지 말라.
20 사탄과 싸워서 이길 수 있는 것은 나
의 아들이라는 것을 증명하며 성령으
로 태어난 것이라는 것에 치우치며 그
와 같은 믿음으로 가지 말라.
21 너희가 여기서 얻고 배워야 할 것은,
나의 아들이 사탄의 어떠한 유혹에도
넘어지지 아니하였으며,
22 그 고통을 견디고 이기는 그 속에서
나를 보았고 새로 거듭 태어났으며,
내가 존재함을 알고 완벽한 나의 아들
로서 거듭 태어났음이니,
23 너희도 그와 같은 고통과 시련을 겪는
속에서 완벽한 나의 아들딸로서 거듭
태어나야 할 것이니 그것은 너희 몫이
니라.
24 그와 같은 것을 두려워하지 말며 그것
을 겁먹지 말라.
25 여기에 너희는 성령으로 태어난 아들
이요, 사탄과 싸워서 이긴 가장 위대
한 자요, 그는 구세주요,
26 그러하기 때문에 너희 생명을 보존하
며 그 보혈로써 구원을 받는다는 그와
같은 생각에 젖어 있어서는 아니 될
것이니,

27 그와 같은 생각은 오늘 이후부터 말소
시키며 너희 머릿속에 모두 지워 버리
라.
28 너희 생각을 지워 버리고, 다만 나의
아들이 그 고통과 시련 속에서 유혹을
견디면서 나를 알았고, 나로부터 깨달
음을 얻었으며, 완벽한 나의 아들로서
거듭날 수 있었음이니,
29 너희도 그 고통만큼 견디고 역사하는
것만이 나의 아들딸로서 거듭나는 것
이라는 그 길만을 생각하며 그것만을
가슴에 안고 가고,
30 그 이상 것을 생각하는 것은 잘못된
자들이요, 어렵고 힘든 것을 피해 가
는 것이니라.
31 내가 너희에게 명하니, 나의 아들 예
수가 사탄과 싸우면서 그 유혹에서 고
통스럽게 견딜 때 나를 보았으며, 내
가 존재함을 알았으며, 그가 가야 할
길을 알았으며, 그가 역사할 것을 거
기에서 깨달아 얻었음이니,
32 너희도 그와 같은 고통과 시련을 견디
고 이길 때 그와 같은 것을 얻고 깨달
을 수 있는 똑같은 나의 아들딸이니,
그것만 생각하고 그리 가라.

8,149 번째 하나님 말씀

2003년 10월 25일 12시 10분

1 사랑하는 나의 아들아!
2 "네, 아버님! 말씀하옵소서."
3 너의 제자들에게 일러 깨우쳐 전하라.
4 하늘의 뜻을 알며 성서를 알며 깨달음
을 알며 무엇을 얻었다는 그와 같은
백성에게 너희는 대답하지 말며 그들
과 말하지 말라.
5 정녕 그들이야말로 아무것도 모르는
자들이며 아무것도 깨달음이 없는 백
성이라는 것을 알라.
6 너의 제자들 또한 수없이 공부를 했으
며 깨달음이 있고 어떠한 공부를 했으
며 어떠한 역사를 했다고 말하는 백성
은 아무것도 모르는 자요, 깨달음이
없는 자들이 말함을 알라.
7 너희는 일찍이 알고 있지 않으냐?
8 하늘을 두루마리 삼고 바다를 먹물 삼
아 써도 써도 다 못쓰는 것이 참진리
요, 나 여호와의 뜻이라 그리 말하였
거늘,
9 거기에 비추어 본다면 과연 너희가 얼
마를 알며 얼마를 깨우쳤다 말하느냐?
10 얼마나 안다고 감히 나의 뜻을 알고
진리를 안다 하며 하늘에 오르는 길을
안다 말할 수 있는가?
11 정녕 깨달은 자요, 하늘의 뜻을 아는
자는 두렵고 무서워서 안다는 소리를
하지 못하며, 그저 자기는 아무것도
모른다 말할 것이니라.
12 너희가 깨달음을 얻었고 역사를 했으
며 어떠한 영감을 받았으며 어떠한 길
을 깨달았기에 특별한 사람이요, 제가
아는 것이 진리라고 말하는 그 백성이
무엇인 줄 알겠느냐?
13 바다가 넓고 넓은 것을 모르며 그 바
닷물 한 컵을 떠서 들고 그것으로써
바다를 다 알고 세상사를 다 아는 것
처럼 말하는 어리석고 불쌍한 백성이
니라.
14 이제 너희는 나의 법전을 읽고 깨우쳤
으며 나의 아들을 통하여 내리는 강론

을 들었으며 그 모두를 들었으니, 하
늘의 이치요, 하늘의 뜻을 알고 진정
한 참진리의 길을 너희만큼 아는 자가
없음이니,
15 너희는 이제 입을 함봉하고 살아가는
그와 같은 사람이 되라.
16 안다고 말하는 자, 따로 배운 것이 있
으며 다른 데에서 역사했으며 몇십 년
동안 공부를 하여 터득한 것을 이것이
진리라 말하는 자들은 아직도 아무것
도 모르는 자라는 걸 스스로 말함이
니, 그들과 무슨 대화를 하며 무엇을
시시비비하겠느냐?
17 한 컵의 물을 들고 바다를 다 아는 것
처럼 그를 담아서 흔드는 것처럼 말하
는 그 어리석은 백성에 대하여 너희는
두 번 다시 시시비비하지 말고 그 말
에 대답하지 말라.
18 조용히 '나는 모릅니다' 하고 그저 입
을 다물고 앉아 듣는 것이 너희가 갈
수 있는 자세이니라.
19 아는 체하지 말고 잘난 체하지 말고
진리를 아는 것처럼 말하지 말라.
20 더욱이 구원을 받았다 말하는 자들이
세상에 존재하는 미생물이요, 동식물
이 살아가는 세상의 이치를 얼마를 아
느냐?
21 그것 하나도 모르는 자들이라 그리 말
하지 아니하였더냐?
22 그와 같은 자들이 세상에 하늘의 천지
조화요, 그 넓고 넓은 세상 그중에서
가장 귀하고 소중한 구원을 받았다 하
며 그걸 찾았다 하며 그 비단길을 들
어설 수 있으며 황금 문을 열고 들어
갈 수 있다 하는 자들이 얼마나 무모
하고 불쌍하고 가련한 백성인 줄 알겠
느냐?
23 몇 시간 뒤에 제가 이 세상에서 모두
를 거두게 된다는 것도 모르는 어리석
은 자가 그와 같은 말을 하고 있음이
니라.
24 그저 짐승이 도살장으로 끌려가기 전
에, 주인이 팔고 거래하는 것을 모르
고 서 있는 것보다도 더 어리석고 불
쌍한 것이 그들임을 전하라, 사랑하는
나의 아들딸들아!

8,150 번째 하나님 말씀

2003년 10월 25일 12시 15분

1 사랑하는 나의 아들아!
2 너를 따르는 제자들을 사랑함이요, 나
의 법전을 만들어 만백성에게 전하고
자 노력하는 너희의 가상함이요, 그를
내가 사랑함이니라.
3 내가 너희에게 주는 것이 무엇이 아까
우며 무엇이 소중한 것이 있겠느냐?
4 모든 것을 다 부어 주고 모두를 주고
싶으나,
5 그것이 하늘의 법도요, 하늘의 뜻이
요, 참진리요, 공의의 하나님이요, 창
조주 나 여호와가 흔들려서도 아니 되
며, 오점을 남겨서도 아니 되며, 하나
의 허점이 있어도 아니 되는 것을 너
희가 알지 않느냐?
6 그러니 모두 정도에서 역사한다는 것
을 알라.
7 다만, 너희는 깨우치라.
8 너희가 나에게 다가오는 만큼 나 여호
와의 뜻을 알 수 있으며 내가 역사하

는 것을 알 수 있으며 내 속을 알 수
있는 것이니라.
9 그러니 너희는 나에게 다가오는 그 길
만 위해 묵묵히 살아가도록 그리하라.
10 너희가 다가오는 길은 무엇이더냐?
11 마음을 비우는 것이 아니더냐?
12 너희가 마음을 비우면 내 성령이 너희
에게 임하게 되어 있음이니, 그것이
너희가 나에게 다가오는 길임을 알라.
13 내가 나의 법전을 읽고 깨우친 만백성
너희를 무엇이라 말하였더냐?
14 나의 분신이라 하였으니, 너희가 다가
올 수 있는 분신의 자리가 무엇이며
네가 들어갈 자리가 어딘지 네가 해야
할 역사가 무엇인지 볼 수 있지 않겠
느냐?
15 그러니 너희는 나에게 다가오는 그와
같은 삶을 사는 데 모두를 다 바치라.
16 이것저것 돌아다볼 것도 없으며 이것
저것 생각할 것도 없음이니라.
17 나의 계명이요, 나의 법전대로 마음을
다스리고 살아가는 그것이 너희가 한
발짝 한 발짝 다가오는 것이니,
18 나에게 가까이 다가오는 백성은 다가
올 수 있는 만큼 나의 뜻을 알 수 있으
며 나의 가르침을 알 수 있음이니라.
19 추운 겨울날 모닥불 앞에서 한 발짝
한 발짝 다가가면 그 열기를 느끼듯이,
20 너희가 나 여호와의 참진리요, 하늘의
그 황금빛을 향하여 내 품에 한 발짝
한 발짝 다가오는 그 깨달음, 나에게
오르는 그것만이 너희가 내 모두를 느
끼고 알 수 있는 그와 같은 은혜를 얻
게 됨이니, 그 길만을 생각하고 살라.
21 그 길은 바로 나의 법전대로 사는 것
이요, 내 계명대로 사는 것이요, 하늘
을 향하여 한 점의 부끄럼 없이 살라
고 내가 너희에게 내린 그 가훈의 뜻
이니라.
22 그대로 행하고 살라, 사랑하는 나의
백성들아!
23 너희가 나에게 오는 길을 멀리 가며
돌아올 수 없는 길로 돌아서면서 어찌
나에게 오를 수 있으며 나의 뜻을 알
수 있다고 말하느냐?
24 지금 너희만큼 나에게 다가온 백성이
없으며 너희만큼 나에게 가까이 온 백
성이 없으며 너희만큼 나에게 오는 길
을 아는 백성이 없음이니, 너희는 입
을 다물고 살라 하였음이니라.
25 너희만큼 알지 못하고 너희를 따라오
지 못하며, 하늘의 두려움이요, 하늘
의 역사가 무엇인지 모르는 자들이 백
날 말해도, 인간 세상의 인간 생각에
좌우되니, 그 말에 시시비비하지 말라
는 뜻이 여기에 있음이니라.
26 한 발짝 한 발짝 나에게 다가오는 그
삶을 위해 살라.
27 내가 너희를 사랑함이니 너희가 나에
게 다가왔을 때만 내 빛이 너희에게
가까워지고 내 뜻을 너희가 볼 수 있
으며 너희가 와서 역사할 수 있는 것
을 멀리서나마 볼 수 있는 것이니, 그
길을 가면 되며, 거기에 네 자리를 찾
아갈 수 있도록 노력하면 되는 것이니
라.
28 내가 너희에게 다시 말하지 아니하였
더냐?
29 너희가 추운 밤 모닥불 앞에 가까이
가면 갈수록 따스함을 느끼듯이 그와

같이 너희가 나에게 다가오는 그 길만
을 살라.
30 그것이 마음을 비우는 길이요, 나의
법전대로 역사하는 것이니, 꾸준히 노
력하고 또 노력하라.
31 힘들고 어렵다 해서 변하고 등 돌리는
그와 같은 백성이 되지 말고 노력하고
노력하면, 모닥불 앞에 가면 갈수록
따뜻해지듯이, 나의 뜻을 알 수 있으
며 내가 역사하는 것을 알 수 있으니,
32 나에게 한 발짝 한 발짝 너희가 다가
오는 길밖에 없음이니라.
33 지금의 모든 종교 집단이요, 그들은
나로부터 등 돌리고 다시 돌아올 수
없는 그와 같은 길을 가고 멀어지는
자들이니, 거기에 무엇이 있다 생각할
수 있느냐?
34 사랑하는 나의 아들딸들아, 내가 너희
에게 말하기를 모조품이 완성품 같다
했듯이, 그들은 그와 같은 모조품이
요, 그와 같이 진실을 왜곡한 자들이
진정한 것인 줄 알고 거짓된 것이요,
비품을 가지고 지금 몸부림치는 자들
이니,
35 그들은 정녕 진품의 아름다움을 볼 수
있는 눈이 감겨 있으며 귀가 닫혀 있
기 때문에 그러니라, 사랑하는 나의
아들딸들아!
36 끝없이 달려가라, 끝없이 노력하라.
37 지칠 줄 모르고 주저앉지 말고 노력하
라, 그러면 모든 것을 다 볼 날이 머지
않아 있을 것이니라.
38 다만, 유사품에 속지 않고 정도의 길
을 가는 것으로써 오늘의 모든 고통이
요, 시련의 은혜를 다 받고도 남는다
는 것을 알라.
39 그리하여 내가 너희에게 특별히 상을
내리지 아니하며 너희를 추천하지 아
니하며 너희에게 모든 은혜를 아직 내
리지 아니함이니,
40 그 은혜를 갚을 만큼 너희가 노력하고
나의 법전을 만들어 세상에 전해, 이
제는 상을 받을 수 있는 것이 있다면
모두 받을 것이니, 그리하여 내가 나
의 아들을 통하여 너희들에게 내려 준
다 함이 여기 있음이니라.

8,151 번째 하나님 말씀

2003년 10월 25일 12시 19분

1 사랑하는 나의 아들아!
2 "네, 아버님! 말씀하옵소서."
3 어떠한 백성이든 지혜를 얻는 백성이
되는 것은 무엇이라 말하였더냐?
4 나로부터 지혜를 받으며 나로부터 은
혜를 받으며 내가 역사하는 것을 깨우
칠 수 있는 그와 같은 백성이 되어야
하는 것이 가장 중요하며 소중함이라
하였음이니라.
5 그러니 그 길은 내가 무엇이라 말하였
느냐?
6 사랑하는 나의 아들딸 너희가 나에게
가까이 다가올 수 있는 그것만이 나의
모든 것을 느끼며 더 깊이 알 수 있다
하지 아니하였더냐?
7 그것을 가르쳐 주기 위해 나의 법전
160권이 세상에 내려감이니 이를 만
백성에게 전하라.
8 너희가 나에게 가까이 와야만 나의 모
든 지혜로움을 볼 수 있듯이, 너희에

게 그 길을 알려 주고 깨우쳐 주는 것
이 나의 법전이니라.
9 내가 너희를 얼마나 사랑하면 이와 같
이 완벽한 방법으로써 너희를 그리 이
끌어 가겠느냐?
10 성령으로써 임하는 마음이 되도록 너
희는 모두 비워야 할 것이니라.
11 사랑하는 나의 아들딸들아!
12 너희가 나의 지혜를 얻으며 나의 모든
것을 가까이 볼 수 있도록 접근할 수
있는 것은 육의 세상에서 살아가면서
육에 의하여 사악한 행위를 하는 것,
사악한 생각을 하는 것, 거기서 벗어
나지 못하는 모든 것을 던져 버리고
용기 있게 일어서는 그와 같은 백성이
되어야 할 것이니라.
13 그러니 육의 세상의 사악한 행위를 모
두 다 벗어던져 버리고 나에게 모두를
다 바치는 용기 있는 삶이요, 너희의
소중하고 귀한 그 생명까지도 바칠 수
있는 그와 같은 삶으로 변화되는 것,
14 그와 같은 각오 속에서 살아가는 것이
가장 중요하며, 구원을 받으며, 깨달
음의 길을 볼 수 있다는 것을 잊지 말
라, 사랑하는 나의 아들딸들아!
15 육의 세상의 잘못된 사탄이요, 사악한
마음을 모두 다 던져 버리고, 모두를
나를 위해 던질 수 있는 그와 같은 마
음으로 변하는 삶의 역사가 없이는 아
니 됨을 알라, 사랑하는 나의 아들딸
들아!

8,152 번째 하나님 말씀

2003년 10월 26일 08시 34분

1 사랑하는 나의 아들아!
2 "네, 아버님! 말씀하옵소서."
3 내가 성서에 기록하여 너희에게 전하
기를, '하나를 달라 하면 둘을 주고, 5
리를 가자 하면 10리를 걸어가며, 속
옷을 달라 재판하면 겉옷까지 벗어 주
는 것이 너희가 가는 길이라' 하였음
이니라.
4 그러니 모든 백성에게 모범이 되는 것
이 너희가 살아가는 길이요, 그와 같
은 삶을 사는 것만이 나에게 오르는
길이요, 그 모두를 다 역사할 수 있음
이니라.
5 오로지 나의 아들 예수는 그 모두를
행하고 지킬 수 있었음이니라.
6 그러니 너희도 그와 같은 삶을 살지
아니하고는 나에게 올 수 없는 것이
너희 운명이 아니던가?
7 그러니 그와 같은 마음으로써 모두를
행하고 역사하는 자는 모두 나를 볼
수 있으며 내 음성을 들을 수 있으며
모든 기적의 역사를 이룰 수 있는 것
이며,
8 너희가 그리 갈구하던 구원을 받는 것
도 그러하니라.
9 그러니 내가 성서에 명한 것, 내가 내
린 십계명을 모두 그대로 순종하고 지
키는 그것이 정답이거늘, 정답을 버려
두고 오답 속에서 나에게 오르려 한다
면 과연 그곳을 올 수 있겠는가?
10 아무리 너희가 뭐라 한다 해도 정답이
아니요, 오답을 쓴 자를 맞다고 할 수

없는 것은 인간 세상의 시험지를 다루
는 시험관도 같을 것이거늘,
11 하물며 나 여호와가 정답이 아닌 오답
을 가지고 구원의 길이요, 하늘에 오
르겠다는 자들을 어찌 보살피며 그를
인정해 줄 수 있는가?
12 이는 인정할 수가 없는 것이 너희 운
명이요, 또 나 여호와는 공의의 하나
님이라 공의의 진리를 만백성에게 내
리는 나 여호와로서 그건 생각해서도
안 되며 감히 상상도 하지 말라.
13 그러니 오로지 참진리요, 정답을 찾는
그 길밖에 없으며, 정답의 길이요, 진
리가 무엇이며 서로 이단이요, 사탄이
라 싸우기 전에 내가 성서에 기록한
대로 행하고 사는 것이 참진리요, 하
늘에 오르는 길이요,
14 그와 같은 것을 행하지 아니하는 자가
바로 이단이요, 사탄이라는 것을 너의
제자들에게 깨우쳐 주도록 그리하라,
사랑하는 나의 아들아!

8,153 번째 하나님 말씀

2003년 10월 26일 11시 45분

1 사랑하는 나의 아들아!
2 "네, 아버님! 말씀하옵소서."
3 나의 성전에 와 나의 강론을 들으며
나의 법전을 갖고 매달리는 선택된 너
의 제자요, 그 백성의 손톱 밑의 시리
고 저린 것까지도 나 여호와가 모두
다 알고 있음이니라.
4 그러니 사랑하는 나의 아들을 따라오
며 내가 그를 통하여 내리는 법전이
요, 나의 성령의 뜻을 듣고 깨우치는
너희가 어느 곳이 저리고 아프며 상처
가 났는지 내가 알고 있거늘,
5 아는 나 여호와가 그를 치료하여 주지
아니하며 보살펴 주지 아니하겠는가?
6 모르는 자라면 그것을 고칠 수 없으며
치료해 줄 수 없을 것이니라.
7 아프고 저린 것을 모르는 자가 너희에
게 베풀어 준다면 그는 모르기 때문에
너희와 일맥상통한 하나의 고충을 덜
며 너희가 가는 길에 도움이 되지 아
니할지 모르지만,
8 나 여호와는 너희에게 바람결에 번갯
불보다 빠르게 스쳐 가는 것도 다 안
다 하였음이니,
9 사랑하는 너희의 손톱 밑에 저리고 아
픈 것까지도 나 여호와가 다 알고 있
음이니라.
10 그러니 알고 있는 나 여호와가 그를
그대로 넘어 가겠는가?
11 다만, 내가 너희를 치료해 주며 다스
려 줄 때가 있음이니 그를 알라.
12 내가 나의 아들을 통하여 너희에게 이
강론을 하며 나의 법전을 세상에 전하
는 그 이유가 무엇인 줄 알겠느냐?
13 지금의 믿음의 길을 가는 백성의 형태
가 어떠하더냐?
14 너희는 높고 높은 산을 정복해야 하며
그 산 정상에 올라가라는 명을 받고
지금 어렵고 힘든 그 길을 가는 것이
아니더냐?
15 그보다 천배 만배 더 어려운 길이 하
늘에 오르는 길이요,
16 아무나 들어올 수 없으며 너희 영혼이
다시 태어나는 생명을 얻는 하늘나라
에 오르며 천국의 문에 들어서기 위해

서 지금 그 길을 가는 것이 아니더냐?
17 내가 너희를 깨우치기 위해 산을 비유
해서 너희에게 오늘 가르침이니 그리
알라.
18 너희가 높고 높은 산을 정복하려면 그
산의 정상에 가야 한다면 한 발짝 한
발짝 노력하지 아니하고는 그 산의 정
상에 오를 수 없지 아니하더냐?
19 그러나 산을 오르려고 만반의 준비를
한 나이 어리고 늙고 병든 자들, 감히
그 산을 쳐다보고 오를 힘이 없고 용
기가 없는 그 백성에게,
20 지금의 종교 집단이요, 지도자들이 너
희는 그저 가만히 있으면 정상에 갖다
놓는 방법이 있으며 비결이 있으니 힘
들여 올라가지 말라, 내가 너희를 정
상에 이동을 시키겠다고 할 때,
21 거기에서 고개 숙이고 감사하며 울고
불고 손뼉을 치지 않는 백성이 어디
있겠느냐?
22 바로 그와 같은 것이 오늘의 종교 집
단이요, 그들이 가는 길이니라.
23 사랑하는 나의 아들을 따르는 제자 너
희는 들으라.
24 너희가 산의 정상에 오를 때 너희 스
스로 한 발짝 한 발짝 그 역사를 하지
아니하면 정상을 어찌 오를 수 있단
말이더냐?
25 더욱이 천국에 오르는 길은 그러하니
라.
26 그러면서 그들이 지금 뭐라 말하느냐?
27 '너희를 다 하늘나라의 정상에 안내해
줄 것이니 너희는 힘들여 고생하지 말
라 나에게 방법이 있다.
28 다만, 너희가 거기를 가려면 노자가
필요하며 재물이 필요하니, 지금 이
산을 오르기 위해 가지고 왔던 그 귀
하고 소중한 금화와 은화요, 모든 재
산을 나에게 일단 다 내놓으라.
29 그러면 그를 거둬들인 다음에 너희를
내가 정상에 올라가도록 그리할 것이
니 그리 알라.' 하니,
30 그들이 힘들고 어려운 그 정상을 너희
가 가진 전 재산이 아닌 오늘 쓰고 소
모하고자 가져 온 지전이요, 금화와
은화를 다 내놓는다면 정상에 이동시
켜 준다 하니,
31 그 무분별하게 모두 다 바치고 기다리
지만 그들은 그 자리에 있지 아니함이
니라.
32 정상에 오를 수 있다는 그를 믿고 오
르겠다 하여 밑에서 울고불고하며 기
다리는 자들은, 그와 같은 말에 현혹
되지 아니하고 이 정상은 제 발로써
제 힘으로써 가는 것이 하늘의 뜻이라
하여 그리 올라가는 자들을 감히 쳐다
볼 수 없는 것이 오늘의 믿음의 형태
이니라.
33 그러니 너희야말로 그와 같이 정상에
걸어가지 아니하고 재물을 바치면 갖
다 옮겨 놓는다는 그와 같은 자들의
말에 현혹되어 재물을 잃고 때와 시기
를 놓쳐 구원을 받지 못하는 그 백성
을 깨우쳐 주는 것이 너희의 대명이니
라.
34 내가 하늘에 오르는 뜻을 그와 같은
것에 비유하여 말하지 않는다면 너희
가 알아듣기 어렵고 깨우치기 어려워,
내가 산의 정복을 예를 들어서 오늘
아침에 너희에게 가르침이니 그리 알

라, 사랑하는 나의 아들딸들아!
35 절대적으로 정상은 네 발로 걷지 아니
하면 오를 수 없으며 네가 노력하지
아니하면 정상은 오를 수 없음이니라.
36 하늘에 오르는 길은 그러한 길이며 나
의 법전이 그 안내자요, 이정표이며
너희는 그 이정표를 가졌음이니, 누가
뭐라 해도 그 길만 따라오면 그것이
바로 직선으로 오는 길이요,
37 너희가 위험으로부터 미끄러지지 아
니하며 사탄으로부터 넘어지지 않는
그 길이 나의 법전이니 그리 알라, 사
랑하는 나의 아들딸들아!
38 그러니 어떠한 고통과 시련에도 그 이
정표대로 무거운 짐을 지고 땀 흘려
네 가족과 식구끼리 너희 형제끼리 손
을 잡고 정상을 오르는 굳건하고 아름
다운 모습이 너희라는 것을 알라, 사
랑하는 나의 아들딸들아!

8,154 번째 하나님 말씀

2003년 10월 27일 06시 34분

1 사랑하는 나의 아들아!
2 "네, 아버님! 말씀하옵소서."
3 너희는 진리의 그 이치가 무엇이더냐?
4 물이라는 것은 위에서부터 낮은 곳을
찾아 흐르게 되어 있으며, 낮은 곳을
따라서 꼭 그리 흘러가느니라.
5 그게 바로 진리요, 순리임을 알아야
할 것이니라.
6 너희는 진리는 하나에만 있는 것이요,
모든 것이 각자가 천 가지면 천가지
속에 그 진리가 다 다르다 생각하나,
7 진리는 하나로써 모두 적용되며 모두
역사함을 알아야 할 것이니라.
8 너희가 인간의 삶을 살면서 믿음이라
는 것이요, 그 순리가 깨져서는 아니
됨이니라.
9 육은 영혼의 집이요, 영혼은 육을 의
지해서 존재함이니, 모든 삶의 리듬을
깨는 것이 무엇인 줄 알겠느냐?
10 물이 거꾸로 흐르는 그와 같은 역사를
하는 것이며 그것이 바로 부작용이요,
거기에서 너희가 무너지는 것이니,
11 너희의 욕심도 그러한 것이 아니더냐?
12 너희가 부리지 아니할 욕심을 부리며
탐내서는 안 될 것을 탐냄으로 인하여
모두가 다 잘못되며 거기에서 불행을
자초하는 것이니,
13 그것이 바로 물이 높은 곳에서 낮은
곳으로 흐르는 그 순리요, 진리를 거
역하며, 거꾸로 흐르고자 하는 너희의
생각이요, 행동이요, 삶에 의해서 모
두 다 무너짐을 알아야 할 것이니라.
14 이제 너의 제자들과 만백성에게 전하
라.
15 너희는 모든 생활에 역행이요, 욕심을
내서는 안 되듯이, 육의 삶 또한 그 리
듬을 파괴시키는 바늘구멍만 한 역행
으로 인하여 감당할 수 없는 태풍과
같은 무서운 역풍을 맞는 것이 인간이
니라.
16 나이 많은 자, 젊은 자가 몸을 가누지
못하며 스스로 쓰러지고 지탱하지 못
하며, 건강한 사람이 갑자기 병자가
되는 것도 모두 순간의 리듬을 넘지
못하기 때문이며 다스리지 못하기 때
문이니라.
17 너희가 그 리듬을 깨지 않고 피로할

때 역행하지 않고 쉬고자 할 때 잠시
쉬는 것이 너희에게 치료법이요, 건강
을 유지하는 법이거늘,
18 그를 거역하고 하지 아니하였을 때 결
국 너희는 태풍과 같은 무서운 병마에
게 맞게 되며 쓰러지는 것이니, 이는
너희가 현명치 못하기 때문이니라.
19 이제 나의 아들을 따르는 제자요, 너
희는 모든 리듬이 깨지고 무너지는 만
병의 근원은 너희 자신이 역행하기 때
문이니, 순리대로 살아가는 그와 같은
지혜 속에서 살아가도록 그리 전하라.
20 그것이 너희가 나를 욕되게 하지 아니
하며 나를 걱정하게 하지 아니하며 나
의 뜻에 순종하는 그 마음 자세요,
21 작은 것, 큰 것이 다 내 뜻에 순종하지
아니함으로써 모든 부작용이 일며 역
풍이 불어오니, 이와 같은 것을 해서
는 아니 될 것이니라.
22 나의 아들을 따르는 제자들이요, 그리
고 나의 법전을 읽는 백성은 모든 죄
를 짓고 안 짓는 것이 너희에게 달렸
듯이,
23 너희가 병마에 시달리고 시달리지 않
는 것도, 쓰러지고 안 쓰러지는 것도
모두 다 너희에게 달렸음이니,
24 너희 말에 미리 예방하는 자가 가장
현명한 자라 하지 아니하였던가?
25 그러니 인간의 삶의 리듬에 대한 것을
거역하지 말라.
26 이것이 진리를 거역하며 역행하는 것
이니, 물이 위에서 낮은 곳으로 흐르
는 것을, 낮은 곳에서 위로 흐르도록
하는 그와 같은 것으로써 어떠한 것이
역사하겠느냐?
27 그 현명함은 아름다움이요, 현명함은
진리이니라.
28 이를 잊지 말고 너희 가슴에 새기도록
그리하라.

8,155 번째 하나님 말씀

2003년 10월 27일 06시 37분

1 사랑하는 나의 아들아!
2 "네, 아버님! 말씀하옵소서."
3 내가 너에게 말하기를, 교회에 나의
백성을 모아 놓고 복음을 전하며 가르
치는 것이 아니요, 교회라는 것을 나
의 백성의 가슴에 전해 주고 심는 것
이 복음이라 하였음이니라.
4 내가 너에게 말하기를, 지금 이 세상
에 열 발짝도 가지 아니하여 죄의 온
상이라는 교회요, 성막이요, 성당을
지어 놓고 나의 아들의 고통의 상징인
십자가에 불을 밝히고 나에게 고통을
주는 그것이 하늘에 오르는 길이요,
천국에 오르는 길이라 그리 가르치지
만,
5 그 교회를 일순간에 불에 태워서 재가
되어 그 문을 닫는다 한들 나의 사랑
하는 백성에게 예배요, 경배요, 복음
을 전함이 중단될 것이라 생각하느냐?
6 지금의 모든 교회를 일순간에 다 태워
버려 재가 되어 흔적이 없다 해도 나
의 복음이요, 나의 믿음은 그리 전해
짐이니, 나의 교회는 존재하며 타서
없어지는 것이 아니니라.
7 이것이 너희가 잘못되었음을 알라.
8 이제 너의 제자들과 나의 법전을 읽고
깨우친 만백성 너희는 알라.

9 너희가 가서 재물을 바치며 울고불고
광란의 짓을 하는 그 교회가 없다고
해서 그 복음이 중단되며, 너희가 경
배하며 예배하는 것이 중단되고 그 믿
음이 없어지겠는가?
10 너희 스스로 교회요, 그 사악한 죄의
온상이요, 잘못된 자들의 이해관계에
따른 인간의 사업 장소에서 설교를 듣
지 아니하고, 그와 같은 장소가 재가
되어 없어진다 해도,
11 너희의 기도하는 마음은 더 정성스러
울 것이며 복음을 전하는 마음은 더
정성스러울 것이며, 너희 자신의 가슴
에 있는 교회는 불을 붙여 활활 타오
를 것이니,
12 아무리 그것이 없어진다 해도 너희의
믿음이요, 복음은 없어지지 아니함이
니라.
13 이와 같은 이치를 너희가 깨닫는다면,
내가 나의 아들을 통하여 교회요, 그
건물은 죄의 온상이요, 너희는 지금
마음속에 교회를 짓는다는 뜻을 알 것
이니라.
14 아무리 이 세상을 다 덮고 있는 흉물
스러운 인간이 지은 그 건물이 다 타
없어지고 이 세상에 흔적이 없다면,
15 진정한 믿음이요, 아름다운 그 진리를
깨닫는 너희가 나에게 진실로 아름답
고 진실로 충성스러운 예배요, 기도를
할 것이며 그리고 복음을 전하는 그
역사가 이루어질 것이니라.
16 바로 너희가 그리 생각하는 나 여호와
의 교회는 너희 마음속에 있으며, 너
희 가족 속에 있으며, 너희는 가족 단
위의 예배요, 개인적으로 예배를 드리
고 복음을 전하는 것이 나 여호와의
뜻이라는 것을 알 것이니,
17 나의 법전이 세상에 나가며 그 역사함
이 바로 그와 같이 이루어질 것이니
그리 알라.

8,156 번째 하나님 말씀

2003년 10월 27일 06시 40분

1 사랑하는 나의 아들아!
2 "네, 아버님! 말씀하옵소서."
3 이제 나의 법전 100여 권이 세상에 다
나올 수 있도록 준비가 되었으며, 너
희가 아니면 그 누구도 이 짧은 기간
에 그 역사를 이룰 수 없을 것이니라.
4 누구도 감히 도전할 수 없으며 누구도
감히 생각할 수 없으며 역사할 수 없
음이니, 내가 너희를 모두 사랑함이니
라.
5 그러니 나 여호와가 너희를 사랑한다
는 그 한마디의 의미가 무엇인 줄 알
겠느냐?
6 나의 유업을 받을 수 있으며 나의 유
산을 받을 수 있으며 나의 아들딸로서
거듭난 너희들이기 때문에 내가 너희
를 진정 사랑함이니라.
7 그리고 너희의 노고에 대해서 그 상으
로써 무엇을 내릴까 하며 그와 같은
무엇을 다 주어도 아깝지 않은 나의
마음이니라.
8 인간 세상에서 자식을 기르는 부모의
마음이 그와 같듯이, 더욱이 바른 자
세요, 고운 자세로 나의 뜻을 거역하
지 아니하고 살아감이니,
9 너희와 같은 백성이요, 나의 아들딸들

이 세상에 존재한다면 인간 세상에서
말하는 법이 필요 없으며, 악의 뿌리
가 존재할 수 없음이니라.
10 지금 내가 너에게 묻노라.
11 오늘의 모든 종교 집단이요, 지도자
그 사악한 자들이 세상에 존재하여 오
늘 이와 같은 말세의 시대요, 험악한
시대가 되었음을 알라.
12 교회라는 곳이 불태워져 다 없어진다
해도 예배할 장소가 없어서 너희가 나
에게 예배하지 못하고 기도하지 못하
지 않는다 하지 않았더냐?
13 오늘의 종교 집단이요, 지도자들이 없
다고 하여 복음이 전파되지 않고 복음
이 전파되는 그와 같은 역사가 이루어
지는 것이 아니니라.
14 오히려 그들이 모두 이 세상에 존재하
지 아니하였더라면 나의 아들 예수를
통하여 가르쳐 주었던 순수한 그 믿음
이 오늘 그대로 역사했으며 그대로 지
상의 천국이 되었을 것이니라.
15 그들이 존재했기 때문에 이 세상이 험
악해졌다 하면 너희는 그 말을 거역하
고 사탄이라 말할 것이니라.
16 종교 지도자라는 사악한 자들이 이 세
상에 없다 하여 너희가 나를 경배하지
아니하고 예배하지 아니하고 나를 찬
양하지 아니하겠는가?
17 바로 그와 같은 자들이 잘못 가르치고
잘못 인도했기 때문에 그들이 세상이
존재해서는 아니 되는 것이니라.
18 그리하여 지금 나의 법전을 내려 그
모두를 단죄하고자 하며 너희 스스로
깨우쳐 하늘에 오르는 그 역사를 이루
고자 함이니라.
19 지금의 종교 집단이요, 지도자들이 없
어짐으로 인하여 아름다운 믿음이요,
순수한 믿음이요, 순박한 믿음이요,
진리의 믿음의 길을 갈 수 있다는 것
을, 이제 100권이라는 법전을 역사한
오늘 너희에게 깨우쳐 줌이니, 이를
믿고 만백성에게 그리 전해야 할 것이
니라.
20 이 이치는 무엇이더냐?
21 교회가 없어도 너희는 예배를 보며,
교회가 없어도 교회는 존재하며, 진정
한 믿음으로 갈 수 있으며,
22 오늘의 잘못된 사악한 지도자들이 없
음으로 인하여 너희는 순수하고 아름
다운 그 믿음의 길을 갈 수 있고 역사
할 수 있다는 것을 이제 너의 제자들
이 그를 믿어야 할 것이며,
23 너의 제자들은 만백성에게 그를 전해
주는 그 역사를 중단해서는 아니 됨이
니, 그리 전하도록 하라, 사랑하는 나
의 아들아!

8,157 번째 하나님 말씀

2003년 10월 27일 06시 47분

1 사랑하는 나의 아들아!
2 **"네, 아버님! 말씀하옵소서."**
3 진정한 나의 진리를 가르치고 하늘의
뜻을 가르치고 하늘의 뜻을 역사하는
백성이라면 바로 어떠한 백성인 줄 알
겠느냐?
4 신랑을 맞이하는 등불을 남에게 줄 수
있는 그 마음을 가진 여인이요, 그 마
음이 고운 마음이요, 천사의 마음이
요, 아름다운 마음이라 함이니라.

5 그러니 그와 같은 마음을 가지고 사는
백성이 되어야 함을 너희는 알아야 할
것이니라.
6 오늘 너희의 그 역사함은 어떠하더냐?
7 진정한 믿음이요, 참진리의 믿음으로
가지 못하기 때문에, 지금 교회에 있
는 재물이요, 재산이요, 그걸 관리하
고 유지하며 절대 버리지 못하는 그와
같은 욕심의 한계에서 벗어나지 못하
는 자들이니라.
8 너희가 진정한 믿음이요, 나 여호와의
뜻이요, 진리의 길로 간다면, 제 신랑
을 위한 등불이요, 제가 맞이할 의인
을 위한 등불을 다른 여인이 맞이할
수 있도록 내줄 수 있는 그와 같은 마
음을 갖는 것이 바로 종교 집단에서
이루어져야 할 일이며, 진정한 믿음의
길을 가는 백성이 역사해야 할 것이니
라.
9 너희는 작고 큰 것을 구분해서 하지
말라.
10 작든 크든 어떤 것이든 나에게 소중한
것이 가장 중요한 것이니라.
11 병이나 죽어 가는 자에게 한 방의 침
으로써, 한 방의 주사로써, 한 번 손으
로 눌러 주는 지압으로써 모두 고칠
수 있는 것이라면, 그 사람에게는 그
것이 재산보다도 더 소중하며, 이 세
상 모든 것보다도 더 귀하고 소중한
것이 아니더냐?
12 물에 빠져 죽어 가는 자에게 가장 소
중한 것이 무엇이더냐?
13 이 세상의 모든 재산이 필요하던가?
14 그는 세상에 아무것도 필요 없을 것이
며 모두 포기할 것이니라.
15 오로지 저를 구할 수 있는 밧줄을 던
져 주는 것이며, 그 밧줄보다도 더 소
중한 것은 없음이니라.
16 너희가 큰 재산을 놓든 작은 재산을
놓든 그것은 너희 마음에 달렸음이니,
소중하고 귀한 것은 그 사람에 따라서
다름이니라.
17 진정한 믿음의 길을 가는 자는 그 믿
음 외에는 바라는 것이 아무것도 없지
않으냐?
18 물에 빠져 죽는 자는 죽기 직전까지
가장 갈구하는 것은 정녕 저를 구해
줄 밧줄을 던져 주는 그것만 생각할
것이니라.
19 그리고 그는 그것만 바랄 것이 아니더
냐?
20 너희가 진정한 믿음의 길이요, 나에게
오르는 백성으로서 살아간다면, 재물
을 관리하고 재산을 관리하며 그 죄의
온상인 손으로 지은 교회라는 덩어리
를 관리하는 데에서 끊지 못하고 벗어
나지 못하여, 거기에 노예요, 종이 되
는 그와 같은 삶은 절대 살지 아니할
것이니라.
21 그 재산에 연연하며 끊지 못하는 자,
그리고 대대손손 그걸로 누리고자 하
는 계획을 세우는 사악한 자들이 과연
믿음의 길을 가는 자들이냐?
22 물에 빠져 죽기 직전에 밧줄을 갈구하
는 마음보다도 나에게 오르려는 그 믿
음을 천배 만배 더 강하게 갈구해야
하거늘,
23 어찌하여 지금까지 재물을 끊지 못하
고 연연하며 정리하지 못하며, 그를
위하여 노예요, 종이요, 그 하수인이

되어 있는 오늘의 종교 집단이요, 지
도자에게 진리가 있으며 믿음이 있으
며 아름다움이 있다 생각하는가?
24 그러니 너희가 사탄의 자식으로서 전
락한 자요, 나와 관계없는 백성이라는
이 기막힌 사실을 아는가?
25 이것을 바라보는 나 여호와의 마음이
정녕 얼마나 아프고 저린지 너희는 아
는가?
26 교회가 없어져도 내 교회는 존재하고
종교 지도자라는 사악한 자들이 없다
면 순수한 복음이 전해질 것이며,
27 재물을 관리하는 사악한 자들이요, 재
물의 끈을 놓지 못하는 비진리의 사탄
의 자식들이 아니라면 오늘의 교회가
이와 같이 역사하지는 아니했을 것이
니라.
28 이것이 바로 내가 바라다보는 아픈 가
슴임을 너희는 알아야 할 것이며, 나
의 법전을 가지고 이 모두를 역사하는
것이 너희임을 알라.

8,158 번째 하나님 말씀

2003년 10월 27일 06시 50분

1 사랑하는 나의 아들아!
2 "네, 아버님! 말씀하옵소서."
3 지금 나의 아들을 통하여 나의 법전이
내려가 이를 정리하고 기록하며 이 법
전을 만들어 만백성에게 전하는 너희
의 수고로움과 그 역사한 길은 바로
그들의 뿌리가 존재하지 못하도록 모
든 것을 일시에 제거하고 그 깊고도
깊은 그 뿌리를 다 뽑고자 하는 그 역
사함이니라.
4 바로 무엇이더냐?
5 벽이 없는 교회를 짓고자 하는 것이며
벽이 없는 성막이요, 성전을 짓도록
하는 것이 나 여호와가 이루고자 하는
뜻이요, 그를 나를 대신하여 너희가
지금 역사하고 있음을 알라.
6 그 많은 백성이 들어가 공부하고 깨우
치며 기도하고 경배할 장소가 없음이
니, 나의 법전을 만들어 너희가 세상
에 전하면 그를 지을 수도 없으며 지
어야 할 필요도 없음이니라.
7 그러니 나의 법전이 모든 백성에게 전
해질 때 마음에 교회를 짓는 것이요,
그리고 종교 지도자가 없이 스스로 깨
우쳐 참진리만을 보고 하늘에 오르는
길을 역사하며,
8 재물의 노예가 되고 교회라는 건물의
노예가 되는 그 불쌍하고 사악한 백성
이 존재하지 아니함이니, 그것을 모두
일시에 제거하는 그 역사를 나 여호와
를 대신하여서 함이니,
9 나 여호와가 그들을 바라보며 아프고
저린 모든 마음의 상처를 위하여 너희
가 오늘 역사하고 있음을 알아야 할
것이니라.
10 이 모두를 다스리고 태워 버리며 버릴
자, 버리고 태울 것 태워 버리고 지울
것 지우는 그와 같은 역사를 이루는
것은 나의 법전이 세상에 나가 역사하
는 길밖에 없음이니라.
11 그리하여 너희가 소중하고 귀한 자식
들이며, 내가 법전으로써 만백성들이
접할 수 있도록 세상을 덮었을 때 과
연 이와 같은 역사가 이루어지는 길이
거기에 있지 아니한가 하는 깨달음이

있을 것이니라.
12 모든 백성이 한 길을 가고 하나로써 역사하며 한 진리를 깨닫고 그 길을 위하여 가며 깨닫고 경배하고 기도하고 예배하는 것이 모두 하나로 이루어져야 하는 것이 나 여호와의 뜻이며 하늘의 뜻이니라.
13 그 역사를 이루는 것은 오늘 너희의 고통과 시련이 아니면 역사할 수 없다는 것을 알라.
14 그리하여 너희가 소중한 나의 아들딸이니라.

8,159 번째 하나님 말씀

2003년 10월 27일 12시 14분

1 사랑하는 나의 아들아!
2 "네, 아버님! 말씀하옵소서."
3 어렵고 힘든 참진리의 길이요, 창조주 나 여호와의 성령을 모두 태워 사랑하는 나의 피조물 만백성들을 구원하기 위하여 새로운 성경이요, 법전을 세상에 내려보내는 이 어렵고 힘든 그 길을 감은 바로 무엇인 줄 알겠느냐?
4 재물을 바치면 산 정상에 사람을 옮겨 놓는다 말하는 것은 육적이나 현실로써 가능하지 않은 일을 말하는 자들이라는 것을 너희는 이미 깨우쳐 알고 있지 않으냐?
5 하물며 지금 모든 종교 집단이요, 지도자들이 뭐라 말하느냐?
6 나의 피조물 만백성을 정상에 모셔다 놓는다는 그와 같은 말을 하면서 재물을 거둬들이는 형국이라 하지 아니하였더냐?
7 그보다 말할 수 없이 더 어렵고 힘들며 역사할 수 없는 것이 하늘에 오르는 길이 아니더냐?
8 하늘에 오르는 길이요, 천국의 문을 들어올 수 있도록 안내한다며 그들이 지금 어떠한 짓을 하고 있는가?
9 육의 세상에서 산 정상에도 옮겨 놓지 못하는 자들이 감히 하늘나라요, 천국의 문을 열어 들여보내고 인도한다는 것이 그들의 믿음이니, 그게 얼마나 믿을 수 없는 황당한 믿음이요, 역사할 수 없는 것을 말하느냐?
10 그와 같은 것으로써 지금 나의 피조물 만백성들을 이끌어 가는 이 형국을 너희는 알 것이니, 오늘 이와 같은 역사를 이루지 아니하면 어찌하겠는가?
11 지금 모든 종교 집단이요, 그 교회 안에서 그들이 가는 방법으로써 구원을 받을 수 있는가?
12 재물을 바침으로써 그 모든 정성에 의하여 하늘에 오를 수 있다고 가르치는 그와 같은 형국으로써 과연 역사할 수 있다고 생각하느냐?
13 나의 법전을 읽고 깨우친 백성이요, 나의 강론을 듣는 백성 너희는 그것이 절대로 잘못된 것이며 허황된 것이며, 꿈속에서 헤매는 자들이요, 착각 속에서 허상을 보고 몸부림치는 자들이라는 걸 알 것이니라.
14 그래서 그들은 깨우치라 함이 나의 뜻이요, 법전이 내려가는 뜻이라 하였음이니라.
15 그저 나의 아들 예수를 믿기만 하고 그저 부르기만 하며 나 여호와를 찾기만 하면 구원을 받는다는 그 문제의

답이 거기 있는 것처럼, 그리고 정답
을 가진 것처럼 백성을 유혹하고 현혹
하는 그와 같은 현실을 너희는 알지
않느냐?
16 그러니 어리석은 백성이 그게 옳다 맞
다 따라가니, 이를 어찌 가르친단 말
이더냐?
17 구약에 너희를 가르치기를 믿음이 중
요한 것이며 재물로 역사하는 것으로
써 어떠한 것으로도 이룰 수 없으며
너희가 지은 죄는 스스로 해결해야 한
다는 것을 내가 성서에 일찍이 기록하
여 너희에게 전하였건만,
18 그건 뒷전으로 하고 그저 재물만 바치
면 그 재물을 바치는 마음이요, 재물
이 가는 곳에 마음이 있고 정성이 있
으니 그것이 곧 믿음이요, 나 여호와
를 사랑하는 것이라 하여 너희가 사악
한 짓을 하니,
19 그건 성서에도 기록된 것이 없으며 너
희에게 가르치는 것이 없으며 내 뜻이
아님을 알아야 할 것이니라.
20 그러니 지금 어찌해야 하겠는가?
21 지금의 종교 집단들이 잘못 가고 있고
그리 가서는 안 된다는 것을 아는 백
성은 너희밖에 없으니, 정답은 아는
자가 정답을 가르쳐 주는 것 말고 다
른 방법이 있겠느냐?
22 그저 재물을 바치면 하늘에 오를 수
있고 역사할 수 있다고 그와 같이 가
는 자들이 얼마나 어리석은 자들인가?
23 그 백성을 착각에서 깨우치고, 모든
것은 자기 스스로 가지 아니하면 이루
어지지 아니한다는 것, 제가 지은 죄
는 모두 제 스스로 지금 살아서 씻지
아니하면 아니 되며 그 죄업을 다 씻
어 정리하지 아니하면 나에게 올 수
없다는 것을 그들에게 가르쳐 주어야
할 것이니라.
24 그러나 그와 같은 것이 아니요, 그저
재물을 바치고 나의 아들을 찾고 나를
찾고 울고불고하면 하늘의 천국이 역
사하는 곳에 내 지상의 낙원에 발을
딛고 살 수 있다고 말함이니,
25 그 헛되고 거짓된 약속이요, 사기극에
사랑하는 나의 피조물 만백성들이 더
이상 속아 넘어가서는 아니 됨이니,
그들을 구원하고자 하는 것이 내 뜻이
기에 오늘 어렵고 힘든 이 길을 가는
것이니 너희는 그를 알아야 할 것이니
라.
26 가는 길에 돌부리에 넘어지기도 하고
나무뿌리에 넘어지기도 하며 험악한
곳에 길을 만들어 가야 하는 것이 너
희이니,
27 가는 길이 어렵고 힘들다 하여 그때그
때마다 멈추지 말고 자신 있게 용기를
갖고 헤쳐 나가는 그와 같은 자신을
가지라.
28 이제 나의 아들을 따르는 제자 너희의
마음이 변함도 소중하나, 이제는 나의
아들과 더불어 이 법전을 세상에 전하
겠다는 강한 용기와 하나 된 그 마음
이 중요함이니라.
29 그 용기를 얻지 아니한 자, 천 명 만
명이 있으면 무엇하는가?
30 용기 있는 자, 단 한 사람이 있음으로
써 모두 이길 수 있듯이, 그와 같이 여
러 사람의 용기를 모아 하나로 이룬다
면 얼마나 위대한 역사가 이루어지겠

느냐?
31 의인 하나가 있으면 이 세상과 바꾸지
아니하듯이, 용기 있는 자가 하나 있
으면 이 세상에 나의 법전이 나가는
것이 중단되지 아니하며 만백성을 구
하는 그 역사가 이루어짐이니,
32 너희는 다 같이 용기를 잃지 말고 굳
은 결의와 마음으로써 자신과 용기를
가지고 그리 가도록 하라.
33 어떠한 것에도 너희는 현혹되지 말라.
34 너희가 지금 가는 믿음의 길이요, 그
길이 아니고는 절대 정상에 오를 수
없으며 나에게 오를 수 없다는 것을
알아야 할 것이니 그리 알라, 사랑하
는 나의 아들딸들아!

8,160 번째 하나님 말씀

2003년 10월 27일 12시 22분

1 사랑하는 나의 아들아!
2 "네, 아버님! 말씀하옵소서."
3 지금 짓고 있는 죄의 온상인 교회가
다 타 버리고 모두 없어져 버려 그 흔
적을 찾을 수 없을 때 나의 성령이요,
나의 뜻이요, 믿음이요, 너희 마음의
교회는 불꽃처럼 일어날 것이며,
4 그렇다 하여 그들이 경배하고 나에게
기도하는 것이 중단되지 아니한다 하
지 않았더냐?
5 그러니 모든 교회가 다 타버리고 그
흔적이 없을 때 나의 피조물 만백성들
가슴속에는 진정한 믿음이요, 개인의
가슴에 아름다운 교회가 설립되고 복
음을 전하게 되며, 너희는 진정한 믿
음의 길을 갈 수 있다 내가 그리 말하
지 아니하였더냐?
6 그들이 존재함으로써 지금 이 험악한
세상이요, 말세요, 종말의 시대를 역
사한 것이요, 그들이 지금 가는 길이
니라.
7 그러니 너희가 나의 법전을 전하는 그
역사는 모두 무엇인 줄 알 것이니라.
8 그리하여 마음의 교회를 세우는 것이
내 뜻이라 하였음이니라.
9 그러니 마음의 교회를 짓고 마음의 교
회를 역사하는 것이 힘들고 어려울 때
주저하지 말라 함이며 용기를 잃지 말
라 함이니라.
10 이게 바로 나 여호와의 뜻이요, 내가
역사하는 길이기 때문임을 명심하고
또 명심하라 함이 여기 있음이니라.
11 모든 종교 집단이요, 지도자 그들이
없어질 때, 오늘같이 험악한 복음은
세상에 전해지지 아니할 것이며,
12 내 뜻이 뒤집혀 그 반대현상으로써 가
는 그와 같은 역사는 이루어지지 아니
하였을 것이라 내가 나의 아들 너에게
일찍이 가르치고 깨우쳤듯이,
13 너의 제자들은 그를 알아야 할 것이
며, 바르고 고운 길을 가지 아니하면
없느니만 못한 것이 너희라는 것을 알
아야 할 것이니라.
14 지금의 종교 집단이요, 지도자 그들이
없었더라면 나의 복음은 순수한 그대
로 내 아름다운 모습으로 모두 전해졌
을 것을,
15 그들이 변질시키고 인간의 생각을 넣
어 나의 복음을 잘못 전했으며 나의
뜻을 잘못하여 지금의 험악한 세상이
요, 말세의 세상을 이루었으니,

16 종교 지도자들은 없는 것이 원안이며
그것이 정답이라 하지 않았던가?
17 그러니 지금 나의 아들을 따르는 백성
너희야말로 나의 법전을 그대로 행하
고 지키지 아니한다면 너희 또한 여기
있을 가치가 없으며,
18 있음으로써 내 뜻을 역사하는 것이 아
니요, 나의 법전이 나가는 길을 막는
자가 됨을 알라.
19 이는 너희가 지금 나의 아들을 따름에
서 용기 있게 하나의 마음이 되어 일
사불란하게 역사할 때 모두 이루어지
지만,
20 거기에서 다른 생각이요, 이해관계에
서 지금의 종교 집단처럼 믿음이 아니
요, 재물을 관리하고 재물을 쌓아 놓
는 데 신경을 쓰고 재물의 노예가 되
고자 하는 백성이 여기 있다면 나의
법전 또한 역사할 수 없는 것이니라.
21 그래서 그러한 백성이요, 나의 아들을
따르는 제자들을 옆에 두지 아니하고
자 하는 것이며, 내가 그를 용서하지
아니함이니라.
22 그리하여 고도의 훈련이요, 힘든 훈련
속에서 너희 자신이 나의 성령으로써
단단히 굳어지고 뭉쳐졌을 때, 지금의
믿음이 아니면 죽음이요, 절대 다른
것을 받아들이지 아니하고 이해하지
못하는 그들보다도 너희 마음이 더 굳
어져야만 그를 깰 수 있는 것이니,
23 사랑하는 나의 아들딸들아, 너희는 이
를 알아야 할 것이니라.
24 너희가 오늘 어렵고 힘든 이 길을 가
야 함은, 지금의 모든 종교 집단이요,
지도자요, 구원을 받았다는 환상 속에
서 허덕이는 그 백성이 돌과 같이 굳
어져 있다면, 너희도 돌이 되어 그와
부닥치면 큰 돌과 작은 돌이 부닥치면
작은 돌이 산산조각이 나며 큰 돌은
건재하지 않더냐?
25 사랑하는 나의 아들딸들아, 그러니 돌
과 같이 된 자들에게 너희도 돌이 되
어서는 아니 됨이니라.
26 돌을 깰 수 있는 더 단단한 것, 아무리
집채만 한 바위라 해도, 주먹만 한 바
위는 짓이겨져 흔적도 찾을 수 없으나,
27 그 바위보다도 더 단단한 것으로써 바
위를 깰 수 있는 성분으로 굳게 다져
진 너희라면 결국 누가 깨지더냐?
28 아무리 큰 것과 부닥쳐도 그 작은 것
을 깨지 못하며, 작은 것에 의해서도
깨지게 되어 있음이니,
29 돌을 자르고 쇠를 자르는 다이아몬드
라는 강한 성분이 있지 않으냐?
30 그보다 더 강한 성능을 발휘할 수 있
는 나의 아들딸로 너희를 만들어 내가
세상에 내보내 그들과 맞부닥치지 아
니하면 너희가 산산조각이 나 견딜 수
가 없음이니라.
31 그건 나의 아들까지 산산조각이 나고
부서지며, 그다음에는 나의 법전이 짓
이겨지고 태워지고 세상에 아무런 흔
적도 없이 됨이니,
32 이는 곧 나 여호와를 죽게 함이며, 마
지막 시대의 모든 것을 재앙으로써 덮
는 그와 같은 결과가 되는 역사를 하
는 자들이 됨이니라.
33 내가 오늘 너희를 시련과 고통이요,
그 어렵고 힘든 훈련을 거듭 거듭함
은, 지금의 종교 집단이요, 지도자 그

들이 비바람에도 깨지지 않고 무너지
지 않는 돌처럼 단단히 굳어져 있기
때문이니라.
34 그 덩어리가 이 지구를 다 덮고 있지
만, 너희는 그저 밤알만도 못한 자들
이 이 세상에 나가 그 지구만 한 바위
를 깨겠다 함이니, 말로써 깨겠다 하
면 되겠느냐?
35 그 돌과 똑같은 성분을 가지고는 영원
히 그를 깰 수 없으며 그렇다 해서 피
해 다니면서 게릴라 작전 같은 행위로
써 그를 깨고 부수고 떼어낼 수 없는
것이니, 바로 무엇이더냐?
36 그걸 깰 수 있는 다이아몬드라는 강하
고 강한 성분으로써 그들을 칠 때, 작
더라도 흠집을 내기 시작하면 그걸 깨
게 될 것이 아니더냐?
37 같은 성분으로써는 큰 것에 작은 것으
로는 흠집도 내지 못함이니라.
38 그래서 내가 그와 같은 역사를 이루기
위해 너희에게 오늘 그 어렵고 힘든
그 훈련의 과정을 가지 아니하면 아니
됨이니라.
39 사악한 자들에게 물들어 있는 자, 사
악한 종이 되고 그 백성이 되어 있는
자, 마귀가 된 자들보다 너희가 더 강
한 성능과 강한 능력이 없이는 절대로
그를 이길 수 없음이니, 그 깨달음이
앞서야 할 것이니라.
40 그리하여 오늘 너희를 더 강하고 힘들
게 훈련을 시키는 내 마음이 아픔이
니, 나의 이와 같은 뜻을 안다면 너희
는 마음을 다스리는 데 최선을 다해야
할 것이니라.
41 마음을 다스리는 것은 무엇이더냐?
42 성령으로써 충만되는 백성으로 마음
을 비우라 함이니라.
43 아름답고 고운 마음이요, 세상사 모든
것을 덮어 두는 그와 같은 유하고 부
드러운 그 마음속에 그 누구도 깰 수
없는 성령이 임함이니,
44 그 성령이야말로 전자파가 돌을 깨듯
이 이 지구도 깨질 것이며, 그 단단한
모든 바위를 산산조각 낼 수 있는 것
이니,
45 그리하여 너희에게 내가 오늘 이 시련
을 가게 함을 알라, 사랑하는 나의 아
들딸들아!

8,161 번째 하나님 말씀

2003년 10월 27일 12시 29분

1 사랑하는 나의 아들아!
2 **"네, 아버님! 말씀하옵소서."**
3 오늘의 종교 집단 지도자 그리고 그
백성이 지금 지옥문으로 들어가지 아
니할 자가 없으며, 그곳에서 벗어날
자가 없는 것이 오늘 이 세상에 나의
피조물 만백성이 살아 있는 그 형국이
니라.
4 이 세상에 살아 있는 나의 백성이 의
인이 없으며 천사가 없다면 너희는 죄
를 짓고 있는 백성이 아니더냐?
5 그러니 모든 백성이 그 죄의 온상에서
벗어날 수 없는 것이 오늘의 그 삶이
니라.
6 그러니 너희를 바로 깨우쳐 주고 거기
서 벗어날 수 있는 길의 역사를 너희
에게 깨우쳐 주는 것이 제3의 시대에
나의 법전을 너희에게 전함이니라.

7 이와 같이 나의 피조물 만백성들을 험
악하게 만들어 지옥문을 들어가지 아
니할 수 없게 한 그 대표적인 백성이
바로 나의 피조물 만백성들을 현혹하
여 구원의 길이라 하여 저희 손으로
죄의 온상을 역사하는 자,
8 그리고 그곳에서 재물을 관리하려고
그 노예가 되어 버린 자들,
9 그리고 그 재물이 정녕 아깝고 그 재
산이 소중하여 버리지 못하는 그와 같
은 자들로 인하여 오늘 이와 같은 역
사가 이루어졌음이니라.
10 나 여호와가 원하지 않는 죄의 대가로
짐승을 잡아 그 피로써 나에게 제사를
지내며 그 죄를 용서받는다 그리하였
으나, 그것은 용서받을 수 없음을 너
희는 잘 알고 있음이니라.
11 내가 성서에 일찍이 가르쳐 전하기를,
너희가 짐승을 잡아 나에게 제를 지내
도 그건 나와 관계없는 것이며 그와
같은 짓을 하지 말라고 이미 성서에
기록하여 전하였으며, 그것으로써 너
희가 용서받을 수 없다 함을 알아야
할 것이니라.
12 짐승의 피로써 모든 죄를 사한다며 나
의 피조물 만백성들을 현혹하여 재물
을 거둬들이고,
13 지금 와서는 나의 아들 예수의 죽음으
로써 그를 찾기만 하고 그를 믿기만
하면 그 험악한 죄에서 모두 벗어난다
하며 그가 제물이라 그리 말하니,
14 나는 짐승을 잡아 짐승의 피로써 제를
지내는 것도 하지 말라 했으며, 그는
너희 손에 피만 묻히는 짓이라 한 가
르침을 알아야 할 것이니라.
15 성서에 그리 기록되어 있거늘, 너희는
지난 시절 것이요, 지금은 관계없는
것이라 그를 중요시 아니 하며 너희
것으로 만들려 하지 않는 사악한 자들
이 오늘은 나의 아들 예수의 죽음으로
그 피로써 너희의 모든 죄를 사했다며
지금 그리 가고 있음이니,
16 그리하여 바르고 곧은 길이요, 참진리
의 길을 가지 아니하는 것이 너희이니
라.
17 어찌하여 바른길을 찾으려 하지 아니
하고, 피에 물든 험악한 그 길을 가고
자 하며, 그것으로써 구원을 받는다
말하는가?
18 너희는 이제 성서를 다시 한 번 들여
다봐야 할 것이니라.
19 정녕 종교 집단 지도자 너희가 지옥
불에 가지 아니하려면 구약과 신약 성
서를 가지고 가르치는 종교 지도자 너
희가 거기에 기록된 내용을 구약 것은
흘러간 것이요, 신약 것은 새로운 것
이라는 그 사악한 생각을 버리고,
20 구약은 신약을 존재하게 하려고 앞에
온 것이며 그리고 신약이 존재하는 것
은 구약을 완성케 하기 위함이니, 구
약이 세상에 내려온 것은 신약의 시대
를 열어 주기 위해 앞에 온 것이라는
그와 같은 인식을 다시 하며 깨달음을
얻어야 할 것이니라.
21 구약은 끝난 것이요, 신약 시대만 존
재한다며 이와 같이 짐승의 피로써 제
사를 지내는 그와 같은 행위는 나와
관계없으며, 어떠한 형태든 제물로써
나에게 바치는 것은 용서받지 못한다
는 걸 알 것이거늘,

22 너희는 그를 접어 두고 그를 인정하지
않으려는 자들이기에 나의 아들 예수
의 죽음이요, 그 피가 제물이요, 죄가
사해진다 말함이니, 이것이 잘못된 것
이니라.
23 너희가 말하기를, 사랑의 아버지요,
구세주라 하여 독생자인 나의 아들을
너희에게 보내어 그 피로써 너희 죄를
용서해 준 것은 당연하며 그건 나 여
호와의 뜻이라 그리 생각하지만,
24 너희는 남의 귀중한 자식을 죽게 해
놓고 그 자식의 피와 살로써 너희 죄
를 용서받았다는 것은 누구도 상상할
수 없는 험악하고 악독한 자요, 마귀
요, 사탄이 아니면 그 말을 할 수 없음
을 알라.
25 내가 성서에 기록하여 어떠한 제물도
나에게 바치라 말며 피로써 제사 지내
는 행위는 용서하지 말라는 구절이 기
록되었으니 너희는 찾아서 읽어 보도
록 그리해야 할 것이니라.
26 그러니 오늘 이와 같은 형국이 되어
있는 것은 내 뜻과는 관계없는 쪽에서
모든 것을 가르침이니, 하늘에 오르는
길이 아니요, 지옥으로 가는 그와 같
은 길을 가고 있음을 알라.
27 이 세상이 더 이상 무너지면 이제는
영원히 구원할 수 없는 그와 같은 형
국이니라.
28 너희는 지옥으로 가는 그 길을 달려가
며 죄가 이 세상을 다 덮었다고 하며,
머리끝서부터 발끝까지 죄로 뭉쳐진
자들이라 그리 말하면서,
29 여기서 더 이상 죄를 지으며 사악한
짓을 하며 나의 뜻을 거역할 때 이 지
구는 영원히 구할 수가 없으며 지상
낙원은 이루어질 수가 없기에 무너지
기 전에 내가 이를 받침이니라.
30 비바람에 그 집이 다 날아갔으며 벽까
지도 허물어져 주춧돌이요, 뼈대만 앙
상하게 남아있는 것이 오늘의 이 지상
이요, 너희 형국이니라.
31 이제 비바람에 의하여 넘어지는 하나
의 초가삼간을 내가 모두 지지대로 받
쳐 흙을 발라 너희가 살아갈 수 있는
그 역사를 시작하는 것처럼,
32 내가 모두 다스리며 너희가 건전하게
살아갈 수 있도록 기둥 뿌리가 넘어지
지 아니하며 주춧돌 위에 서 있는 그
집채가 흔들리지 아니하도록 나 여호
와가 나의 법전을 내려보내며,
33 나의 아들과 나의 아들을 따르는 제자
들을 위하여 모든 집을 완성케 하여
너희가 편안하게 살 수 있으며 안식을
구할 수 있는 그 집을 만들고자 함이
니,
34 이를 방해하고 이를 못 하게 하는 자
는 바로 그와 같은 집에서 살 수 없는
자요, 바람에 날리고 비바람에 고통을
당하는 그와 같은 삶이 너희 길이라는
것을 잘 분석하며, 내가 전하는 의미
를 깊이 깨우쳐 행하도록 그리하라.

8,162 번째 하나님 말씀

2003년 10월 27일 12시 34분

1 사랑하는 나의 아들아!
2 "네, 아버님! 말씀하옵소서."
3 나 여호와는 어떤 제물로써 제사를 지
내며 나를 경배하는 것이 필요 없으

며, 그것은 너희 자신의 손에 피를 묻
히는 짓이요, 나를 욕되게 하는 행위
를 하는 자들이니, 그를 씻지 아니하
면 나에게 오를 수 없다는 것을 내가
가르쳐 전했느니라.
4 이 세상의 모든 재물이요, 너희가 가
지고 있고 소유한 것을 누구한테 받은
것이냐?
5 나 여호와가 내린 것이며 너희에게 준
것이거늘, 어찌하여 너희는 나에게 바
쳐야 상을 받으며 그 바치는 것으로
죄를 용서받는다 말하느냐?
6 내가 수없이 줄 수 있는 재물이요, 수
없이 내리며 육의 세상에 살다 놓고
오는 그 재물로써 나에게 죄를 씻으며
용서를 받는다는 그와 같은 사악한 방
법에서 깨어나야 할 것이니라.
7 너희의 원심이요, 그 아름다운 마음을
받고자 하는 것이 나 여호와의 뜻이니
라.
8 이도 내가 너희를 사랑하기 때문이니
라.
9 너희는 그와 같은 일을 역사하지 아니
하면 나에게 올 수 없음을 알라.
10 종교 집단이요, 지도자들이 감히 나를
얼마나 욕되게 말하는가?
11 사랑의 하나님이라 말하면서, 욕심의
하나님이요, 절대적인 하나님이요, 나
만 생각하는 하나님이라 단상에서 그
리 가르침이니, 그새 얼마나 내 마음
을 모르는 자들인가?
12 내가 너희에게 고통스러운 길이요, 험
난한 길이요, 믿음을 지키고 가며 그
어려운 십계명을 지키고 가며 나의 법
전대로 지키고 가라는 것은,
13 그게 하늘에 오르는 정답이요, 그 길
이 아니면 안 되기 때문에 너희가 그
길을 오라 한 것이 나 여호와의 뜻이
라는 걸 내가 법전에 일찍 기록하여
전했듯이,
14 바로 그와 같은 사랑이요, 정답을 가
르치는 나 여호와를 욕심의 하나님이
요, 욕심이 그득 찬 하나님이요, 시기
질투하는 하나님이라 감히 그와 같은
말을 하는 자가 있다면, 이는 너희가
얼마나 나와 관계없고 내 마음을 모르
는 그 길을 가고 있는가?
15 잔뜩 주고 베풀어 주고서 욕먹고 매
맞는 그와 같은 형국이 너희가 나에게
되돌려 주는 오늘의 믿음이요, 너희가
가는 길이라는 것을 알라.
16 나 여호와가 너희를 위해 내려 준 그
재물이 어찌하여 나에게 필요하며 그
것을 내가 어디에 쓴단 말인가?
17 그 재물이 나에게 무엇이 유익하며 나
에게 무슨 도움이 되며 내가 그것이
왜 필요하다 하여 나의 아들 예수와
나의 이름을 팔아 거둬들이는 그 사악
한 행위를 하는가?
18 그 자체로써 너희는 나에게 오를 수
있는 백성이 아니 되며, 나의 자식이
아니요, 나의 성령에 의해 가지 않는
종교 지도자라는 걸 알라.
19 이와 같이 사악한 행위가 광명 천지에
이루어지거늘, 이를 다스리는 자가 없
으며 이를 단죄하는 백성이 지금까지
있었는가?
20 한 사람도 없었음이니 그건 의인이 없
으며 천사와 같은 자가 없기 때문이니
라.

21 악과 사탄과 싸울 수 있는 용기 있는
자가 하나도 없었음을 알라.
22 너희는 과연 누구의 명에 의하여 우리
부자의 이름을 팔아서 재물을 거둬들
이고 그와 같이 착복하며, 짓지 말라
는 교회라는 것을 지으며 재물을 바쳐
제사지내지 말라는 것을 재물을 바치
면 구원을 얻는다고 거둬들이는 것은
누구의 명에 따랐으며 누가 지시했으
며 누구의 뜻을 따라 그들이 원하는가?
23 육하원칙에 의하여 서면으로 그들에
게 전하여 답을 받으라.
24 그렇다면 그와 같은 자는 나에게 받을
상이 클 것이니라.
25 너희는 누구한테 어찌 명을 받았으며
어찌하여 그와 같이 재물을 거둬들이
고 그 부패한 행위를 하는가 거기에
대한 답을 서면으로 종교 지도자에게
물어보라.
26 그 답을 과연 어찌할 것인가?
27 이와 같은 역사를 이루지 아니하는 백
성은 거듭나는 길을 볼 수 없음이니
그리 알라.

8,163 번째 하나님 말씀

2003년 10월 28일 07시 45분

1 사랑하는 나의 아들아!
2 "네, 아버님! 말씀하옵소서."
3 모든 것은 다 순리에 의해서 역사하고
순리를 거역하지 말라 하지 아니하였
던가?
4 네가 나의 성령을 받아 지금 많이 나
가고 있으며 많이 역사하지 아니하였
더냐?
5 오늘 쉬는 것을 괴로워하지 말며 마음
아파하지 말라.
6 그것은 모두 나 여호와의 주관이며 내
뜻에 의해 역사하는 것이거늘, 네가
그를 괴롭게 생각한다면 순리를 거역
하는 것이 아니더냐?
7 마음 아파하지 말라.
8 네가 어떠한 사람인 줄 알고 있느냐?
9 "네, 아버님! 알고 있사옵나이다."
10 그리고 만백성을 구하는 길이 무엇인
줄 알고 있느냐?
11 "네, 알고 있사옵나이다."
12 만백성을 보는 마음이 어떤 마음이어
야 되는지 알겠느냐?
13 "알고 있사옵나이다, 아버님!
14 이 세상에 사악한 자들의 손에서 놀아
나는 모든 백성을 제가 다 구하겠다는
마음을 갖고 구해야 하고 모두 사랑해
야 하며,
15 지금처럼 제자들을 사랑하는 마음이
한 발짝 앞에 간다면 제가 가장 사랑
하는 제자도 한 사람도 구원할 수 없
다는 것을 깨달았사옵나이다.
16 모든 백성을 똑같이 구하겠다는 그 마
음으로 누구든 관계없이 똑같이 사랑
하지 아니하면 저의 제자 누구 한 사
람도 저를 따라나와 지금의 사악한 이
굴레에서 지구에서 벗어나지 못한다
는 것을 알고 있사옵나이다.
17 그러니 모두를 똑같이 사랑하고 한결
같이 사랑해야 한다는 것을 깨닫고 알
았사옵나이다.
18 또한, 아버님께서 보여 주신 것도 그
리하여 보여 주심을 알고 있사옵나이
다.

19 그리고 저는 알았사옵나이다.
20 모두 나의 형제들이요, 아버님의 모든
백성의 마음이 아름답지 못하고 욕심
에 의하여 그들이 사탄의 길이요, 사
악한 길을 가는 것이라 그리 생각하였
으며, 그리하여 그와 같은 곳에서 그
들이 마음을 돌리는 기도요, 그들을
위해서 모두 역사하는 것이라 생각하
였사옵나이다."
21 그러나 네가 무엇을 보았느냐?
22 "네, 아버님! 그들은 마음이 착하고
여리옵나이다.
23 그러나 그들은 사탄이 강압적인 행동
으로 끌고 가는 그 힘에 나약하여 끌
려가는 것이지,
24 결코 그들의 마음이 사악하고 그들의
마음이 모질어서 가는 것은 아니라는
것을 깨달았사옵나이다."
25 그러함이니라.
26 나의 백성이 원래 사악하고 모질어서
오늘 그와 같이 잘못된 길을 가는 것
이 아니니라.
27 "사탄의 광폭함에 의하여 거기서 벗
어나지 못하고 두렵고 무서워서 벗어
나지 못하여 숨을 쉬지 못하고 그냥
끌려가는 형국인 것을 보았사옵나이
다.
28 다만, 그들은 사탄과 싸울 수 있는 용
기가 없으며 악마와 싸워서 이길 수
있는 용기가 없사옵나이다.
29 인간 세상에서 광폭한 자가 칼과 몽둥
이로 들고 휘두를 때, 거기에 대항할
수 있는 용기 있는 시민이 없듯이,
30 그것이 잘못된 것이며 잘못 가는 것을
알면서도 그들과 싸워서 이길 용기가
없으며 싸울 사람이 없기에 그들을 대
적하여 물리치지 못하고 그 포악한 행
위를 모두 받아들이며, 그저 고개 숙
이는 순진하고 어리석고 단순한 그 백
성이옵나이다.
31 그리하여 누군가가 그를 이끌어 나가
며 사탄이요, 악마와 싸워서 이겨야
하며,
32 그것은 이 세상에 오로지 저 하나밖에
없으며 저만이 그들에게 희망이요, 그
난폭하고 사악한 자가 휘두르는 피 묻
은 칼날이요, 나무 몽둥이요, 그 포악
함을 벗어날 수 있고 두려움을 없애는
것은 오로지 제가 대적하여 그를 잡으
며 그를 이기는 것만이 모든 백성을
구원하는 길이요,
33 그들 스스로 구원할 힘과 용기가 없으
며, 그들은 모두 선량하며 착한 백성
이라는 것을 알았사옵나이다, 아버
님!"
34 사랑하는 나의 아들아, 그러하니라.
35 네가 모두를 나 똑같이 사랑하며 종파
를 벗어나서 모두 사랑하라 하면서,
네 마음이 과연 그것을 얼마나 지키고
얼마나 네 제자와 똑같이 사랑하는가?
36 네 제자와 모든 백성을 똑같이 사랑하
지 아니하면 너의 제자들이 이 지상의
한계에서 천국에 올 수 없으며 그를
피할 수가 없음이니라.
37 너 혼자만이 가는 형국이 되느니라.
38 네 제자만을 안타깝게 생각한다면 그
들도 거기에서 하나도 구원할 힘이 없
음이니 그리 알아야 할 것이며,
39 그들을 네가 똑같이 사랑하는 마음일
때 네 사랑하는 제자들이 너를 따라

그리 올 수 있으며, 그들을 구원하고
구출할 수 있는 것임을 너는 보지 않
았는가?
40 "네, 아버님! 보았사옵나이다.
41 아무리 아끼고 사랑하는 제자라도 저
자신이 두려워하고 겁을 먹는다면 그
사탄들 속에 놓고 저 혼자만 오르는
그와 같은 형국이 되옵나이다.
42 그러니 제가 그들과 싸울 수 있는 용
기와 대적할 수 있는 그와 같은 것으
로써 모든 역사를 해야 함이니,
43 제가 또한 싸워서 능히 이길 수 있고
그를 다룰 수 있으며 요리할 수 있사
오나, 제가 미리 겁을 먹고 두려워하
는 그와 같은 형국은 곧 모든 백성을
똑같이 사랑하지 못하고 감히 두려워
하고 겁을 먹는 제 마음이옵나이다."
44 그러니라.
45 너는 모두를 구원할 수 있음이니, 네
제자만이 구원한다는 생각을 오늘 이
순간부터 버려야 할 것이니라.
46 너의 제자들만이 너를 따르며, 이 지
옥의 세상에서 구하는 것이 네가 가는
것이라 생각하는 그 마음을 지우며,
47 그들에게 쏟는 애정이요, 그들에게 쏟
는 그 마음을 모든 백성에게 똑같이
쏟으며 살아가야 함을 잊지 말라.
48 그렇지 아니하면 네 제자도 한 사람도
구원하지 못하며, 지옥이요, 그 사악
한 속에서 끌어내지 못하는 네가 됨을
알고 너는 보았을 것이니라.
49 "알겠사옵나이다, 아버님!
50 정녕 모두를 사랑해야 한다면서 제가
모든 종파를 사랑하고 있지 못한 것을
이제야 깨달았사옵나이다.
51 제 마음을 알았사옵나이다."
52 그리고 구할 자는 너 한 사람뿐이니라.
53 네가 그들과 싸워서 이길 때 모두 너
를 도울 것이며, 그들이 용기를 얻을
것이니라.
54 그들은 손뼉을 치는 것으로써 한계요,
네가 싸우는 것을 보고 네가 이겨 주
기를 바라는 것이 한계지,
55 그들이 사탄과 직접 싸울 수 있는 용
기와 마음이 없음을 너는 알고 있지
않으냐?
56 "알고 있사옵나이다, 아버님!
57 오늘의 자세로 힘들고 어려운 그 길을
마다하지 아니하고 오로지 이 길을 위
하여 갈 것이며, 모두를 구원하는 것
을 위하여 최선을 다하며 모두를 다
바치겠사옵나이다, 아버님!"
58 그리하라.
59 누구도 사탄과 싸울 자가 없음이니,
60 이제 너는 너의 제자들을 사랑하는 것
처럼 모두를 사랑하여 다 같이 구하는
것이며, 너의 제자들만 구하고자 했던
그 마음을 버릴 것이며,
61 이 세상에 싸워서 이길 자는 너 한 사
람뿐이니, 네가 무너지면 그들이 다
사탄에게 무너지며,
62 네가 사탄이요, 그 사악한 자들을 물
리침으로 인하여 모두를 구원한다는
것을 너는 절대 잊어서는 아니 될 것
이며,
63 그들은 너를 도와 어떠한 역사를 할
수가 없음이니라.
64 그들은 사탄의 횡포에 두렵고 겁이나
그 옆에 근접하지도 못하니,
65 그러한 백성을 구원하는 것은 오로지

너 혼자의 싸움이며, 네가 싸워서 이
겨야 함을 절대 잊지 말라.
66 너는 이길 수 있음이니 그리 알라, 사
랑하는 나의 아들아!
67 거기에 두려워하지 말며 겁먹지 말도
록 하라.

8,164 번째 하나님 말씀

2003년 10월 28일 07시 52분

1 사랑하는 나의 아들아!
2 "네, 아버님! 말씀하옵소서."
3 나의 사랑하는 모든 백성은 마음이 여
리고 착하며 아름다우니라.
4 그러니 칼 들고 나무 몽둥이를 들고
대드는 그와 같은 사탄의 포악함에 대
항할 능력과 힘이 없음이니, 오로지
네가 그 사탄을 제거하는 그 역사만이
나의 백성을 구한다 하지 아니하였더
냐?
5 지금까지 믿음을 온 그 백성이 오로지
저희는 어떠한 것으로도 싸울 수 없으
며 사악한 것을 벗어날 수 없으며,
6 그리하여 나 여호와요, 나의 아들 예
수의 이름으로써 구원을 받는다는 것
을 부르짖는 그 뜻을 알겠는가?
7 그들이 맞느니라.
8 그러나 그들은 하나는 알고 다음의 둘
을 모르고 있음이니, 그것을 너는 이
제 깨우쳐 주어야 할 것이니라.
9 오로지 사탄과 싸워서 이길 수 있는
것은 너만 가진 능력이요, 모든 백성
은 거기에 도움이 되지 아니한다 하였
음이니라.
10 그러니 그들이 지금 나의 아들 예수
요, 나 여호와가 성령으로 임하는 것
만이 저희를 지옥에서 구원할 수 있다
고 말하니, 그 말이 맞느니라.
11 오늘 내가 그 사탄과 싸워서 이길 수
있는 것은 오로지 너밖에 없다 하지
아니하였느냐?
12 그러나 그들이 거기에서 알아야 할 것
이 있느니라.
13 사탄에게 겁을 먹고 고개를 숙여 따라
가는 백성과, 네가 싸워서 이길 수 있
도록 힘을 주고 용기를 주며 웃음을
주는 백성, 그것이 너희 죄를 사하고
자 살아가는 백성의 노력의 한계이니
라.
14 너희는 거기에서 알아야 할 것이니라.
15 너희가 노력해서 사탄과 싸울 수 있는
용기는 없음이니라.
16 너희는 마음이 여리기 때문이니라.
17 그러나 너희가 그 사탄이 하는 것이
타당하다며 사탄에게 굴복하고 고개
를 숙이며,
18 사탄과 싸우는 나의 아들에게 힘과 용
기를 주고 그리고 웃음과 박수를 기대
하는 마음이 없을 때, 나의 아들은 무
너짐이니,
19 바로 나의 아들 예수가 무너진 것은
그것이었음이니라.
20 그들은 완전히 돌아선 자요,
21 나의 아들 예수의 싸움에서 그를 받쳐
주고 손뼉을 치며 그가 싸울 수 있는
용기를 주는 것은 너희 스스로 죄를
면하고자 그리고 아름다운 모습으로
살아가고자 나의 백성으로 살아가고
자 노력하는 것이요,
22 그 백성만이 나의 아들 예수에게 힘을

주고 용기를 주며, 그가 싸울 수 있도
록 모든 것을 받쳐 줄 수 있음이니, 그
것이 바로 너희 한계이니라.
23 인간이 넘을 수 있는 한계가 있고 넘
지 못하는 한계가 있음이니,
24 너희가 거기서 그 포악한 사탄에게 굴
복하여 이미 넘어진 자는 사탄이 그들
을 밟고서 나의 아들을 공격하게 되어
있음이니라.
25 그러니 너희가 디딤돌이 되어 있으며
사탄이 싸울 수 있도록 너희가 장소를
넓혀 준 것이요,
26 너희가 웃음으로써 사탄에게 넘어가
지 아니하고 너희 죄를 씻어 아름다운
모습으로 살아가며 너희 자신으로써
구원을 받겠다고 노력하는 백성은 나
의 아들을 받쳐 주는 힘이 되어,
27 사탄이 너희를 밟고 나의 아들을 공격
함이 없음이니, 공격할 수 있는 반경
이 좁아지며 그가 대들기 어려우니라.
28 너희가 사랑하는 마음으로써, 나의 아
들이 사탄의 대왕과 싸울 때, 너희가
나의 아들을 응원하며 둘러서 있을 때
나의 아들의 힘은 어떠하겠느냐?
29 바로 이것이 너희가 죄를 짓지 아니하
고 살아야 하며, 육의 세상에서 한 점
의 부끄럽이 없는 삶을 사는 백성은
둘러서서 나의 아들에게 박수를 쳐 주
는 것이며,
30 그때 나의 아들이 용기백배하여 그 힘
을 몇십 배 더 발휘할 수 있는 것이니,
그와 같은 형국의 이치를 알라.
31 그것이 너희가 육에서 죄를 짓고 안
짓는 것은 구원과 관계없다는 그와 같
은 이치이니라.
32 그들이 말함이니 알고는 있었음이니
라.
33 그 포악한 사탄들에게 인간인 너희가
싸워서 정녕 이길 수 있지만, 너희는
용기가 없음이니라.
34 너무나 마음이 착하고 여리며 순박하
기에, 너희가 같이 힘을 모아 싸우면
이길 수 있으나 대들 자가 없으며 용
기가 없는 자들이니라.
35 그러니 나의 아들만이 모두를 구원하
고 그들을 물리칠 수 있다는 것을 너
희는 알고 지금까지 그리 말하지만,
36 나의 아들이 크나큰 사탄을 물리쳤을
때, 그 잔재들을 쓸어버리는 것은 너
희도 얼마든지 할 수 있음을 알라.
37 무기를 들고 설치는 그와 같은 자는
너희가 직접 싸워 이기지 못하지만,
그 우두머리를 나의 아들이 무너트렸
을 때 그 잔재들은 너희가 얼마든지
그저 다스릴 수 있는 그와 같은 능력
이 있음이니라.
38 그러니 너희가 죄를 사하고 아름답게
살고자 하는 것은 나의 아들 편에서
응원군을 대며 응원을 해 주는 것이요,
39 너희가 죄를 짓는 것은 죄라는 것을
모르고 사탄의 자식이 무서워 굴복하
는 자들은 너희를 밟고 서서 사탄이
나의 아들을 공격하는 범위를 넓혀 주
며, 그에게 용기와 힘을 실어 주는 것
이니,
40 그 이치를 잘 깨닫도록 하며 그 이치
를 잘 깨우쳐 주도록 그리하라, 사랑
하는 나의 아들아!

8,165 번째 하나님 말씀

2003년 10월 29일 07시 37분

1 사랑하는 나의 아들아!
2 **"네, 아버님! 말씀하옵소서."**
3 너희는 살아가면서 나로부터 받아 간
정신이요, 그 육체가 모두 정상적으로
살아가는 것이 얼마나 영광이요, 축복
이요, 은혜인지를 모르느니라.
4 너희가 병마에 시달리고 건강하지 못
할 때, 건강한 사람의 그 형태가 얼마
나 소중한 것인가를 알게 됨이니, 그
때는 이미 때가 늦게 되는 것이니라.
5 나의 피조물 만백성, 그리고 나의 아
들을 따르는 제자들이요, 그리고 나의
법전을 읽고 깨우친 백성, 너희는 알
아야 할 것이니라.
6 너희가 인간 세상에 살아가면서 자식
도 그러하니라.
7 그저 못난 자식, 그렇지 않으면 평범
하게 사는 자식, 그리고 좀 더 똑똑하
다는 칭송을 받는 자식이 있지만, 똑
똑하고 영특하며 사회적으로 추앙을
받는 그러한 자식만을 원함이니, 그와
같은 것이 다 욕심이니라.
8 너희는 평범하게 속 썩이지 아니하고
자라 주는 그 자식이 얼마나 고맙고
감사한 것인지 모르는 자들이니라.
9 그러니 너희가 병마에 시달려 죽음 직
전에 갔을 때 건강하게 평범하게 사는
것이 얼마나 소중하며 귀한 것인가,
그리고 평범하게 활동하고 사는 것이
얼마나 소중한 것인가 알게 되느니라.
10 그러니 나의 아들을 따르는 제자들이
요, 나의 법전을 읽고 깨우친 만백성
너희는 내가 하나가 되라 하는 의미를
이제 알겠느냐?
11 너희 주변에 같이 가는 모든 형제라는
자들이 평범한 생활이요, 남에게 거짓
되지 아니하며 너희에게 피해를 주지
아니하는 인간관계로 살아갈 수 있는
그들이 얼마나 소중하고 귀한 자들인
가?
12 너희에게 피해를 주며 손해를 입히는
그와 같은 짓을 하고 사는 사람이 있
는가 하면, 그렇지 아니하고 평범한
삶을 사는 그와 같은 사람들도 있으니,
13 그 모두가 소중하고 귀한 것을 아는
것이 너희여야 함을 이제는 알아야 할
것이니라.
14 그중에서도 만백성을 구하는 그 역사
요, 평범한 백성의 한계를 벗어나 하
늘에 있는 창조주 나 여호와가 내리는
모든 성령이요, 만백성을 구하는 나의
법전을 듣고 깨우쳐 전하는 그와 같은
은혜와 영광을 받은 백성, 너희의 삶
은 과연 어디 있으며 너희가 존재하는
것이 어디에 있는가?
15 영원히 사는 세상의 그 길을 보며 그
길에 접근하여 갈 수 있는 그와 같은
은혜와 영광을 받은 백성, 너희는 이
를 알아야 할 것이니라.
16 평범하게 살아가는 백성보다 너희는
얼마나 큰 은혜와 영광을 받았는가 그
를 깨우치고 깨달으며, 그 은혜에 보
답하는 길을 감에 주저해서는 아니 될
것이니 그리 알라.

8,166 번째 하나님 말씀

2003년 10월 29일 07시 54분

1 사랑하는 나의 아들아!
2 "네, 아버님! 말씀하옵소서."
3 모든 백성 너희는 알아야 할 것이니라.
4 너희는 어찌하여 지금 구약 시대요,
신약 시대를 구분하여,
5 구약 시대의 모든 역사는 지난 것이
요, 지금은 나의 아들 예수가 온 그 신
약 시대로써 모두 역사한다 말하느냐?
6 그렇다면 구약 시대에 모세가 역사한
것은 모두 어떤 하나님이 그에게 역사
했단 말이던가?
7 너희가 지금 구약과 신약을 구분하여
한계를 짓는 것은 구약 시대의 하나님
이요, 그리고 신약 시대의 하나님으로
구분 짓는 형국이라는 걸 모르느니라.
8 너희가 나 여호와를 얼마나 비웃고 다
른 신을 섬기고자 하는 것인지 알겠는
가?
9 내가 여기서 너희에게 묻느니라.
10 구약 시대에 그 모두를 역사했던 하나
님은 창조주 나 여호와가 아니고 과연
누구란 말이던가?
11 창조주 아버지라는 나 여호와가 구약
을 모두 역사했으면 신약 또한 내가
역사했으며, 너희가 나를 찾는 자라면
너희는 똑같은 나의 백성이요, 나 여
호와만이 그 모든 역사를 하며 한 줄
기요, 한 뿌리가 아니던가?
12 지금 구약 시대와 신약 시대를 구분을
짓는 것은 구약 시대의 창조주 하나님
을 찾으며, 또한 신약대로 창조주 하
나님을 찾으니,
13 너희가 구약과 신약을 구분 짓는다면
둘 중의 하나는 진정한 나 여호와가
아니라는 것을 여기서 알아야 할 것이
니라.
14 그러니 너희가 그와 같은 사악한 짓을
하고 있으면서도 지금 나에게 오를 수
있는 백성이요, 나의 백성이라 말한단
말이던가?
15 구약 시대의 창조주 하나님 나 여호와
를 믿는 자, 또한 신약 시대의 나 여호
와를 믿는 그 백성은 정녕 나로부터
선택된 백성이요, 나에게 오를 수 있
는 백성이니,
16 바로 구약을 인정하고 신약을 인정하
는 그와 같은 백성만이 나를 인정하는
백성이요, 나의 아들딸임을 알아야 할
것이니라.
17 너희가 구약과 신약을 구분하는 것은
창조주 나 여호와가 아닌 다른 신을
모시는 것이니,
18 너희가 구약 시대에 나 여호와가 아닌
다른 신을 모셨다 말하는 것이거나 그
렇지 아니하면 구약의 하나님 나를 받
들지 아니하고 경배하지 아니하며 다
른 신을 따르고 모신다는 것을 인정하
는 행위가 됨을 알아야 할 것이니라.
19 그렇지 않다면 너희는 구약 시대의 것
을 모두 따르고 믿어야 할 것이며 그
리고 신약 시대 것을 따르고 믿어야
할 것이니라.
20 내가 그리하여 계주의 역할을 한다 했
음이니, 구약 시대는 출발이요, 신약
시대는 중간의 역사요, 제3의 시대는
마지막 시대라 하는 그 의미를 알라.
21 이를 인정하지 아니하는 자는 창조주

나 여호와가 수십 명이라고 생각하는
자들이니,
22 구약 시대에 나를 경배했던 백성과 신
약 시대에 모든 것을 바치는 그 백성
은 둘 중의 하나는 진정한 나 여호와
의 백성이 아니요, 거짓 하나님을 믿
는 자가 될 것이니 그리 알라.
23 내가 성서에 기록하여 너희에게 전하
였느니라.
24 '무수한 재물이 내게 무엇이 유익하
며, 나 여호와는 수양의 번제와 살찐
짐승의 기름에 배불렀고, 나는 수송아
지나 어린양이나 숫염소의 피를 가지
고 기뻐하지 아니하노라.' 그리 기록
하여 너희에게 전했음이니,
25 너희가 깨끗한 짐승이라 하여 잡아 그
피로써 번제를 지내는 것은 지은 죄에
대해 그를 면하고자 하는 사악한 방법
이라 내가 하지 않았느냐?
26 다만, 그와 같이 짐승을 죽여 제를 지
내면 만백성이 내 죄를 대신하여 죽어
가는 불쌍하고 가련한 짐승을 보고 죄
를 짓지 말아야겠다는 그 깨우침을 얻
을 수 있는 것이요,
27 너희가 그와 같은 제사를 지내는 것은
진정으로 나를 위함이 아님을 알아야
할 것이며 내가 이미 성서에 기록하여
전하였느니라.
28 너희가 나에게 보이고 과시하며 만백
성을 다스리기 위해 하는 그와 같은
행위를 누가 너희에게 요구했으며 강
요했단 말인가?
29 나 여호와는 너희에게 그리하라 강요
한 것이 없으며 그리 명한 것이 없음
이니라.
30 다만, 너희는 내 마당이요, 내 땅이요,
내 발등만 밟고 갈 뿐이요, 더럽히고
가는 백성이라는 가르침을 알아야 할
것이니라.
31 누가 너희에게 그와 같이 짐승을 잡아
제사 지내라 했으며 재물을 바쳐 기도
하고 경배하는 것이 하늘에 오르는 길
이라 했더냐?
32 너희가 깨끗한 짐승을 잡아 나에게 그
피로 경배하는 것도 다 쓸데없는 짓이
고 부질없는 짓이요,
33 나 여호와는 보이기 위한 행위나 제물
이 필요 없다고 성경에 기록하여 놓았
음이니,
34 모든 재물을 바침으로써 나에게 축복
을 받고 하늘에 오르는 길이라 하는
오늘의 믿음이 얼마나 잘못된 것인지
알겠는가?
35 너희가 성서에 기록된 나의 뜻을 거역
하고 헛된 제물을 바치며 헛된 과욕에
부풀어 하는 모든 행사는 나를 경배하
고 따름이 아니요,
36 나의 뜻을 거역하는 자요, 그리하여
너희는 그 대가를 반드시 받으며 치른
다는 그 무서운 사실을 잊어서는 아니
될 것이니 그리 알라.
37 성서에 기록되어 전하기를, '헛된 재
물을 다시 가져오지 말라, 분향은 내
가 가증히 여기는 바요, 월삭과 안식
일과 대회로 모이는 것도 그러하니,
성회와 아울러 악을 행하는 것을 내가
견디지 못하겠노라.' 나 여호와가 너
희에게 그리 이미 전하였느니라.
38 지금의 모든 종교 집단 지도자요, 그
백성의 기도 소리를 내가 듣지 아니한

다 하였으며,
39 너희가 모여서 역사하는 것, 교회라는
건물을 짓고 안식일이라 하여 그곳에
와 기도하고 경배하는 것은 모두 죄를
짓는 것이요, 악한 행위를 함이니, 나
여호와는 아무런 관계도 없으며 나의
뜻이 없음을 너희는 알아야 할 것이니
라.
40 그리하여 너희가 얼마나 더러워지고
얼마나 사악해졌는가?
41 더럽고 더러운 그 몸을 깨끗이 씻고
다스려 그 마음 하나 변하는 것이 나
에게 오를 수 있거늘,
42 제물로써 모든 것을 이루려는 것, 안
식일 날 모여서 아울러 악을 행하는
것은 모두 나 여호와가 견디지 못하도
록 너희가 나에게 고통을 줌을 알아야
할 것이니라.
43 그와 같은 행위를 하는 자는 그 죄의
대가를 반드시 치를 것이며, 그곳에
가서 사탄에게 재물을 바치는 자, 또
한 그 죄를 용서받지 못할 것이니 그
리 알라.
44 내가 성서에 기록하여 너희에게 뭐라
말하였느냐?
45 '너희가 손을 펼 때 내가 눈을 가리고
너희가 많이 기도할지라도 내가 듣지
아니하리니 이는 너희 손에 피가 가득
함이라.' 내가 그리 전하였거늘 이 무
서운 의미를 아는가?
46 너희가 아무리 하늘을 향하여 울고불
고 기도를 하고 경배하며 소원을 빈다
해도 나는 그를 듣지 아니하며 나와
관계없다 하였음이니라.
47 내가 나의 법전에 일찌이 기록하여 너
희에게 뭐라 하였느냐?
48 너희가 울고불고 기도하는 것은 개구
리 울음소리요, 바닷가에 파도 소리만
큼도 들리지 아니한다 하였음이니,
49 너희는 온 손에 피가 가득히 묻어 있
으며 죄로 뭉쳐진 자들이니, 그 죄를
사하고자 피나는 노력이 없이, 말로만
나의 아들의 이름을 부르면 구원을 받
으며 나를 찾으면 하늘에 오른다는 너
희가 얼마나 나를 능멸하는 자이며 잘
못된 자들인가?
50 이를 다스리지 아니하면 아니 됨을 알
아야 할 것이니라.
51 내가 다시 너희에게 전함이니라.
52 '너희는 스스로 씻으며 스스로 깨끗게
하여 내 목전에서 악업을 버리며 악행
을 그치라.' 그리 너희에게 전하지 아
니하였던가?
53 내가 나의 아들을 통하여 법전에 뭐라
전하였느냐?
54 너희가 지은 죄는 너희가 씻는 길밖에
없다 하였음이니라.
55 너희는 육의 세상에 살면서 너희가 저
지른 모든 악업에 대하여 그 벌을 받
지 아니하며 그를 너희가 감당치 아니
한다고 나의 피조물 만백성들을 그리
가르치고 있음이니,
56 그것이 죄의 온상이요, 모든 백성이
죄 속에서 헤어나지 못하도록 그와 같
이 만들며 지옥으로 가는 길의 안내자
라 하였음이니라.
57 너희가 나에게 오르고자 한다면 더러
워진 그 몸과 마음을 깨끗이 씻으며,
악행을 하지 않고 선함을 따라 사는
것만이 나에게 와 심판을 받고 구원을

받는 길이니,
58 그와 같이 변하지 않는 삶을 살고는 나에게 오를 수 없음을 알라.
59 내가 너희에게 일찍이 전하기를 뭐라 하였느냐?
60 '선행을 배우며 공의를 구하며 학대받는 자를 도와주며 고아를 위하여 신원하며 그리고 어렵고 불쌍하게 사는 자, 그리고 억울함을 당하는 자를 모두 변호할 수 있는 그와 같은 마음을 가지고 사는 자가 나의 백성이라' 그리 말하였음이니라.
61 과연 너희가 지금 살아가는 것은 어떠한가?
62 너희가 행하는 것이 무엇이던가?
63 나 여호와와는 아무런 관계도 없는 길을 가고 있음이니, 너희는 비진리를 가지고 공부를 하며 비진리를 가지고 역사함이니라.
64 불쌍하고 가련한 자들을 신원해 주며 불쌍하고 억울하게 당하는 자를 변호하는 삶을 사는 것이 나에게 오르는 길이라 했거늘,
65 그와 같은 것을 역행하는 삶을 사는 것이 오늘의 종교 집단이요, 믿음의 길을 가는 백성의 행위이니,
66 나 여호와가 얼마나 통탄하고 더 이상 견디고 볼 수 없으면 지금 나의 아들을 통하여 160권이라는 대장정의 법전을 세상에 내보내 너희를 다스리고 바로잡고자 하는 역사를 이루겠는가?
67 이를 너희는 깊이 깨우쳐 행해야 할 것이니라.

8,167 번째 하나님 말씀

2003년 10월 29일 08시 01분

1 사랑하는 나의 아들아!
2 **"네, 아버님! 말씀하옵소서."**
3 나의 피조물 만백성들은 다 형제라 하였으며 나의 아들 예수도 너희와 다 같은 형제라 하였음이니라.
4 그러니 나의 피조물 만백성 너희는 다 같은 형제이거늘, 지금 나의 백성 위에 군림하며 나의 백성을 종과 같이 다스리며 제 소유인 것처럼 마음대로 활용하고 마음대로 이끌고 가는 자,
5 그와 같은 생각을 하고 그와 같은 생각 속에 젖어 있는 종교 집단과 지도자는 나와 관계없는 자들이며, 나의 뜻을 역행하는 자들이니라.
6 그들은 제 스스로 만왕이 된 것처럼 착각하는 자들이니, 나 여호와의 백성으로서 다스리는 만왕이 아니요, 사탄의 만왕이 되어 지금 가고 있음을 착각하고 있느니라.
7 그 착각 속에서 헤어나지 못하는 것이 오늘의 종교 집단이요, 지도자 그들이니라.
8 종교 지도자 그들이 인도하는 그 길에는, 지금 구원을 받겠다고 안식일이라는 날에 모든 역사를 하며 모두 바치며 애걸복걸하는 그곳에는 참진리가 없으며 하늘에 오르는 길이 없음을 나의 법전에 수없이 기록하여 전했음이니라.
9 너희가 제물을 바쳐 제사 지내는 것도 나는 원하지 아니하며, 너희가 나에게 과시하고 모형을 보여 주며 이와 같은

노력과 역사를 한다 하며 만백성을 위
하여 이와 같이 위대한 일을 한다 하
여 그들 앞에 군림하고자 하는 그 모
든 행사요, 너희 집단이 역사하는 모
든 것은 나를 능멸하며 나를 욕되게
하는 것이니,
10 그를 보고 따라가는 지금 지도자들이
요, 신도라는 백성, 너희는 나에게 오
르는 길이 아닌 곳을 가고 있음을 알
라.
11 나의 백성을 하늘에 인도하겠다는 자
들이 자신이 무엇을 원하는지도 모르
며 다만 저희가 제왕이 된 것처럼 상
전 노릇 하는 것에만 혈안이 되어 모
두를 이끌어 가는 것이요,
12 거기에서는 나의 아름다운 진리요, 나
여호와가 원하는 것이요, 내가 역사하
는 것이 거기 없음이니라.
13 이제 사랑하는 나의 백성 너희는 알라.
14 지금의 믿음의 그 세계에서는 구원받
을 자 없으며 나에게 오를 수 없다는
이 무서운 사실을 알고,
15 이제 거기에서 구원을 받으며 나에게
오를 수 있으며 구원을 받았다는 그
착각에서 더 이상 속지 말고 거기서
더 이상 헤매서는 아니 될 것이니라.
16 그와 같은 지도자는 나와 관계없으며,
정녕 너희를 인도할 자격도 없는 자들
임을 알라.
17 하늘의 뜻은 끝이 없으며 너희가 변하
는 그 뜻은 끝이 없거늘, 감히 저희가
모든 것을 결정지어 나에게 오르는 길
이라 그리 망발하니, 그것이 사탄이
요, 사악한 자들이니라.
18 정녕 나의 뜻을 아는 자, 감히 두려워
그런 말을 할 수 없음을 알라.
19 저 자신이 인간의 만왕이 되어 나 여
호와보다 상위에 있는 자, 나 여호와
보다 제가 위대한 것처럼 그 착각 속
에서 살아가는 자들을 너희 스스로 깨
우치는 자들이 되어야 할 것이니라.
20 그 불쌍한 것이 너희 형제요, 오늘 너
희를 이끌어 가는 그 사악한 자들이
받는 그 벌은 너희보다 열배 백배 더
무서운 그 죄의 대가를 치르는 것이니,
21 너희가 형제라 생각한다면 도리어 그
들을 깨우쳐 바로 보도록 단죄하는 것
이 그를 사랑함이요, 그를 깨우침이니
라.
22 오늘 믿음의 길을 가는 신도요, 백성
너희는 이제 알라.
23 너희를 잘못 이끌어 가는 지도자들을
단죄하고 그를 다스리는 것이 그들을
위하는 길임을 알라.
24 너희 자신이 깨우치고 그들을 깨우치
고 다스리는 그와 같은 변화된 삶으로
살지 아니하면 너희 자신도 구원을 받
지 못하며 또한 너희를 가르친다는 종
교 집단이요, 지도자 그들도 구원을
받을 수 없음을 알아야 할 것이니라.
25 지금의 모든 종교 집단이요, 지도자들
이 이 세상에서 제가 말하는 것이 절
대 법이요, 제 뜻을 따르지 아니하는
것은 사탄이요, 이단이요, 그리고 저
를 경배하지 않는 자는 이단이요, 사
탄이라 말하는 자,
26 그리고 저희의 생활에 대해서 들여다
보지도 말고 잘하고 잘못하는 것을 시
시비비하지 말고 그저 따라오라 하는
것이 제왕이요, 독재자의 그 근본이

아니고 무엇이더냐?
27 그와 같은 행위를 하는 자들이 오늘의
나의 피조물 만백성 너희를 구원한다
하니, 내가 거기에 제동을 걸고자 함
이니, 곧 나의 법전이 지금 세상에 내
려감을 알라.
28 너희가 오늘의 그 신앙생활에 젖어 얼
마나 타락되어 있으며 잘못되었는지
잘 알고 있거늘, 어찌하여 그를 바로
잡으려 하지 아니하며 다스리려 하지
아니하느냐?
29 그리하여 지금 나의 아들을 통하여 그
를 다스리고자 하는 새로운 역사가 열
어짐을 알라.

8,168 번째 하나님 말씀

2003년 10월 29일 11시 18분

1 사랑하는 나의 아들아!
2 "네, 아버님! 말씀하옵소서."
3 너의 제자들은 알고 깨우쳐야 할 것이
니라.
4 너희가 흔들리고 흩어지면 그 모든 역
사는 이루어질 수 없다는 것을 알라.
5 나의 아들 예수가 사탄과 광야에서 얼
마 동안을 싸웠던가?
6 나의 아들 예수는 40여 일 동안 사탄
의 시험과 사탄과 싸움이요, 그를 견
디고 모두 역사하였음이니라.
7 그러나 지금의 나의 아들은 160권이
라는 이 법전을 세상에 만들어 놓고
펜을 놓을 때,
8 나의 아들 예수가 사탄과 40일간의
싸움의 고통 속에서 이긴 역사를 이루
듯이 지금의 나의 아들 또한 그 역사
를 이룰 것이니라.
9 40일이라는 고통스럽고 힘든 그 싸움
과 몇 년이란 기나긴 세월 속에 싸우
며 고통의 길을 가는 나의 아들과 과
연 어떤 길이 더 어렵고 힘들다 하는
가?
10 육을 가진 그로서 육의 세상에서 60
평생을 산 그가 부닥치는 그 삶의 세
월 속에서 그 모두를 접어 두고 지워
버리면서 나의 성령을 받아 몇 년에
걸쳐서 160권을 역사하는 그 고통을
과연 아무나 갈 수 있으며 아무나 역
사할 수 있는가?
11 하루에도 수십 번씩 넘어질 수 있는
것이 인간 너희이니라.
12 너희는 내가 사탄과 싸워서 이길 수
있는 모든 능력과 재주를 주어 세상에
내보냈다 하지만,
13 너희는 나약하고 용기가 없으며 자신
이 없는 백성으로서 두려움과 무서움
이 앞섬이니, 너희 자신의 능력이요,
너희가 가진 것을 모두 찾지 못하고
발휘하지 못하는 것이니라.
14 그리하니 나의 아들 예수가 40일 동
안 그 싸우며 고통스러운 힘겨루기를
했으며, 오늘의 나의 아들은 160권의
법전을 세상에 만들어 내는 싸움이니,
15 그를 나오지 못하도록 그가 존재하지
못하도록 하는 그들의 방해함이 얼마
나 강하고 심하겠는가?
16 다만, 너희는 알지 못하며 보지 못할
뿐이니라.
17 나의 아들 예수가 사탄과 싸우면서 사
탄과의 일대일의 싸움을 아무도 알 수
없었듯이, 오늘의 나의 아들이 가는

싸움을 너희는 모를 것이니라.
18 그를 하나하나 접어 두고 넘기고 가는
것, 수천수만 가지의 유혹이 나의 아
들의 마음을 흔들며 그를 쓰러트리려
하는 그와 같은 속에서 하나하나 그를
버티고 싸우고 나가는 그 길고도 긴
몇 년의 세월, 그곳에 너희가 필요한
것이니,
19 너희가 존재하는 이유가 무엇인가 스
스로 깨우쳐 알아야 할 것이니라.
20 내 160권의 법전이 세상에 나올 때까
지 시련도 있을 것이며 고통도 있을
것이며, 그리고 무너지는 수가 있으며
넘어지는 그와 같은 수가 있을 때,
21 너희가 더러 힘이 되는 버팀목이라 그
리하지 아니하였더냐?
22 나의 아들의 하나의 겨자씨를 뿌렸으
니, 그 제자들에게 그가 비바람에 부
러지고 넘어지지 아니할 때까지 버팀
목이 되라 하였음이니,
23 과연 버팀목의 마음 자세로써 지금 나
의 아들을 따라 더불어 가는 사람이
몇 명이던가?
24 최소한 세 사람의 버팀목은 있어야 하
니, 나무 한 그루를 바로 세우려 해도
세 개의 버팀목이 있어야 흔들리지 아
니하듯이, 이 대역사를 이루는 나의
아들이 160권의 법전이 나올 때까지
쓰러지고 부러지지 아니하도록 그 버
팀목의 역할이 최소한 세 명의 백성은
있어야 하지 않겠는가?
25 과연 너희가 세 명의 백성이 있어서
그를 받쳐 주고 버팀목의 역할을 하고
있는가 한번 보라.
26 세 명의 버팀목이 버텨 줘도 그 어리
고 나약한 나무가 성장하고 바로 서기
가 어렵고, 그를 꺾어 버리고 짓밟으
려 하는 자가 수없이 많은 그 속에서
버티기가 힘들 것이거늘, 너희는 과연
그와 같은 역할을 하는가?
27 그러니 너희가 수십 명이 오고 수백
명이 온들 무엇하는가?
28 정녕 버팀목의 역사를 할 수 있는 그
와 같은 나의 아들을 따르는 제자로서
너희 자신이 갈고 닦아 버팀목의 역할
을 자청하며 스스로 할 수 있는 그와
같은 백성이 있어야 함을 알라.
29 예수는 40일 간 사탄과의 그 싸움의
역사를 했으나,
30 나의 아들은 길고 긴 160권의 법전이
세상에 나올 때까지 멀고먼 그 싸움이
요, 수천수만 가지를 더 겪고 견디고
나가야 하는 그 고충을 알아야 할 것
이며 들여다볼 줄 알아야 할 것이니
그리 알라.

8,169 번째 하나님 말씀

2003년 10월 29일 11시 21분

1 사랑하는 나의 아들아!
2 "네, 아버님! 말씀하옵소서."
3 지금 나 여호와가 제3의 시대를 열어
나 여호와의 모든 성령을 내려보내 너
를 통하여 법전이라 하여 세상에 만백
성을 구하는 그 길을 가는 것은 바로
무엇인 줄 알겠느냐?
4 나 여호와가 역사하는 것이며 언약한
모든 역사를 지금 하나하나 실천하고
가는 그것을 이루고 있음이니라.
5 이제는 내가 열매를 맺을 수 있도록

하고, 열매를 맺었을 때 그 맺은 열매를 거둬들이는 그와 같은 시대를 지금 역사하고 있음을 너희는 알아야 할 것이니라.
6 나의 피조물 만백성 너희는 알아야 할 것이니라.
7 내가 너희에게 언약한 모든 것을 역사하여 지금 하나하나 행하고 가는 그 언약이 얼마나 소중하고 귀한 것이던가?
8 내가 너희에게 각자의 미래를 알고 너희가 죽고 사는 것, 너희가 어찌 살아갈 것인가 미래를 다 알 수 있고 볼 수 있다면,
9 이 세상은 결코 질서가 유지될 수 없으며 모든 것이 제자리를 지킬 수 없으며, 너희 말대로 앞뒤가 없으며 뒤죽박죽이며 세상은 다 혼란에 빠지게 될 것이니라.
10 그러니 너희가 미래를 알 수 없으며 자기가 가는 길을 모르는 것이며, 너희가 어찌 갈 것인지 결코 알지도 못하며 알 수 없는 것이 너희가 아니더냐?
11 그러니 너희에게 가장 소중한 것은 무엇이더냐?
12 내가 바로 너희에게 언약한 것이요, 그 언약의 역사가 행해지고 실천하는 것이 얼마나 귀하고 소중한 것인가 알아야 할 것이니라.
13 자기가 가는 길을 모르고 가는 것이 나의 사랑하는 백성 너희이니라.
14 안다면 너희는 결코 갈 수가 없는 백성이기 때문이니라.
15 그리하여 너희가 믿음의 길을 가는 길, 그리고 그 믿음의 깨우침을 가는 길은 모르면 모르는 대로 더듬고 찾고 연구하면서 지금 나의 진리를 깨우쳐 가는 것이 너희가 가는 길이니라.
16 모든 것을 안다면 이 세상의 질서가 파괴되며 모두 존재하지 못하고 견딜 수 없는 형국이 되기 때문에, 너희에게 모든 것을 알려 줄 수 없으며 알지 못하는 것이 너희이니라.
17 너희는 미래에 이루어지는 내가 내린 그 언약이 얼마나 귀하고 소중한 것인지 알고, 그것이 역사하는 시대가 지금이라는 것을 알라.
18 그리고 나의 법전은 미래에 너희에게 이루어질 것과 역사할 것을 언약하는 말씀이니, 너희가 모르는 미래를 알 수 있음이 여기 있음을 알아야 할 것이니 그리 알라.

8,170 번째 하나님 말씀

2003년 10월 29일 11시 26분

1 사랑하는 나의 아들아!
2 **"네, 아버님! 말씀하옵소서."**
3 내가 일찍이 너에게 깨우쳐 전했느니라.
4 모든 백성이요, 지금 믿음의 길을 가는 그 백성이 뭐라 말하느냐?
5 구약 시대에 역사한 것은 다 지나간 것이며 그는 덮어지며, 신약 시대에 나의 아들 예수가 세상에 와 새로운 장을 열었으며, 너희의 죄를 모두 용서해 주며 그 보혈로써 죄를 다 사함 받았다는 그와 같은 시대가 열렸다 하여 너희는 그리 감이니라.

6 그러니 구약을 부정하며 너희가 신약
의 시대를 열어 간다는 것은 무엇을
의미하는가?
7 너희는 여기서 깨우쳐야 할 것이니라.
8 구약 시대의 성서를 부정하며 거기에
기록된 나의 뜻을 부정한다면, 구약의
창조주 나 여호와와 너희가 모시는 신
약 시대의 창조주 나 여호와를 찾는
것은 구분되었다는 것을 말하는 것이
니,
9 하나님이 둘이라는 것이요, 창조주가
둘이라 생각하는 험악하고 용서받을
수 없는 그와 같은 행위를 하고 있음
을 너희는 알아야 할 것이니라.
10 구약의 시대를 덮어 두며 신약의 시대
를 연다면 너희는 한 아버지의 핏줄로
서 앞에 낳은 형제요, 뒤에 낳은 형제
가 성이 다르다는 것과 마찬가지가 아
니던가?
11 너희는 그를 인정하고자 하며 그리 역
사하는 것이니라.
12 앞에 간 너희 형은 부모의 성이 다르
며, 또 그 형과 성이 다르며 한 자식의
뿌리가 아니라는 것이 너희가 말하는
것이 아니더냐?
13 형의 성씨가 다르며 아우인 너희 성씨
가 다르다면 너희는 한 아버지에서 났
다는 것을 부정하는 것이 아니던가?
14 그게 얼마나 부모를 욕되게 하며 부모
에게 죄짓는 행위던가?
15 지금 너희가 구약은 인정할 수 없으
며, 신약 시대가 열렸으니 너희 시대
가 열려 간다고 말하는 것은, 형은 아
버지의 성씨가 아니요, 제 성만 아버
지의 성씨라는 자와 똑같은 그와 같은
형국이니,
16 형이 아니든 아우가 아니든 둘 중의
하나는 그 성씨가 아니라는 것이니 이
를 어찌한단 말이던가?
17 너희가 그리 사악한 짓을 하고 있음이
니라.
18 너희는 아버지가 먼저 온 형을 가르치
며 형이 가는 길이 다르고 형이 역사
하는 것이 다르며, 아버지가 가르치는
방법이 다르고 그에게 주입시킨 교육
의 방법이 다르지만,
19 아버지 자식으로서 사회생활을 하며
세상을 살아가는 그 삶의 방법을 가르
쳐 주는 것은 똑같은 것이 아니더냐?
20 그러니 너희는 이제 구약에 기록되어
있는 그 모든 것을 네 것으로 만들고,
구약은 신약 앞에 온 것이며 신약은
구약을 완벽하게 하려고 보충하며 그
를 완전케 만들려고 왔다는 것을 알라.
21 너희가 그를 가지고 공부하며 그를 믿
지 않는 자는 정녕 나의 뜻을 알 수 없
는 자들임을 알라.
22 그리고 구약에서 너희에게 명한 것을
지키지 않는 자는 아무리 신약에서 무
엇을 지킨다 해도 그 뿌리요, 근본을
버리고 가는 자는 그것이 아니 됨을
알라.
23 그리하여 나의 아들에게 말하기를, 구
약의 시대는 출발의 시대요, 앞에 간
자요, 너희가 말하는 신약 시대는 중
간 주자요, 그리고 제3의 시대에 내가
내리는 것은 마지막 주자가 역사하는
것이라 하였음이니,
24 이제 내가 너희에게 다시 한 번 명하
여 말하노라.

25 너희가 구약과 신약과 나의 법전을 나
누는 것은 너희가 창조주 아버지가 각
각 다른 자라 하며 그를 믿지 않는 자
임을 알아야 할 것이니라.
26 지금 나의 아들이요, 그를 따르는 제
자들이 구약을 부정하며 신약을 부정
하던가?
27 너희가 그 뜻을 모르고 잘못 가는 것
을 깨우쳐 주고 그를 부정하지 않으니,
28 너희는 한 부모의 자식이 세 사람이
있을 때 앞에 있는 형이요, 가운데 있
는 형을 성씨가 서로 다르다고 싸움함
이니, 늦게 나온 막내가 그것은 이 형
도 맞고 저 형도 맞다는 그와 같은 가
르침이니, 과연 누가 부모의 뜻을 따
라가는 것이며 부모의 자식임을 인정
하는가?
29 이와 같은 작은 이치를 깨닫는다면 오
늘 구약 시대요, 신약 시대를 이리 구
분하여 가는 것이 얼마나 잘못된 것인
줄 알겠는가?
30 구약 시대를 보충하기 위해 신약 시대
가 왔으며, 구약과 신약을 모두 완성
하고 매듭짓고자 하는 것이 제3의 시
대요, 새로운 나의 성경이 내려온 걸
알라.
31 이 진실 됨을 알지 못한다면 너희는
정녕 하늘의 뜻을 알지 못하는 자요,
그러하기에 나와 관계없는 그와 같은
역사를 함이니라.
32 구약에 내가 기록하여 너희에게 전하
기를, 안식일이요, 쉬는 날이요, 그와
같은 것을 정해서 기도하지 말며 경배
하지 말라 하였음이니라.
33 그것은 모두 너희가 죄를 짓는 행위만
을 하며 악업을 쌓는 행위만 한다는
구약의 그 구절을 보고 오늘의 잘못됨
을 깨우쳐야 할 것이니라.
34 그와 같이 오늘 교회를 짓지 말라 함
이 무엇이더냐?
35 그곳에 가 기도하고 경배하는 구약 시
대의 그 모든 것은 죄업을 쌓는 것이
며 죄의 양성소라 했던 그것을 부정하
는 것이 오늘의 너희 믿음이니, 나와
관계없는 길만을 역사하는 자들이라
함이 여기 있음이니라.

8,171 번째 하나님 말씀

2003년 10월 29일 11시 31분

1 사랑하는 나의 아들아!
2 "네, 아버님! 말씀하옵소서."
3 너희는 미래의 삶을 모르지만, 하나는
정확히 알고 있지 않으냐?
4 곧 죽음이라는 그 문턱을 넘지 않을
수 없으며, 백 년도 못 되는 삶을 살다
결국 죽음의 길을 맞이한다는 것을 너
희는 명확하게 다 알고 있음이니라.
5 그러면서도 그것이 자기에게 닥쳐올
미래라는 것을 생각지 아니하고 살아
가는 것이 오늘의 나의 백성 너희가
사는 마음이니라.
6 그러니 돌이켜 보라.
7 삶이란 무엇이냐?
8 인생은 나그넷길과 같고 너희는 나그
네와 같은 삶을 살아가는 것이 아니더
냐?
9 나그네라는 그 인생의 삶이 무엇이더
냐?
10 나그넷길을 가는 인생은 남의 집에서

오래 쉴 수도 없으며 그저 머무를 수
도 없는 것이 나그넷길이며, 나그네
인생은 남의 집이요, 남의 자리에 오
래 머무를 수도 없으며 그 자리를 차
지할 수도 없는 것이 나그네가 아니던
가?
11 너희는 남의 집에 손님으로 가서 그
자리를 떠날 때를 구분하여 생각하지
못하고, 그 자리가 제 집인 줄 알고 계
속 눌러앉아 있다면 과연 어떠하던가?
12 그는 주책없는 사람이 되며 주변 사람
으로부터 눈총을 받으며, 손님으로서
그 대접을 받지 못하는 그와 같은 형
국이 되지 않겠느냐?
13 자기의 역사요, 자기가 할 수 있는 것
을 하고 떠나는 것이 남으로부터 눈총
을 받지 않는 삶이 아니던가?
14 너희가 남의 집에 가 잠시 머무르는
것을 영원히 쉬는 것처럼 생각하고 그
집에 상주하고자 하는 그와 같은 자세
로 머물고 있다면, 과연 그 주인이요,
주변 사람들은 너희를 뭐라 생각하겠
는가?
15 이 이치를 모르는 것이 지금 나의 피
조물 만백성 너희이니라.
16 오늘의 육의 삶이요, 그 목숨은 나그
네와 같은 삶을 사는 것이거늘, 어찌
하여 영원히 사는 세상의 삶을 위해서
준비하지 아니하고 역사하지 아니하
는가?
17 너희는 어찌하여 나그네의 삶에 대해
모든 것을 투자하고 던지고 가는 그와
같은 인생의 삶을 살고 있는가?
18 지금 바로 믿음의 길을 가는 백성이
그러하니라.
19 너희가 오늘 구원을 받은 길이요, 나
에게 오를 수 있다고 믿는 그것이 바
로 남의 집에 손님으로 간 자, 그리고
남의 집에 볼일이 있어 간 자가 제 집
인 것처럼 거기에 눌러앉아 있으며 비
켜 줄 줄 모르고 떠나갈 줄을 모르는
그와 같은 어리석은 사람과 조금도 다
름이 없다는 것을 알라.
20 너희가 정녕 상주할 수 있는 곳은 지
금의 믿음의 길이 아니요, 바른길이
요, 바른 진리를 볼 수 있는 거기에서
영원히 상주할 수 있는 너희 집을 찾
지 아니하면 아니 되거늘,
21 지금 모두 여행하는 나그네 같은 자들
이 지금 남의 집에 상주하려는 그와
같은 마음으로 아무것도 모르고 가는
자들이니, 어리석고 불쌍한 자들이 너
희라는 걸 알아야 할 것이니라.

8,172 번째 하나님 말씀

2003년 10월 29일 11시 35분

1 사랑하는 나의 아들아!
2 **"네, 아버님! 말씀하옵소서."**
3 내가 성서에 기록하여 너희에게 전하
기를, 정성을 다하여 올린다는 그 제
사나 예물은 모두 필요 없는 것이라
말하였느니라.
4 그러니 너희는 그와 같은 행위를 하지
말며, 나 여호와의 법대로 나의 계명
대로 살아가는 것이 내가 바라는 길이
며 나에게 오르는 길이라 그리 말하였
거늘,
5 지금 나와는 관계없는 그와 같은 행위
로써 구원을 받으며 믿음의 길을 가고

자 하는 자들이 너희라 하였음이니라.
6 내가 너희에게 뭐라 말하였느냐?
7 너희 집이 아닌 것을 영원히 살 수 있
는 제 집이라 알고, 수없이 남의 집에
투자하고 그를 고치고 바르고 하는 그
와 같은 형국의 삶이 너희 모습이니라.
8 너희는 어찌하여 남의 집에 그와 같이
투자하고 모든 것을 던지는가?
9 그것이 네 집인 줄 착각하지만, 그것
이 네 집이 아니라 함이니라.
10 영원히 너희가 살 집을 찾고 그 집에
투자하는 그와 같은 현명함을 얻지 아
니하면 아니 된다 함이니라.
11 지금 너희는 모두 진정한 나의 뜻이
요, 참진리의 길에 의해서 역사하는
것이 아니라, 인간의 관습과 습관으로
만든 법도를 유지하기 위하여 존재하
는 것이 오늘의 종교 집단이요, 믿음
이니라.
12 그리하여 나의 아들을 통하여 지금 내
가 내리는 성령이요, 새로운 길이요,
너희를 심판하는 마지막 소중한 이 법
전을 너희에게 전해 줄 때, 모든 종교
집단이요, 지도자들은 뭐라 말하느냐?
13 이를 죽이려 대드는 자요, 이 세상에
존재하지 못하도록 하는 것이 오늘의
너희 마음이요, 너희가 가진 그 생각
이니라.
14 정녕 너희에게 마지막 기회요, 마지막
나의 법전이요, 이를 보지 아니하면
구원을 받지 못한다고 가르치고 나의
법전에 기록하여 너희에게 전하나,
15 너희는 영원히 사는 나의 법전에 투자
하고 이웃을 깨우치는 것이 아니요,
그저 잠깐 스쳐 가는 나그네와 같은
육의 세상의 삶에 모든 것을 투자하니
너희의 오늘의 믿음은 나그네와 같은
현실임을 알라.
16 네 집이 아닌 것을 네 집처럼 착각하
고 상주하려 하며, 있는 대로 모든 것
을 투자하여 그 집을 고치고 수리하려
하지만,
17 결코 그것은 너희 집이 아니요, 그건
남의 집이라는 그 엄연한 사실을 아직
모르고 있음이니라.
18 그러니 그 불쌍한 백성을 깨우쳐 주지
아니하면 아니 됨이니라.
19 너희가 오늘 가는 그 믿음으로써는 절
대 구원을 받을 수 없으며 나에게 오
를 수 없다 함이니라.
20 그리하여 내가 너희를 구원하기 위해
내 아들을 통하여 이 어렵고 힘든 역
사를 이루어 내려보내건만,
21 너희는 관습과 습관에 젖어 있어 이를
사탄이요, 이단이라 하며 그를 죽이려
하니, 그런 자는 결코 나에게 올 수 없
으며 내 뜻을 이룰 수 없으며 너희가
그리 갈구하는 구원의 길을 볼 수 없
다는 그 엄연한 사실을 나의 법전에
수없이 기록하여 전함이니라.
22 너희가 단 한 줄이라도 이를 깨우쳐
가슴에 네 것으로 만들어 바른 믿음의
길을 볼 수 있도록 그리하라, 사랑하
는 나의 아들딸들아!
23 이 길이 아니면 너희는 정녕 나에게
오를 수 없는 길이니라.

8,173 번째 하나님 말씀

2003년 10월 29일 11시 40분

1 사랑하는 나의 아들아!
2 "네, 아버님! 말씀하옵소서."
3 너의 제자들과 나의 법전을 읽고 깨우
친 백성, 너희는 알아야 할 것이 있지
않으냐?
4 나의 아들 예수가 세상에 나와 만백성
을 깨우치고 나의 뜻을 전하고 복음을
전하고자 할 때,
5 그 시대의 장로요, 종교 집단이요, 지
도자가 과연 얼마나 된다 생각하느냐?
6 나의 아들 예수를 핍박하였으며 그를
죽게 만든 것이 그 당시 적은 숫자의
대제사장이요, 믿음의 길을 가는 지도
자들이 한 행위가 아니더냐?
7 그러니 2천 년 전 나의 아들이 있을
때 그 장로의 숫자와, 오늘에 세상을
지배하며 죄의 온상을 지어 놓고 그곳
에 자리 잡고 앉아 사탄의 짓을 하는
지금의 종교 집단이요, 지도자의 숫자
가 과연 몇 배나 된다 말하느냐?
8 지금 예수의 시대보다 상상할 수 없이
많은 장로요, 지도자들이 이 세상을
타락게 하는 자들이니라.
9 그들과 싸우는 것이 너희이니라.
10 바로 나의 아들 예수를 따랐던 그 제
자들과 지금 나의 아들을 따르는 너희
는 그 수는 별로 변함이 없지만,
11 나의 아들 예수를 죽게 만들었던 대제
사장이요, 지도자들보다 몇십 배 몇백
배 많은 수의 잘못된 종교 지도자와
싸우는 오늘의 입장이 되어 있음이니,
12 너희가 힘들고 고통스러운 그 길을 가
야 한다는 것은 당연한 것이 아니더냐?
13 예수의 시대에 백 명의 대제사장이 나
의 아들을 죽게 했다면, 지금은 헤아
릴 수 없이 많은 백성이 나의 아들을
또다시 죽게 하며 법전이 세상에 나오
지 못하도록 방해하고 훼방함이니라.
14 그들과 싸워서 이겨야 함이니, 싸울
수 있는 인원은 나의 아들 예수를 따
랐던 그 백성과 별로 차이가 없음이니
라.
15 그리하여 몇백 배 어렵고 힘든 길을
가야 하지만, 너희는 싸워서 이겨야
하며 이기지 아니하면 아니 됨이니라.
16 그리하여 조용히 나의 법전을 만들어
세상에 물이 흐르듯이 먼저 전한 다음
에 너희가 역사할 수 있도록 그리하고
자 하는 것이 나의 뜻이니라.
17 다만, 너희는 알아야 할 것이니라.
18 예수를 비방하고 죽게 했던 대제사장
이요, 그 지도자들의 숫자보다 지금은
수천수만 배요, 그보다 헤아릴 수 없
이 많은 숫자요, 그보다 더 많은 물자
요, 자원이요, 그 모든 것을 동원하는
방법을 가지고 가는 그들을 지키고 버
티고 나가며, 그들과 싸워서 이기려면
함부로 나서도 아니 되며 함부로 가도
아니 되는 것이니라.
19 내가 그를 알고 있기에 너희를 다스려
오늘에 역사하고자 함이니라.
20 다만, 너희는 얼마나 힘든 길을 가야
하는가?
21 너희 자신이 마음속에 굳은 각오를 깊
이 하지 아니하면 아니 될 것이니 그
리 알라.
22 너희는 지금 삭막하고 험악한 세상의

이치를 알아야 할 것이니라.
23 나 여호와가 오죽하면 나의 법전을 만
들어 너희로 하여금 그와 같은 역사를
이루게 하겠느냐?
24 나 여호와는 성서에 기록하여 너희에
게 간곡히 전했느니라.
25 창조주 나 여호와의 뜻을 반대하지 아
니하며 내가 역사하는 것을 방해만 하
지 아니한다면 그들은 내 품에 있는
백성이라 그리 가르치고 전했음이니
라.
26 너희는 이 대목을 알라.
27 종교 집단 지도자 너희는 이방인이요,
버린 자식이라 해도 그 백성이 나의
뜻을 거역하지 아니하고 반대하지 아
니하며 조용히 살아가는 백성이라면
내 뜻에 따라서 살아가는 백성이 아니
더냐?
28 내 뜻을 반대하지 아니하며 거역하지
아니하고 가는 그 백성, 방해하지 아
니하는 백성은 내 품에서 사는 백성이
라 내가 성서에 일찍이 기록하여 전한
대목이 있음을 너희는 알라.
29 그러나 지금의 종교 집단이요, 지도자
요, 나를 경배하고 존중하며 내 뜻에
따라간다는 자들이 나를 거역하고 나
를 능멸하는 행위만 하는 것이 그들이
니라.
30 그리하여 지금은 2천 년 전 예수를 살
해했던 그들보다 수없이 많은 숫사가
너희를 핍박하고 있음이니, 너희는 숨
쉴 곳도 움직일 수도 없는 그와 같은
그들의 틀 안에 있는 것이니라.
31 소쿠리 안에 갇혀 있는 병아리와 똑같
은 것이 너희이니, 주는 것을 먹고 서
서히 성장하여 그를 헤치고 나올 수
있을 때까지 내가 너희를 보호하며 서
서히 육성시킴을 알라, 사랑하는 나의
아들딸들아!

8,174 번째 하나님 말씀

2003년 10월 29일 11시 43분

1 사랑하는 나의 아들아!
2 "네, 아버님! 말씀하옵소서."
3 너의 제자와 너를 따르는 백성, 그리
고 법전을 읽은 깨우친 백성, 너희는
알라.
4 지금 나의 아들을 통하여 나의 법전을
세상에 내려보내는 것은 너희에게 새
로운 종파를 세상에 출현시키는 것도
아니요, 새로운 교회를 세상에 출현시
키는 것도 아니요, 새로운 믿음의 역
사를 출현시키는 것이 아님을 알라 전
하라.
5 이 모두는 나 여호와가 미리 계획한
것이며, 내가 역사하는 것이며, 내가
언약하여 미리 다 준비된 그 역사가
하나하나 진행되고 있는 현실이라는
것을 그들에게 깨우쳐 주라.
6 그들은 새로운 종파가 출현하고 새로
운 종교가 세상에 나오며 새로운 교회
를 역사하는 것처럼 그리 생각하느니
라.
7 그러나 그리 생각하는 자체가 잘못되
었음이니라.
8 너희는 사탄이요, 악마가 새로 출현하
여 세상을 혼란케 하며 모든 것을 새
로운 방법으로써 바꿔 놓는 그와 같은
역사를 이루는 사탄의 장난이라 그리

말하지만,
9 이는 대변화의 역사를 원하는 것이 아
님이니라.
10 정도의 길이요, 진정한 믿음의 길을
가게 하고 너희가 잘못 가는 일을 바
로잡으려고 역사하는 것이며,
11 이는 모두 나 여호와의 계획에 의하여
미리 준비된 것이 오늘 출현하여 세상
에 보여 주는 것이며, 그리하여 역사
하는 모든 것은 내가 미래에 약속한
것을 이루어 주는 것이요,
12 약속하지 아니한 것을 급조하여 이루
어지는 것이라 생각하지 말라 그리 전
하라.
13 새로운 언약이 아니요, 새로운 언약으
로써 내가 역사하는 것이 아니요,
14 미리 언약했으며 미리 준비되었으며
계획을 해 놓은 것을 모두 역사하는
것이지, 지금 새로운 것으로써 갑자기
출현하는 역사가 아니라는 것을 그들
에게 가르쳐 주라.
15 너희가 진정한 믿음을 가고 정도의 길
을 가도록 다스리는 것이니 그리 알라.
16 나의 계획은 준비된 것을 진행하는 것
이며, 모두 준비된 그 틀에서 역사함
이니,
17 이는 중단될 수 없으며 무너질 수 없
으며, 곧 이 세상의 모든 것을 다스릴
것이며 너희 스스로 놀라는 변화요,
너희가 보고도 감탄할 변화의 역사가
이루어질 것이니 그리 알라.

8,175 번째 하나님 말씀

2003년 10월 29일 11시 47분

1 사랑하는 나의 아들아!
2 **"네, 아버님! 말씀하옵소서."**
3 나의 법전에 의한 변화는 너희가 상상
할 수 없으며 감히 생각할 수도 없는
무섭고 놀라운 역사가 이루어지기 시
작할 것임을 알아야 할 것이니라.
4 인간으로서 하늘나라의 뜻을 알 수 없
으며 그림으로 그릴 수 없으며 사진으
로써 찍을 수 없는 너희가 알 수 없는
무서운 변화의 하늘의 역사가 나의 법
전으로써 이루어질 것이니 그리 알라.
5 지금까지 너희가 믿고 가슴속에 심어
두었던 잘못된 믿음이요, 신앙생활로
너무나 세뇌되고 뿌리가 깊이 내려 그
뿌리를 뽑을 수도 없고 자를 수도 없
는 그와 같은 모든 것을 뽑아내고 잘
라 내는 그와 같은 역사가 이루어질
것이니라.
6 지금까지 깊이 박혀 있는 그 뿌리요,
영원히 뽑을 수 없고 자를 수 없으며
불변이라 생각하는 그 낡은 관념과 기
복 신앙의 대표자로서 역사하고 미신
을 따르는 그와 같은 모든 마음을 다
뽑아 버릴 것이며,
7 파도에 부딪치는 물방울처럼 모두 부
서져 나가는 그 사실을 너희가 죽기
전에 보는 그 역사가 이루어질 것이니
라.
8 너희의 그 뿌리깊이 내려진 잘못된 관
습이요, 낡은 기복 신앙의 믿음의 근
본 뿌리가 뽑히는 대변화의 역사가 이
루어질 것이며,

9 나의 법전은 미래에 이루어질 진정한
역사가 모두 여기에 기록되어 있으니,
거기에 따라 하나의 오차 없이 모두
진행되고 이루어진다는 것을 알아야
할 것이며,
10 이제는 새로운 시대의 대변화가 열린
다는 것을 머지않아 보게 될 것이니라.
11 너희는 상상할 수 없는 나의 법전의
그 위대함을 보게 될 것이니 그리 알
라.
12 이제 나 여호와가 더 이상 너희를 볼
수가 없어 너희가 뽑지 못하는 것을
사악한 마음의 뿌리를 나 여호와가 뽑
아 줄 것이며,
13 오늘의 믿음이요, 오늘의 신앙이요,
그 낡은 관념과 관습이요, 기복 신앙
의 미신을 따르는 마음이 뿌리깊이 젖
어 있는 것을 모두 태워 버리고 뽑아
버리는 그와 같은 역사가 이루어질 것
이니라.
14 그 회오리바람 앞에 견딜 자 과연 얼
마나 있다 생각하는가?
15 바로 서서 '아버님! 정녕 저의 죄를 용
서하여 주옵소서. 아버님 뜻대로 역사
하도록 하겠습니다.' 하고 무릎 꿇고
기도하는 백성 외에,
16 지금까지 이루어 달라, 바람을 멈춰
달라, 회오리를 멈춰 달라고 울고불고
하는 자는 거기에 스스로 다 쓰러져
날아가는 백성이라는 것을 잊지 말라.

8,176 번째 하나님 말씀

2003년 10월 29일 20시 45분

1 사랑하는 나의 아들아!
2 "네, 아버님! 말씀하옵소서."
3 너희 눈에 보이지도 않는 넓고 넓은
그 들판이 다 너희 소유라 하자.
4 농작물을 가꾸는 그 모든 것이 너희
농장이며, 그를 가꾸어 모든 역사를
하는 그와 같은 넓고도 넓은 그 농장
의 주인이 너일 때,
5 열매를 맺지 못하고 풀벌레가 모두 물
어 쓰러트렸으며 또 병이 모두 무너트
렸으며, 그리하여 1년 농사를 알곡식
하나 구하지 못했다면 너희의 마음이
얼마나 저리고 아프겠냐?
6 보이지 않는 넓고 넓은 그 농장에서
한 알의 곡식도 구하지 못한다면 그를
바라보는 너희의 마음은 얼마나 아프
고 속이 상하겠는가?
7 그것보다 천배 만배 더 가슴 아프고
속이 쓰린 것이 나 여호와이니라.
8 수천 년 동안 수많은 백성이 나에게
오른다 하며 너희가 지어 놓은 모든
교회요, 성당이요, 성막이요, 그것이
나와 아무런 관계가 없고,
9 알곡식을 구할 수 없고 추스를 수 없
으며 내 뜻을 거역하는 짓들만 하고
있으며, 이 세상에 어떠한 종파도 내
뜻에 역사하는 종파가 없느니라.
10 또한, 너희 손으로 지은 모든 교회요,
건축물도 내 뜻을 따르는 것이 아니
요, 나와 관계도 없으며, 내 육신에 상
처만 내는 그와 같은 행위를 하고 있
다면, 너희는 과연 어떠하겠는가?
11 너희가 아무리 높은 데서 바라보고 바
라보는 것이 다 너희 농토라 해도, 이
세상 나의 피조물 만백성을 관리하며
운영하는 이 지구보다 넓지 못할 것이

니, 과연 내 마음이 얼마나 저리고 아
프겠는가?
12 지금 이 세상에 지어져 있는 모든 교
회는 내 교회가 하나도 없음이니라.
13 그러니 거기서 알곡식을 하나도 추수
할 수 없느니라.
14 너희는 단 한 번 일 년 농사를 실패해
도 두 다리 뻗고 통곡할 것이거늘,
15 나는 몇천 년 동안 모두 실패했으며
거둬들이지 못하는 그와 같은 속에 있
었음이니, 과연 내 마음이 어떠하겠는
지 너희는 알겠는가?
16 너희는 자식들을 잘 다스리지 못할
때, 너희 마음이 타고 타 숯검정과 같
이 마음이 검어졌다는 말을 하듯이,
17 나 여호와의 마음은 너희가 타고 탄
그것보다 천배 만배 더 진해 다 가루
가 되었음이니, 더 이상 지탱할 수 없
는 그와 같은 고통에 오늘 나 여호와
가 존재하는 것이라면 너희는 알겠는
가?
18 내가 나의 아들을 통하여 내리는 나의
성령의 법전을 뭐라 말하였느냐?
19 나의 가슴을 모두 태워서 내려보낸다
고 하지 아니하였던가?
20 너희는 그 말을 그저 흘러가는 대로
그리 들었을 것이니라.
21 나 여호와의 가슴을 모두 태우고 또
태워서 마지막으로 너희를 위하여 내
리는 것이 나의 법전이라는 그 뜻을
깊이 깨우쳐야 할 것이며, 그 의미의
나의 아픔을 알아야 할 것이니라.
22 이제 내가 너희에게 명하느니라.
23 이 세상의 모든 교회가 내 것이 하나
도 없으며 내 뜻에 따르는 것이 없으
며 나를 위해 세운 것이 하나도 없다
함이니,
24 몇천 년 동안 흘러온 그 역사가 다 그
리되었음이니라.
25 그러니 이제 나의 교회를 세우고자 하
며 내 교회를 역사하고자 하는 것을
바로 너희를 통하여 역사하고자 하는
것이 나의 뜻임을 알아야 할 것이니라.
26 이 세상에 나의 교회가 하나도 없음이
니 너희로 하여금 지금서부터 나의 교
회를 세우고 역사하고자 하는 것이 나
여호와의 뜻임을 알라.
27 너희가 나의 법전을 만들어 한 백성에
게 전하니, 그 백성이 그를 보고 깨우
쳐 그가 나의 뜻을 알고 나에게 감사
기도를 드리며 '저의 죄를 용서하여
주옵소서.' 하고 진심으로 깨닫는 그
와 같은 마음을 갖고, 나의 법전대로
살아가고자 변하는 삶을 산다면,
28 이 세상에 그보다도 더 큰 교회를 지
을 수 없는 교회를 짓는 것임을 너희
는 알아야 할 것이니라.
29 내가 너희에게 한 사람을 깨우쳐 의인
이 됐을 때, 너희가 지상에서 짓는 그
모든 죄를 다 감면받을 수 있다 했으
며, 그 의인 하나를 만드는 것이 이 세
상을 다 줘도 바꾸지 아니한다 하였음
이니,
30 너희 손으로 전해 주어서 그 법전을
읽고 깨우쳐 그가 천사와 같은 마음으
로 살아가는 백성으로 변한다면, 너희
가 얼마나 큰 교회를 짓는 것이며 얼
마나 위대한 교회를 짓는 것인 줄 알
겠느냐?
31 너희는 이제 나의 법전을 만들어 만백

성에게 전하는 그 역사를 다하라.

32 나의 법전이 나가 전해져 그를 보는 자, 그를 접하는 자, 그를 읽는 자, 한 사람이 변하는 것이 너희가 이루 말할 수 없는 아름답고 큰 교회를 지음이니,

33 나의 법전이 하얀 눈이 덮듯이 세상을 다 덮었을 때, 너희야말로 내가 원하는 나의 교회를 짓는 것이니 그리 알라.

34 이제 내가 다시 한 번 너희에게 말함이니라.

35 수천 년 동안 흘러오는 오늘 나의 교회는 세상에 하나도 없으며, 나의 복음을 전하는 복음의 전당은 하나도 없음이니라.

36 오로지 너희가 나의 법전을 만들어 만백성에게 전하여 그들이 가슴에서 깨우침을 얻어 나의 법전대로 살아가고자 하며,

37 접어 두고 기억에 잊어버렸던 십계명을 보고 깨우쳐 그 십계명을 읽고 음미하는 그와 같은 깨달음의 역사를 이루었을 때, 그보다도 더 큰 교회요, 아름다운 교회는 없음이니,

38 너희는 오로지 나의 교회를 짓는 역사를 하는 나로부터 선택된 백성임을 알라.

39 너희만이 나의 새로운 교회를 지을 수 있는 자들이라는 것을 잊어서는 아니 될 것이니라.

40 한 사람 두 사람이 모여서 나의 교회를 짓기 시작함이니, 그 역사함은 머지않아 그 위대함을 보게 될 것이니라.

8,177 번째 하나님 말씀

2003년 10월 30일 07시 11분

1 사랑하는 나의 아들아!

2 "네, 아버님! 말씀하옵소서."

3 나의 아들 예수가 사탄과 싸워서 이기는 힘이 있으며 능력이 있다 하였음이니라.

4 그리고 이제는 네가 사탄과 싸워서 이길 수 있는 그 힘을 가지고 있으며, 싸울 수 있는 자는 너 하나라 하였음이니라.

5 나의 피조물 만백성들은 정이 있고 마음이 약하고 여림이니 감히 사탄과 대적할 수 있는 그와 같은 용기가 없음이니라.

6 오로지 그들과 싸워서 이길 수 있는 것은 너뿐이라 내가 그리 말하지 아니하였더냐?

7 싸워서 이길 수 있는 자는 무엇이더냐?

8 힘을 육성하고 길러 네가 힘으로써 싸워서 이길 수 있단 말이더냐?

9 샅바라는 것을 가지고 씨름을 하는 그 씨름 선수처럼 네가 우직한 힘을 가지고 그 사탄을 이기는 싸움이라 그리 생각하는가?

10 사탄과 싸울 수 있는 것은 무엇이더냐?

11 한 점의 부끄럽이 없는 삶을 사는 것이 바로 네가 그 사탄과 싸워서 이기는 힘이요, 그 길이거늘, 과연 너는 그를 알고 그리 실천하는가?

12 이제 너는 알아야 할 것이니라.

13 모든 백성이 살아가는 그와 같은 삶에서 가장 낮은 자세의 삶을 사는 것이요,

14 네가 때가 되어 식사하고 또 음식을
취하며 무엇을 먹을까 생각하며, 이것
을 먹을까 저것을 먹을까 생각하는 것
은 네가 죽은 자로서 생각할 수 있는
자세가 아님이니라.
15 가장 낮은 음식이요, 가장 간편한 음
식을 찾아 먹는 것이 네가 선택할 것
이거늘, 네가 이것을 먹을까 저것을
먹을까 하는 그와 같은 생각을 하고
있다면, 너는 인간의 생각을 버린 자
가 아니요, 그리고 나 여호와의 뜻이
요, 나의 아들로서 역사함이 아니니라.
16 너는 하루 세끼의 간소한 음식 외에는
무엇도 입을 대서는 아니 되는 것이요,
17 그것은 다 사치이며 그와 같은 것이
잘못된 것이라는 것을 어찌 깨우치지
못하는가?
18 너희는 모두 문화가 다르니라.
19 너희가 먹고사는 문화도 마찬가지요,
너희가 걸치는 그와 같은 옷도 가장
검소하고 가장 낮은 것으로써 걸칠 수
있는 자세요, 그 문화에 길든 자가 되
어야 할 것이며 그리해야 하거늘,
20 네가 지금 과연 나의 아들로서 만백성
을 구하는 지도자로서 사탄과 싸워서
이길 수 있는 자라 생각하는가?
21 너는 죽은 자라 하였음이니라.
22 너는 어떠한 문화도 접해서는 아니 되
며, 네가 유리하고 편한 쪽으로 모든
것을 행동하고 생각해서도 아니 된다
하였거늘,
23 네가 사탄과 싸워서 이길 수 있는 유
일한 나의 아들이요, 만백성을 구하는
아들로서 설 수 있다고 생각하는가?
24 남들처럼 먹고자 할 때 먹는 것을 취
하며, 너희가 소위 말하는 간식이라는
것을 남들이 즐기는 만큼 즐기고 사는
것이 네가 나의 아들로서 갈 수 있는
자세며, 사탄과 싸워서 이길 수 있는
자세란 말이던가?
25 너는 가장 겸손해야 하며 가장 검약해
야 하며, 남들이 갈 수 없는 그 길을
가는 것이 네가 지키는 길이며 사탄과
싸울 수 있는 그 길임을 너는 알아야
할 것이니라.
26 이제 나의 법전이 세상에 나가 만백성
을 구하는 그 역사를 함이니, 이제 60
권이 남았음이니라.
27 그게 전해졌을 때 모든 변화의 역사를
이룰 수 있는 것은, 네가 지금서부터
너 자신의 생활을 돌아다봐야 할 것이
니라.
28 네가 걸치고 입는 그 옷의 문화도 최
저요, 최하의 모두를 이해하고 사는
것이 네가 가야 할 길이며,
29 너 자신이 기도하고 오늘을 지탱하기
위하여 기본의 자세를 벗어나서 생활
하는 것은 모두 용서할 수 없으며, 그
건 네가 사탄과 싸워서 이길 수 있는
길이 아님을 알아야 할 것이니라.
30 너는 하루에 세 끼의 음식을 먹을 수
있는 것, 그것도 최소의 방법으로써
먹을 수 있는 것이 가장 큰 영광이요,
은혜라는 그와 같은 삶을 살아가는 자
가 되어야 할 것이며,
31 너는 사람을 만나되 사람을 만남이 아
니요, 모든 물질을 보되 본 것이 아니
요, 모든 세상 것을 보고 살되 보지 않
는 사람이니,
32 오로지 가장 검소하고 가장 낮은 생활

로써 유지하는 그와 같은 방법이 아니
면 절대 네가 용서할 수 없으며, 너는
만백성을 구하는 백성으로 갈 수가 없
으며, 160권은 세상에 빛을 볼 수가
없음을 알라.
33 네가 때가 되어 음식을 먹을 때, 이걸
먹을까 저걸 먹을까 생각하는 것이 얼
마나 호화로운 것이며, 얼마나 여유
있는 자며, 네가 얼마나 인간으로서
호의호식하는 그와 같은 인간의 마음
을 버리지 못하고 살아가는 자세던가?
34 너는 이를 알아야 할 것이니라.
35 모두를 다 끊어야 할 것이며 모두를
단절해야 할 것이며 모두를 다스리지
아니하면 아니 될 것이니라.
36 네가 어떠한 방법이든 너를 위하여 네
육신을 위하여 네 편안함을 위하여 무
엇을 할 때, 너는 나의 이름을 파는 것
이며, 너 자신의 이름을 파는 것이며,
나의 법전의 이름을 파는 것임을 알아
야 할 것이니라.
37 모든 백성이 너를 경배하고 따르는 것
은, 내가 너에게 성령을 내리며 네가
나의 아들이요, 나의 뜻을 이루기에
그러함이니,
38 나의 성령을 받지 못하는 자요, 나의
뜻을 받지 못하는 그와 같은 자를 너
의 제자들이 바라보듯, 모르는 사람이
너를 보는 그와 같은 마음 자세로 네
가 그들에게 행동하지 아니하면 용서
할 수 없음이니라.
39 너를 따르는 제자들이 너를 모르는 자
라면, 과연 너에게 금화와 은화를 주
며 끼니때가 될 때 너에게 식사를 대
접하고 너를 편하게 하고자 네 건강을
유지하기 위하여 신경을 쓰겠는가?
40 너는 그와 같은 것을 모두 받아서는
아니 됨이니라.
41 너는 너의 제자들과 모르는 사이며 아
무런 관계도 없는 사람이요,
42 남에게 베풀 수 있는 그 한계 이상 것
을 네가 받아서도 아니 되며, 그보다
더 거둬들여서도 아니 됨을 알아야 할
것이니라.
43 모르는 사람들이 거래하는 그 한계를
벗어난다면, 너는 나의 이름을 파는
것이며 나의 아들임을 빙자하는 것이
며, 나의 법전을 빙자하는 자이니, 이
를 용서할 수 없느니라, 사랑하는 나
의 아들아!
44 너는 모든 너의 제자들과 거래할 때
남남처럼 생각하고 네 마음속에 가져
야 할 것이니,
45 그가 너를 모르는 자요, 평범한 60이
된 노인이라 할 때, 과연 그들은 너를
어찌 생각할 것인가?
46 수없이 지나가는 노인들에게 대하는
것 이상으로써 받아서도 아니 되며,
그것 이상으로 받으려 생각해도 너는
용서할 수 없으며, 사탄과 이길 수 없
는 것이 네가 가야 하는 길이니라.
47 너는 제자도 없으며 나의 음성을 받는
자도 아니요, 나의 메시지를 받는 자
도 아니요, 내가 너를 통하여 만백성
을 구하는 책을 만드는 것도 아니니,
48 너는 60 먹은 평범한 남자요, 하나의
노인으로서 살아가는 것이요, 그 이상
의 어떠한 대우도 받아서는 아니 됨이
니, 이제 이 길을 가도록 하라, 사랑하
는 나의 아들아!

8,178 번째 하나님 말씀

2003년 10월 30일 07시 21분

1 사랑하는 나의 아들아!
2 "네, 아버님! 말씀하옵소서."
3 내가 지금 수천 년 동안 오는 종교 집
단이요, 지도자의 그 믿음이 무엇이라
말하였느냐?
4 나의 이름과 나의 아들 예수의 이름을
팔아먹는 자들이요, 그리 사악한 자들
이라 말하였음이니라.
5 나의 복음을 전하는 것은 뒷전이요,
오로지 나의 이름과 나의 아들 예수의
보혈을 팔아 호의호식하며 인간 세상
의 삶을 살아가는 자들이니, 짐승만도
못한 자들이요, 거기는 진리가 없다
하였음이니라.
6 네가 나의 성령을 받아 법전을 기록하
며 나의 성령을 받는 선지자로서 나의
아들로서 다른 사람보다 더 은혜를 받
고 산다면, 너 또한 나의 성령을 파는
것이며 나의 법전을 파는 것과 무엇이
다르단 말이던가?
7 너는 어떠한 혜택을 받아서도 아니 되
며 어떠한 은혜를 입어서도 아니 되
며, 인간으로서 어떠한 부담을 주어서
도 절대 아니 됨이니라.
8 너는 정녕 사탄과 싸워서 이길 수 있
는 유일한 나의 아들이니, 네가 나의
법전을 받고 기록한다 하여, 네가 나
의 아들이라 하여 네가 다른 사람보다
더한 은혜요, 다른 사람보다 더한 대
우를 받으며 다른 사람보다 네가 더
사랑을 받고 보호를 받는다면,
9 너는 결국 나의 이름을 파는 것이며
나의 성령을 팔며, 내가 태워서 내려
보내는 나의 법전을 파는 것이니,
10 수천 년 동안 흘러온 종교 집단 지도
자와 무엇이 다르던가?
11 너는 이것을 알아야 할 것이니라.
12 네가 그 길을 간다면 결코 사탄과 싸
워 그들을 모두 다스리지 못하며 만백
성을 구할 수 있는 그와 같은 역사를
이룰 수 없음이니라.
13 내가 너에게 말하지 아니하였더냐?
14 모든 종파가 지금 서로 경쟁을 하며
물고 뜯고 싸우지만, 그들이 하나가
되어 이 법전이 세상에 나오지 못하도
록 하며 너를 이 세상에 존재하지 못
하도록 도륙을 낸다 하였음이니라.
15 네가 그들과 똑같은 생활이요, 똑같은
마음속에서 간다면 너도 그들에게 도
륙을 당할 수밖에 없는 것이 아니더냐?
16 그러나 네가 그들과 차별화되지 않고
그들처럼 우리 부자의 이름을 팔아 오
늘의 삶을 편안한 길을 간다 하면 너
도 그들과 무엇이 다르던가?
17 이 점을 너는 명심하고 명심하여 너
스스로 다스려 나가야 할 것이니 그리
알라.
18 정녕 너는 나의 성령을 받는 나의 아
들이요, 선택된 아들로서 어떠한 은혜
와 혜택을 입어서는 절대 아니 됨이니
라.
19 나의 아들 예수가 모든 사람의 병을
고쳐 주며 그 은혜를 받았을 때,
20 그가 주는 금화와 은화를 돌려주라 하
였으며, 그를 돌려줄 수 없거든 가난
한 자에게 주라 함이 무엇인 줄 알겠
느냐?

21 나의 아들아, 예수도 그러했음이니라.

22 나의 능력이요, 나의 역사함으로써 그가 무엇을 받고 거둬들이는 것은 나를 파는 것이요, 나의 역사함을 파는 것이기에 그는 절대 그를 받지 아니하였으며 거둬들이지 아니하였음이니,

23 너는 아직 나의 아들 예수처럼 모든 기적의 역사를 하며 은혜를 베풀지 못하면서 너의 제자들로부터 다른 사람보다 더 나은 대우요, 그들의 어렵고 힘든 생활 속에서 네가 편하고자 그들이 너에게 무엇을 이룬다 하여 그를 받아들이는 것은 너는 사탄과 같은 자로서 전락하는 것이나 마찬가지니라.

24 예수는 모든 병자를 고쳐 주는 역사를 하면서도 거둬들이지 아니함은 내 것이요, 내 뜻이기에, 그가 감히 나를 팔아먹는 그와 같은 행위를 하지 아니하기 때문에 그 역사를 하였음이니,

25 나의 법전을 받아쓰는 너는 나의 아들임이니라.

26 그러니 너는 나의 아들로서 당연히 가는 길이니, 오로지 나를 파는 그와 같은 역사를 하지 말라.

27 네가 음료수 한 모금을 남으로부터 받아 마실 때, 과연 길가는 노인에게 줄 수 있는가?

28 그렇지 않다면 너는 그를 받지 말라, 사랑하는 나의 아들아!

29 그것이 네가 가야 할 길이며 오늘 역사할 길이니, 오늘 이후부터 네가 그 이치를 깨달았다면 네 목숨을 내놓고 그를 바치고 지키고 가라, 사랑하는 나의 아들아!

30 너를 사랑하며 사탄과 싸워서 이길 수 있는 자는 너 하나이니, 그리하여 내가 너를 선택하였으며,

31 네가 지금까지 살아왔던 잘못되고 흐린 검은 세상에서 지은 죄요, 네가 검은 세상에서 사는 마음 자세요, 네가 지금까지 지은 인간으로서 해서는 아니 될 그 많은 죄를 모두 스스로 씻는 것은 그 길밖에 없음이니,

32 그를 씻었을 때 네 몸에서 빛이 남이니라.

33 네가 지금까지 만 번을 잘못했으니, 그 만 번의 열 배를 나의 뜻에 따라 살아가는 삶을 살았을 때,

34 네 몸에서 빛이 날 것이며, 예수와 같이 그 모든 역사를 이룰 것이며 그 기적 또한 이룰 것이니라.

35 그러나 그와 같은 역사를 해도 어떠한 대가를 받아서는 아니 된다 하지 아니하였더냐?

36 나로부터 네가 무상으로 받은 것은 무상으로 전하라 하였음이니, 그는 곧 무엇이더냐?

37 나를 파는 그 행위를 하기 때문이니 자식이 아비를 파는 그와 같은 행위를 해서야 되겠느냐?

38 네가 지금 삶의 문화요, 그 모든 삶의 생활에서 보통 사람 이상으로 네 제자로부터 대우를 받으며 챙김을 받으며 보호를 받으며 사랑을 받는다면,

39 이는 나를 파는 자니, 내 아들이 나를 파는 슬픔이 있어서는 아니 될 것이니라.

40 그렇다면 사탄도 너를 이길 것이며, 너를 놔두지 아니할 것이니라.

41 그러니 네가 사탄으로부터 이길 수 있

는 그것은 바로 나를 욕되게 하지 아
니해야 하며, 나를 파는 행위를 해서
는 아니 됨이니라.
42 사랑하는 나의 아들아!
43 그 모든 길을 갈 수 있기에 나의 아들
이며, 또한 예수도 그와 같이 갔음이
니라.
44 그러니 그를 보고 따르지 않는 너의
제자들이 있다면 그는 제 스스로 갈
길을 가야 할 것이니 그리 알라, 사랑
하는 나의 아들아!

8,179 번째 하나님 말씀

2003년 10월 30일 11시 40분

1 사랑하는 나의 아들아!
2 **"네, 아버님! 말씀하옵소서."**
3 밝고 고운 세상이 무엇이더냐?
4 직급에 있는 자, 관직에 있는 자, 권력
에 있는 자가 그 권력으로써 대우를
받고 그 권력으로써 제 이름의 가치를
높이는 것이 모두 죄악이며, 그것이
잘못된 것이라 함이니라.
5 내가 너에게 뭐라 말하였느냐?
6 네가 나의 아들이요, 나의 선지자로서
사람들에게 대우를 받으며 그들이 그
를 생각하고 너와 대화한다면, 이는
잘못된 것이라 그리하지 아니하였더
냐?
7 이것이 바로 네가 가야 할 길이며 네
본분의 길임을 알라.
8 모든 종교 집단이요, 지도자들이 과연
어찌 가느냐?
9 그들은 거둬들이기 위해, 높은 자리에
서 그저 제왕 같은 대우를 받기 위해,
거침없이 저희를 받들어야 하며, 목자
요, 종이요, 나의 뜻을 역사하는 자들
을 신과 같이 받들며 그를 잘 모시는
것이 축복이요, 영광의 길이라 감히
그리 말함이니,
10 과연 지금 네가 생각할 때, 그들이 얼
마나 추하고 추한 모습인가 너는 알겠
느냐?
11 저 자신을 추앙해야만 된다는 것이 종
교 집단이요, 지도자요, 그리하여 나
의 피조물 만백성들에게 군림한다면
그 행하는 죄가 얼마나 무섭고 과중한
것인지 알겠느냐?
12 종교 지도자는 종교 지도자로서 대우
를 받으며, 다른 사람과 차별화된 대
우를 받으면 아니 되니 그는 무엇이라
말하였느냐?
13 나를 팔아먹는 것이며 나의 아들 예수
의 죽음의 고통을 팔아먹는 자들이니,
14 인간으로서의 대우 그 이상을 받아서
도 아니 되거늘 그들이 지금 하는 행
위가 얼마나 가혹하며 얼마나 사악한
행동을 하고 있느냐?
15 그것을 보고 너는 알아야 할 것이며,
너의 제자들 또한 이 세상에 내가 왜
160권의 법전을 내리며 오늘의 이 어
려운 역사를 하는지 너희는 그것 하나
만 바라봐도 모두 알 수 있을 것이니
라.
16 사랑하는 나의 아들아!
17 네가 모든 사람으로부터 선지자요, 나
의 아들이라는 그와 같은 자세로써 사
람들이 대하도록 하며 너를 바라보도
록 하며, 네가 그들과 그와 같은 마음
자세에서 대하면 절대 안 되느니라.

18 그들이 너를 평범한 사람이요, 한 인
간으로서 볼 수 있는 그와 같은 마음
자세, 그것 이상이 있어서는 아니 됨
을 알라, 사랑하는 나의 아들아!
19 지금 모든 종교 집단이요, 지도자들이
그 길이 바른길이 아니며 옳은 길이
아니라는 것을 모르는 자들이 아니니
라.
20 너는 이제 그를 깨달아 그리 행하고자
네 마음을 굳히지만, 그들은 수천 년
전부터 그를 알고 있었으며, 또한 종
교 지도자요, 집단에 있는 자들은 그
를 다 알고 있었음이니라.
21 그러면서도 그들은 육의 안일함이요,
육의 편안함이요, 육의 향락을 위하여
모두 접어 두고 그를 인정하지 아니하
며, 그를 가르치지 아니하며, 그 길을
선택해서 가지 아니한 것이 그들이니
라.
22 그러니 그들이 나의 지도자요, 나의
뜻에 따라 역사할 수 있다고 말하느냐?
23 너와 그들과의 차이가 거기에 있음이
니라.
24 그들은 알면서도 행하지 아니하며 알
고 있으면서도 실천하지 않는 자들이
요, 알면서 역행하는 자들이니, 얼마
나 잘못된 자들이냐?
25 너는 알면서 그를 행하여 가고자 하는
것이 아니던가?
26 네가 이것 하나를 바로 지키고 역사할
때, 나의 성전은 빛이 날 것이며 너 또
한 빛이 날 것이니라.
27 내가 너를 사랑함이니, 내가 너를 얼
마나 사랑하는 것인지 알겠는가?
28 네가 다른 종교 집단이요, 지도자처럼
받아들일 수 없으며 거둬들일 수 있는
내 아들이 아니요, 자격이 없는 것이
아니니라.
29 그들보다 천배 만배 더 거둬들이고 더
역사할 수 있으나, 너는 나의 아들이
기에 정도가 아닌 길이요, 정도가 아
닌 것을 해서는 아니 되기 때문이니
그를 알라, 사랑하는 나의 아들아!
30 이제 너의 제자들이 또한 지도자가 되
며 만백성을 이끄는 자들이 될 때, 그
들 또한 그와 같은 마음 자세로 가지
아니하면 아니 될 것이니, 너희는 오
로지 그 길을 가도록 그리하라.
31 너희는 모르고 있음이니라.
32 지금 나의 성전에 와 내가 너를 통하
여 내리는 강론을 듣는 너의 제자들의
그 깨달음이요, 그들의 변화의 높은
경지는 이 세상 누구도 따라갈 수 없
는 위치에 있는 자들이며,
33 누구도 그를 감히 역사할 수 없으며
그들이 가는 것을 흉내도 낼 수 없이
높이 와 있는 것이 선택된 너의 제자
요, 나의 법전을 읽고 깨우친 백성 너
희의 오늘의 자리임을 알라.
34 그러나 내가 너희에게 쉬게 아니하고
더 훈련을 시키며 강도 높은 훈련을
시키는 것은, 완벽하게 서지 아니하면
스승이 될 수 없기 때문이니 그리 알
라.

8,180 번째 하나님 말씀

2003년 10월 30일 11시 45분

1 사랑하는 나의 아들아!
2 **"네, 아버님! 말씀하옵소서."**

3 수천 년 동안 온 종교 집단이요, 그 많
은 물자요, 그 많은 지도자요, 그 많은
백성의 믿음이 잘못되었다 내가 너에
게 말하지 않더냐?
4 너희는 나의 십계명대로 나의 율법대
로 지키고 살 수 없으며, 인간이기 때
문에 그와 같이 행할 수 없다고 그리
말함이니라.
5 그 말의 뜻을 뒤집어 보면 무엇이더냐?
6 나의 뜻을 거역하는 것은 물론이요,
너희는 스스로 타락된 백성이요, 타락
되어 죄에 싸인 백성이기 때문에 그를
지킬 수 없으며 행할 수 없다고 말함
을 알아야 할 것이니라.
7 죄를 짓지 아니한 순수한 백성이요,
아름다운 마음을 가진 백성이 어찌하
여 나의 율법이요, 나의 십계명을 지
킬 수 없다고 말하겠느냐?
8 너를 따르는 그 제자들도 그 마음이
곱고 바름이 천태만상이듯이, 마음이
고운 자는 그 지키는 횟수가 더 많으
며 그를 행하는 것이 많지 않더냐?
9 그러니 그와 같은 것을 본다면 너희는
알 것이니라.
10 나의 법전이요, 나의 십계명을 지킬
수 없다고 말하는 자, 그리고 인간이
기 때문에 이를 행할 수 없다고 가르
치는 종교 지도자들은 벌써 타락될 대
로 타락되어 있으며 더러울 대로 더러
워진 자들이기 때문에,
11 그들의 마음에서는 이미 그 선을 넘기
가 어려우니 그를 지킬 수 없다고 말
하는 것이 아니더냐?
12 너희가 큰 그릇에 담아 놓은 물이 너
무 혼탁하고 더러워진다면, 아니 큰
호수에 담겨 있는 물이 너무 더럽고
더러워졌다면 감히 어떠한 물로써도
그를 다스릴 수 없고 정화시킬 수 없
다고 말하지 않겠느냐?
13 그와 마찬가지로 그들의 죄가 말할 수
없이 많으며, 온몸이 욕심으로 감싸
있으며, 타락되려야 더 이상 타락될
수 없는 데까지 내려온 자들이 그와
같이 말을 함이니라.
14 사탄의 노예가 되고 타락되지 아니한
자는 결코 그와 같은 말을 할 수가 없
음을 너희는 알아야 할 것이니라.
15 나의 율법과 나의 십계명과 지금 내가
나의 아들을 통하여 내리는 나의 법전
을 지키고 살 수 없다고 말하는 자는
이미 더 이상 구제받을 수 없는 죄인
이라는 것을 시인하고 인정하는 것이
니라.
16 그러나 지금 나의 아들을 따르는 너희
는 어찌 말하는가?
17 너희는 지킬 수 있다며 노력함이니,
그만큼 너희 마음이 아름다워졌으며
너희 마음이 고와졌으며 천사의 길에
들어서는 백성임을 증거함이니 그리
알라.
18 사랑하는 나의 아들아!
19 모든 백성에게 전해야 할 것이니라.
20 구약에 기록되어 있는 내용과 신약의
그 모두와 나의 법전은 과연 무엇을
역사하느냐?
21 죄가 무엇이며 어떤 것이 하늘에 오르
는 길이며 어떤 것이 너희가 해서는
아니 되는지 그 모두를 여기에 기록하
여 전한 것이 아니더냐?
22 그러니 이것이 죄짓지 않고 사악한 백

성으로 살지 않도록 모두 바로잡을 수
있는 근본이요, 기본인 교과서이거늘,
23 너희가 그를 지킬 수 없으며 그를 행
할 수 없다고 말한다면 근본 자체를
부정하는 그와 같은 행위가 아니더냐?
24 나 여호와가 역사하지 못할 것을 내려
보냈다고 능멸하기 전에, 그 기본이
요, 죄가 무엇인가를 알게 하며 깨우
쳐 주는 그 모두가 잘못되었다 말하
면, 너희는 깨우치려는 자들도 아니요,
25 깨우침을 안다 해도 그를 행하지 아니
할 자들이니라.
26 그러니 나의 구약과 신약이요, 나의
율법이요, 십계명이요, 나의 법전을
너희가 알고 있으나, 그를 지키지 아
니하고 지키려 하지 아니하는 것이 문
제가 있음이니,
27 그리하여 너희는 구원의 길을 볼 수
없는 가련하고 불쌍한 백성이라 함을
알아야 할 것이니라.

8,181 번째 하나님 말씀

2003년 10월 30일 11시 54분

1 사랑하는 나의 아들아!
2 "네, 아버님! 말씀하옵소서."
3 오늘의 종교 집단이요, 지도자들이 얼
마나 사악하며 어리석은 자들인가?
4 그리고 그 말을 '믿소, 옳습니다.' 하고
손뼉은 치고 눈물 흘리며 경배하는 것
이 오늘의 백성이라면 과연 너희는 믿
겠느냐?
5 내가 너희 제자들에게 묻노라.
6 이 세상에 나온 교과서요, 교양을 함
양하며 키워 가는 세상에서 가르치는
모든 것, 그리고 인간 세상에서 너희
에게 가르치는 모든 교과서요, 그 모
두가, 이는 인간이기 때문에 사는 데
필요치 아니한 것을 내려보낸 것이라
말한다면 과연 너희는 믿겠느냐?
7 너희에게 가르치는 모든 교육이 바로
너희가 세상사 살아가는 데 필요 없는
것을 골라 살라 가르치는 것이 초등학
교서부터 배우는 교육이요, 그 교과서
요, 교본이라 말하며,
8 너희가 배울 필요 없는 것이요, 필요
없는 것을 골라서 너희를 깨우쳐 주기
위하여 인간의 스승이 세상에 존재한
다 말하면, 그걸 믿을 백성이 어디 있
겠느냐?
9 지금 모든 종교 집단들이 어찌 말하는
줄 알겠느냐?
10 그들이 그와 같이 사악한 자들이니라.
11 나의 율법과 나의 계명을 세상에 내린
것은 나의 백성이 지키고 살 수 없는
것이기에, 나의 계명이요, 나의 율법
은 지키고 살 수 없는 것이라는 것을
깨우쳐 주기 위하여 나의 법전이요,
율법이 세상에 내려왔으며 그게 존재
하는 것이라 그리 가르치며 말하는 자
들이 지금의 종교 집단이요, 지도자이
니라.
12 너희는 이와 같은 자들이 설교하고 가
르치는 것을 '맞소, 옳습니다.' 하고 손
뼉을 치고 소리 지름이니,
13 과연 이와 같은 종교 집단이 세상에
존재할 때, 거기서 배우고 깨우치는
백성이 무엇을 얻으며, 거기에 진리가
어디 있으며 진정한 하늘에 오르는 길
이 어디 있느냐?

14 지금 너의 제자들이 다른 사람들을 가
르치고 깨우치는 것, 또 선생이 교단
에서 학생들을 가르치는 것은,
15 그 학생들에게 가르치는 교육이 세상
을 살아가는 데 필요하며 이것을 소중
한 양식으로 삼고 지식으로 삼아 세상
사를 살아갈 때 도움이 되고 힘이 되
는 것이라 하여 많은 시간과 물자를
들여서 그리 가르치고 배우는 것이 아
니더냐?
16 그러나 그것을 지금의 종교 집단 지도
자들은 뭐라 말하느냐?
17 학교에서 선생이 어린 자녀에게 가르
치는 교육 과목은 세상에 필요 없는
것이니, 너희가 살아가면서 이와 같은
것은 의식하지 말며 접하지 말라고 가
르치는 것이라 그리 말하는 것이 종교
집단의 지도자들이니라.
18 창조주 나 여호와가 너희에게 내려 불
로 쓴 나의 친필인 십계명이요, 그 율
법이요, 그 모든 것을 감히 인간은 지
킬 수 없는 것이요, 인간으로써는 역
사할 수 없기 때문에,
19 내가 세상에 내린 것은 이것은 인간이
지킬 수 없다는 것을 너희에게 보여
주기 위하여, 십계명은 인간이 지킬
수 없는 것이라 하여 내가 직접 친필
로 써 너희에게 내려보냈다 가르치며,
20 나의 율법은 인간은 지킬 수 없기 때
문에 이와 같은 것은 지키고 살 수 없
다는 걸 너희에게 보여 주고 깨우쳐
주기 위하여 율법이요, 십계명이 세상
에 내려왔다고 말하는 종교 집단이요,
지도자들이 지금 이 세상을 덮고 있는
것이니라.
21 그 말을 '옳소, 맞습니다.' 하고 울고불
고 손뼉을 치며 찬양하는 그와 같은
것이 오늘의 믿음의 길을 가는 신도들
이니, 이를 어찌한단 말이더냐?
22 그 모두는 다 이 세상에 지킬 수 없으
며 지킬 필요가 없는 것을 깨우쳐 주
기 위하여 존재한다는 것이 오늘의 종
교 집단들이 가르치는 것이니라.
23 그 가르치는 종교 집단이요, 지도자들
이 과연 무엇을 역사하며, 나의 피조
물 만백성들에게 어찌 바른길을 가르
치겠느냐?
24 나 여호와가 세상에 내려보내는 것을
나의 백성이 지킬 수 없는 것을 내려
보낸 사악한 사탄이라 말하기 전에,
25 내가 내린 것을 이는 지켜서는 아니
되는 근본이요, 본보기로 내려보냈다
면, 구약과 신약은 모두 무엇이더냐?
26 그 속에서 지키기 어렵고 힘든 것은
너희가 지키고 깨우쳐 하늘에 오르는
것이기 때문에 내가 친필로 써 내린
것이라 그리 말하지 아니하고,
27 인간은 지킬 수 없기 때문에 지킬 수
없다는 것을 너희에게 알려 주기 위하
여 내가 세상에 내려보냈다고 말하는
것이 종교 집단이요, 지도자 너희의
가르침이니라.
28 그러면서 구약과 신약은 한 획도 고치
지 말며 한 자도 더하고 빼지도 말라
그리 말하고 있으니, 이게 무엇이더냐?
29 이를 보는 나 여호와의 분함이요, 나
여호와의 아픈 마음이 어떠하겠는가?
30 당장 내가 너희를 재앙으로써 다스리
고 모두 저버리고 싶으나, 내가 만든
창조물이요, 내 사랑하는 아들딸이요,

그리하여 내가 너희에게 한 번의 기회
를 주는 것이 이와 같은 형국이니,
31 나의 아들을 따르는 제자들이요, 나의
법전을 읽고 깨우쳐 이 기도를 듣는
너희는 그 의미의 무서움을 알아야 할
것이니라.
32 그들이 얼마나 사악한 짓을 하고 있으
며 얼마나 악독한 짓을 하고 있는가,
너희는 이를 알아야 할 것이니라.
33 그러면서 그들은 뭐라 말하느냐?
34 예수의 보혈로써 나 여호와의 뜻이 임
하는 것, 내가 역사하는 것만이 구원
을 받는 길이요,
35 저희가 노력해서 무엇을 얻고자 변하
는 것은 아무런 관계도 없으니 율법과
십계명을 지켜서는 구원을 받을 수 없
는 것이라 지금 그리 가르치고 있지
않으냐?
36 율법과 계명은 너희가 구원을 받는 데
아무런 도움이 되지 아니하며, 아무런
이해관계도 없는 무익한 것이라 그리
가르치는 것이 오늘의 종교 집단 지도
자들이니라.
37 너희가 행하지 못할 것을 그리고 역사
하지 못할 것을 내가 내렸다고 말함이
니, 과연 너희가 그러고도 나의 백성
이며 나의 지도자라 말하느냐?
38 너희는 나 여호와가 내려보낸 그 뜻을
역으로 가르치며 정반대의 길을 가는
것이니, 내가 내려보낸 것을 거역하는
자요, 내 뜻과는 전혀 반대로 지키고
감이니라.
39 내가 이를 지키고 행하는 것이 하늘에
오르는 길이라 내린 것을 너희 종교
지도자들은 너희가 지킬 수 없는 것을
지킬 수 없다는 것을 보여 주기 위하
여 내가 세상에 내려보낸 것이라 그리
가르치니, 그것이 죄의 온상이요,
40 타락될 대로 타락된 것이 너희 집단이
요, 마귀들이 들끓는 곳이라 함이니라.
41 타락되지 아니한 백성은 너희가 그리
지킬 수 없고 행할 수 없다는 본보기
로 내려보냈다는 그것을 지키고 행하
며 시범으로써 그리 갈 수 있는 자들
이니라.
42 그러니 너희가 얼마나 사악한 자들인
가?
43 너희는 지금까지 모든 믿음을 구약 시
대는 모두 지나간 것이며 오늘의 시대
만 완성하면 된다는 것이 아니더냐?
44 앞의 것은 저버리고자 함이요, 그리고
너희 것만 모두 역사한다는 것이나,
45 내가 앞에 있는 것을 버리고자 함이
아니요, 그 모두를 완전하게 하기 위
해 신약 시대가 역사했다는 그 가르침
의 뜻을 너희는 당당히 거역할 수 있
으며, 그와 같은 것을 저버리고 행동
할 수 있는 것이 너희임을 알라.
46 이게 너희의 오늘의 실상이니, 여기에
아니라는 자 있거든 말하라.
47 그렇다면 너희는 나의 계명을 지킬 수
없으며 인간이기 때문에 역사할 수 없
다는 말을 하지 말라.
48 그와 같이 말하는 자가 바로 그와 같
은 자들임을 알라.

8,182 번째 하나님 말씀

2003년 10월 30일 11시 58분

1 사랑하는 나의 아들아!

2 "네, 아버님! 말씀하옵소서."
3 너는 너의 제자들에게 전하여 깨우쳐
주어야 할 것이니라.
4 이 세상의 모든 종교 집단이요, 지도
자들은 제왕적인 위치에서 거둬들이
며 받아들이는 것을 낙으로 생각하며,
그것을 당연시하고 그 길로 가지만,
5 너를 따르는 제자들이 너를 필요 이상
으로 돕고자 하며 너의 육의 편안함을
그들이 역사하고자 한다는 것은 구원
의 길이 아니라 죄의 길이요, 죄가 되
는 길이니,
6 너희는 나의 아들을 그저 오늘의 연령
으로 이웃에 사는 아저씨처럼 대하며,
그 이상의 어떤 것을 한다면 죄의 온
상이요, 죄를 짓는 것이니,
7 나의 아들을 돕는 것이 상을 받는 길
이 아님을 알라 그리 전하라.
8 너희가 그리하지 않음으로써 나의 아
들이 오만해지며 스스로 무너지는 그
와 같은 전철을 밟게 된다는 것을 그
들에게 반드시 깨우쳐 주도록 그리해
야 할 것이며, 그리 행하도록 하라.
9 또한, 그들이 지도자가 되어 세상에
나갔을 때, 반드시 오늘의 나의 아들
네가 역사한 것만큼 그들도 그 자세를
지키지 아니하면 아니 됨이라 그리 전
하도록 하라.
10 사랑하는 나의 아들아!
11 나 여호와가 너희에게 베풀어 준 모든
것, 내가 너희에게 사랑을 내린 것, 나
로부터 받은 모든 은혜를 그대로 그보
다 더한 사랑으로써 모든 백성에게 전
해 주면 될 것이니라.
12 나로부터 사랑을 받으면서 너희가 아
래로부터 모든 백성에게 거둬들이는
그와 같은 행위를 한다면 과연 그것은
어찌 되는 일이더냐?
13 너희는 나로부터 지금까지 받은 은혜
요, 그 모든 영광으로도 나에게 보답
할 길이 없으니,
14 사랑하는 나의 아들을 따르는 제자요,
그리고 앞으로 전사로서 세상에 나갈
나의 법전을 읽고 깨우친 너희는,
15 오로지 나 여호와로부터 받은 모든 것
을 내가 너희에게 베풀어 준 것처럼
모든 백성에게 베풀어 주는 그와 같은
삶을 사는 것이 물이 위에서부터 아래
로 흐르는 순리의 길이니라.
16 너희가 나로부터 받으며 나로부터 받
은 것을 가지고 사랑하는 나의 백성으
로부터 거둬들이는 일을 한다면 이는
어찌 되더냐?
17 지금의 모든 종교 집단이요, 지도자들
이 그 짓을 하고 있음이니라.
18 위로부터 나의 이름을 팔아 나로부터
모든 역사요, 이용하면서, 밑에 있는
백성에게 장사하고 거둬들이는 그와
같은 행위를 함이니, 정녕 그것이 있
을 수 있는 일이라 생각하느냐?
19 너희는 그것을 알 수 있으며 너희 눈
으로 볼 수 있는 그 길을 어찌하여 정
당하고 옳으며 나 여호와의 뜻이라 울
고불고하며 그와 같은 길을 가는가?
20 사랑하는 나의 아들이 가는 이 길이
너희 제자들이 가야 할 길임을 알아야
할 것이니라.
21 나로부터 받은 것을 너희가 열배 백배
거둬들이는 것이 아니요, 모든 백성에
게 베풀어 주는 것이 너희가 가는 길

이며, 또한 나의 아들과 더불어 가는
역사함이요, 그 길만이 너희가 나에게
오를 수 있는 소중한 길임을 알라.
22 다시 한 번 너희에게 전함이니 나로부
터 받은 그 은혜로 받아 챙기며 그것
으로 나의 백성으로부터 고혈을 빨아
들이며 그들에게 고통을 주는 것은 너
희가 나의 뜻을 거역하는 자요, 나의
백성이 아님이니라.
23 나로부터 받은 것을 열배 백배 다시
밑으로 베푸는 그것이 사랑하는 나의
아들을 따라가는 제자들이 가야 할 길
이라는 것을 잊지 말고 행하도록 그리
하라.
24 내가 너희를 사랑함을 알라.

8,183 번째 하나님 말씀

2003년 10월 30일 12시 02분

1 사랑하는 나의 아들아!
2 "네, 아버님! 말씀하옵소서."
3 이제 너를 따르는 제자들에게 내가 손
에 쥐여 줄 것, 가슴에 안겨 줄 것, 가
르치고 깨우칠 만큼 세상에 내려보냈
음이니, 너희는 이제 알고 있지 않으
냐?
4 오로지 너를 따르는 제자들이요, 그리
고 나의 법전을 읽고 깨우친 만백성
너희는 이 세상에 존재하고 사는 것은
인간과 인간을 맺어 주는 그 중매의
역할을 하는 백성의 자세에서 그 이상
으로 벗어나서는 아니 됨을 알라.
5 너희는 하늘에는 나 여호와가 존재하
며, 인간 세상에서 참진리의 길을 몰
라 허덕이는 그 백성에게 중간에 서서
하늘의 나 여호와의 뜻을 그들에게 전
해 주며,
6 나 여호와의 뜻이 무엇이며 내가 역사
하는 것이 무엇이며 나에게 오르는 길
이 무엇인가를 가르쳐 주고 안내하는
중매 역할을 충실히 하는 그것으로써
모든 역사를 하며, 그 이상이 되어서
는 아니 된다고 전함이니 그리 알라.
7 너희는 나와 나의 백성 간에 교량 역
할을 하는 자이니라.
8 그러나 오늘의 종교 집단이요, 지도자
들이 가는 것은 어떠한 것인 줄 알겠
느냐?
9 사랑하는 나의 아들을 따르는 제자,
너희는 듣고 눈으로 보라.
10 지금의 모든 종교 집단 지도자들은 나
여호와와 백성을 저희가 중매한다며
그 중간에 중매 역할을 함이니라.
11 남녀가 만나 한 가정을 이루도록 중매
하는 자가 신부가 아름답고 곱다 하여
제가 중간에서 가로채 데리고 사는 그
와 같은 사악한 짓을 하는 것이 오늘
의 종교 집단이요, 지도자들이 지금
하는 짓임을 너희는 알아야 할 것이니
라.
12 신부를 신랑에게 보내주어 아름다운
가정을 꾸리고 살 수 있게 하는 것이
중매자가 할 수 있는 최대의 역할이
아니겠는가?
13 그러나 처음에는 그리 시작한 자들이,
신부가 아름답고 곱다 하여 그 신랑을
핍박하며 그 신랑을 제쳐 놓고 제가
그 여인을 데리고 사는 그와 같은 흉
악한 짓을 하는 것이 오늘의 종교 집
단이요, 지도자 그들이 하는 짓이니라.

14 나의 피조물 만백성들을 하늘에 오르
는 길로 인도한다며 그들의 재물이요,
그들의 미모요, 그들 앞에 군림하며
제왕적인 행동에 현혹되고 눈이 어두
워,
15 모든 본분의 자세를 잊어 버리고 중매
쟁이가 가로채 가정을 파괴하며 인생
을 망치는 그와 같은 사악한 짓을 하
는 것이 오늘의 종교 집단이요, 지도
자임을 너희는 알라.
16 내가 이와 같이 뜻을 가르쳐 너희에게
전함이니,
17 이를 읽고도 오늘의 종교 집단이요,
지도자들이 중매역할로써 가정을 파
괴하며 신부를 가로채는 그와 같은 사
악한 행위를 하는 그곳에 가 재물을
바치며 금화와 은화를 바치며, 그들이
그와 같은 짓을 계속 할 수 있도록 힘
을 실어 주는 것,
18 그 죄 또한 그들 못지않은 자들이라는
걸 너희는 알아야 할 것이니라.

8,184 번째 하나님 말씀

2003년 10월 30일 12시 06분

1 사랑하는 나의 아들아!
2 "네, 아버님! 말씀하옵소서."
3 오늘의 종교 집단이요, 지도자 그들은
모두 알고 있음이니라.
4 저희의 그와 같은 믿음으로써는 구원
을 받을 수 없으며, 저희의 가르침이
요, 강론으로써는 나의 백성이 구원을
받을 수 없다는 것,
5 그리고 저 자신을 다스리지 못하고 제
가 밤과 낮의 그 행동이 다른 지도자
요, 저희 스스로 지도자로서 자격이
없다는 것을 그들은 잘 알고 있음이니
라.
6 그러나 그들을 붙잡아 놓으며 그들이
그 사악한 행위를 계속할 수 있게 하
는 것은, 주변의 그 제자들이 환경을
그리 만들어 역사하며,
7 종교 지도자라는 자들을 따르는 신도
들이 그들을 사탄으로 더 밀어넣고 더
사악하게 만드는 것이 오늘의 신앙이
요, 믿음의 길을 가는 백성의 흐름이
요, 환경이라는 것을 너희는 알아야
할 것이니라.
8 그러니 믿음의 세계에서 종교 지도자
요, 가르치는 자보다도, 그를 따르며
가는 백성의 자세요, 그들이 하나하나
변하는 것이 얼마나 소중한 것인가 알
라.
9 너희가 제자라 명한 자, 또한 지금 나
의 아들을 따르는 제자들이요, 나의
법전을 읽고 깨우친 만백성, 너희는
바르게 살고 환경과 주변의 여건으로
써 나의 아들을 사탄으로 몰아넣는 그
와 같은 행위를 너희 스스로 절대 해
서는 아니 되며, 너희로 하여금 나의
아들이 사탄으로 무너지는 그와 같은
역사를 해서는 아니 됨이니라.
10 오늘의 종교 집단이요, 지도자들이 사
탄의 노예가 되어 흘러가는 것은 그들
의 욕심에도 원인이 있으나,
11 그 주변의 제자들이요, 그 신도들이
환경을 모두 그리 만들어 나가며 그리
엮어 간 그 죄 또한 무한히 큼을 알라.
12 지금 여기서 너희는 하나 깊이 깨우쳐
야 할 것이니라.

13 잘못 가는 종교 집단이요, 지도자요,
사탄이 된 그 백성이 무너질 때, 나 여
호와는 그곳에서 떠나며, 나의 성령은
너희에게서 떠나게 됨이니라.
14 그러니 내가 떠나고 난 다음에 너희가
무너지고 쓰러지기 전에 그 자리를 사
탄들이 채우며, 사탄들의 뿌리가 내려
지는 것이며, 사탄들이 그곳에서 영원
히 상주하고 역사하는 그와 같은 것으
로써 너희가 존재함이니라.
15 그러니 거기에 나의 성령이 임하여 존
재하는 백성인지, 이미 내가 너희를
버리고 떠나며 사탄의 뿌리가 남아 그
를 역사하고 존재하는 것인지 구분하
지 못하고,
16 사탄의 길을 나에게 오르는 길이라 하
여 광분하고 미친 짓을 하고 가는 것
이 너희이니라.
17 그러니 이제 너희는 알아야 할 것이니
라.
18 모든 성도요, 믿음의 길을 가는 백성
이 종교 지도자들을 사탄으로 만드는
데 그 일익을 담당하는 것이니,
19 이제 나의 아들을 따르는 사랑하는 너
희는 절대 그와 같은 역사를 해서는
아니 될 것이며, 그와 같은 전철을 밟
아서는 아니 될 것이니 그리 알라.
20 너희가 잘못하여 나의 아들을 무너트
리고 떠난다면 여기에 남는 것은 사탄
의 뿌리요, 근원밖에 안 남으니,
21 나의 아름다운 성전이요, 나의 성령이
임한 이곳에 사탄의 뿌리를 내리게 하
고 떠나는 너희야말로 그 죄가 어떠한
것인가를 알게 될 것이니 그리 알라.

8,185 번째 하나님 말씀

2003년 10월 30일 12시 11분

1 사랑하는 나의 아들아!
2 "네, 아버님! 말씀하옵소서."
3 종교 집단이요, 지도자들이 자신은 나
여호와로부터 선택된 사람이요, 특별
히 선택된 사람이라는 그와 같은 생각
을 하지 아니하고 산다면, 그리고 특
별히 선택되어 나 여호와로부터 능력
을 받은 자라는 그와 같은 생각을 하
지 아니하고 행동한다면, 오늘과 같이
험악한 이와 같은 세상은 되지 아니하
였을 것이니라.
4 그러나 모든 종교 집단이요, 지도자들
이 어찌 생각하는가?
5 저희는 특별한 사람이요, 특별히 선택
된 백성이기 때문에 나로부터 특별한
능력을 받은 자라 하여 그 대가를 받
으며, 그 대가만큼 왕으로서 군림하고
자 하는 그와 같은 험악한 오늘의 종
교 집단이요, 지도자로 흐르는 세상이
되었음이니라.
6 그러니 그들이 깨우쳐 다스리기를, 자
기는 종교 지도자로서 또는 목자로서
단상에 섰으나, 특별한 사람도 아니
요, 능력을 가진 사람도 아니요, 모든
것은 나 여호와의 뜻이요, 하나님의
뜻으로써 역사하는 것이라 하여 겸허
한 마음으로써 겸손한 마음으로써 살
아가며,
7 나의 백성에게 재물을 거둬들이지 아
니하고 군림하고자 하지 아니하는 그
와 같은 자세로 살아간다면,
8 여름에 무성했던 그 나무 이파리가 삭

풍에 의하여 우수수 떨어지는 것처럼
나의 백성을 지옥 불로 떨어트리는 그
와 같은 행위는 이루지 아니하였을 것
이며, 그와 같은 역사는 계속 반복되
지 아니하였을 것이니라.
9 모든 종교 집단들이 특별한 자요, 선
택된 자요, 그러하기 때문에 나로부터
능력을 받은 자니, 제왕적인 자리요,
나를 능가하려는 그와 같은 오늘의 지
도자가 아니었다면,
10 저희를 바로 모시고 섬기는 것이 은혜
를 받는 것이요, 주의 종을 하늘처럼
받드는 것이 구원을 받는다는 그와 같
은 사악한 생각이요, 그와 같은 말을
단상에서 할 수 없는 부끄러움을 아는
양심이 있는 지도자였더라면 오늘같
이 험악한 세상은 되지 아니하였을 것
이며,
11 너희가 지옥문 앞에서 울고불고 몸부
림치는 나의 백성으로 그와 같이 만들
지는 아니하였을 것이니라.
12 그들이 그와 같은 마음을 가지고 있다
면, 내가 뭐라 하였느냐?
13 찬 서리가 내릴 때 떨어지는 이파리처
럼 우수수 떨어져 모두 지옥 불로 감
이니,
14 그와 같은 형국은 정녕 내가 보지 아
니할 것이며, 그와 같은 것은 역사하
지 아니할 것이라 하였음이니라.
15 우수수 떨어지는 나뭇잎처럼 떨어진
너희가 지옥문 앞에 가 그곳을 들어가
지 아니하려고 몸부림치며 울고불고
하는 그와 같은 것을 면할 수 있는 것
은,
16 오늘의 종교 집단에서, '나는 인간이
요, 능력을 가진 자가 아니요, 창조주
가 역사함이니, 나를 인간 이상으로
보지 말며, 너희 형제 이상으로 보지
말라.' 그리 가르친 종교 지도자들이
이 세상에 있었다면,
17 나의 백성이 삭풍에 떨어지는 낙엽처
럼 지옥 불로 우수수 떨어지는 그와
같은 일은 없었을 것이거늘,
18 지금 너희가 얼마나 사악한 자들이요,
얼마나 악독한 이치로 가는가 그를 알
아야 할 것이니라.
19 이제 너희는 나의 아들의 제자가 될
것인가, 사탄의 아들이 될 것인가?
20 이를 정확히 결정하고 다스릴 때가 되
었음을 알아야 할 것이니라.
21 내가 나의 아들을 따르는 제자 너희에
게 명함이니라.
22 이제 어떠한 길이 나의 아들과 더불어
나의 아들의 제자로서 역사하며 나로
부터 선택된 백성으로서 가는 길인가
를 알아야 할 것이니라.
23 그렇지 아니하고 그 길을 선택해서 가
지 않는 백성은 곧 무엇이더냐?
24 사탄의 후예요, 사탄의 백성이 된다는
것을 잊지 말라.

8,186 번째 하나님 말씀

2003년 10월 30일 12시 27분

1 사랑하는 나의 아들아!
2 "네, 아버님! 말씀하옵소서."
3 수천 년 동안 그 많은 세월 속에 모든
종교 집단이요, 지도자들을 나 여호와
가 역사하여 성장시켰으며, 그들이 어
느 정도 자리를 잡도록 키워 놓으면,

그다음에 그들이 제일 먼저 하는 것이
무엇인 줄 알겠느냐?
4 백이면 백, 천이면 천, 모두 나 여호와
를 배신하는 것이 지금까지 온 신앙의
믿음이요, 믿음의 뿌리가 바로 그들이
행한 것임을 너희는 알아야 할 것이니
라.
5 누가 뭐라 말하며 그와 같은 역사가
아니라 해도,
6 나 여호와가 나의 백성에게 능력을 주
고 힘을 주어 역사할 수 있도록 하여
그들을 내가 어느 정도 자리를 잡아
키워 놓으면, 그들이 가장 먼저 나를
배신하며 내 뜻을 거역하는 것이 오늘
의 종교 집단이요, 지도자들이 온 결
과이니라.
7 그러니 이와 같은 역사함에 변하지 않
는 지도자요, 백성이 세상에 없었음이
니,
8 지금 내가 우매하고 둔한 나의 아들에
게 모든 것을 명하여 그가 그와 같은
역사의 전철을 밟지 아니하는 오늘의
길을 가고자 하는 것이 나 여호와의
뜻이며,
9 너희가 반드시 배신하지 않고 변질하
지 아니해야만 내 뜻이 세상에 역사할
수 있는 것이니라.
10 그러니 나의 아들을 따르는 제자, 선
택된 너희는, 너희가 성장하고 변한다
해도 오늘의 종교 집단과 지도자처럼
배신하는 자가 있어서는 아니 될 것이
며 등을 돌리는 백성이 있어서는 아니
됨이니라.
11 그리하여 그와 같은 백성이 아닌 자들
을 선택하여 나의 아들을 따르는 제자
들로 만들었으며, 나의 강론을 직접
듣도록 한 것이니, 오늘 미약하고 나
약한 너희가 선택된 이유가 거기 있음
을 알라.
12 다만 너희는 배신하지 아니하고 등 돌
리지 아니하며 나의 뜻을 따라가는 백
성으로서, 육의 세상에 현혹되고 육의
세상의 문화에 젖어 너희 스스로 무너
지는 그와 같은 어리석은 백성이 있어
서는 아니 됨이니 그리 알라.
13 모든 종교 집단이요, 지도자들이 나의
이름이요, 나의 모든 것을 팔고 이용
했으며, 또한 나 여호와가 그들이 성
장하도록 도와줬으며 그들이 클 수 있
도록 어느 한계의 능력을 주었을 때,
14 그들은 어렵고 힘든 그 길을 지키고
나 여호와의 뜻을 역사하는 것이 아니
요,
15 반드시 나를 배신하고 나에게 등을 돌
렸으며, 여태껏 배신하지 아니한 자가
한 명도 없는 것이 오늘의 종교 집단
이요, 믿음이요, 신앙의 근본이라 함
을 너희는 잊지 말라.
16 그를 보는 나 여호와의 마음이 어떠하
겠는가?
17 그러나 나의 아들을 따르는 제자 너희
는 결코 그러한 백성이 있을 수가 없
으며, 있어서도 아니 되며, 또한 내가
그러한 자를 선택하지 아니하였음을
알아야 할 것이니라.
18 그러니 너희 스스로 육의 세상의 모든
문화에 현혹되어 흔들리는 마음을 잠
시라도 가지면 너희는 이 길을 가기가
더 힘들고 어려운 짐을 지게 됨을 알
라.

19 너희가 한 번 등을 돌리고, 한 번 좌절
하며, 한 번 마음이 변했을 때, 태산을
넘는 고통을 겪어야만 정상적으로 돌
아올 것이며 네 자리로 돌아올 수 있
는 자들이 됨이니,
20 이것이 하늘의 법도임을 명심하고 또
명심하도록 그리하라, 사랑하는 나의
아들딸들아!

8,187 번째 하나님 말씀

2003년 10월 30일 12시 33분

1 사랑하는 나의 아들아!
2 "네, 아버님! 말씀하옵소서."
3 지금의 믿음의 길을 가는 백성이요,
신앙의 길을 가며 구원을 받았다는 백
성은 알아야 할 것이니라.
4 진정한 참진리요, 진심으로 나 여호와
를 아는 그 순간부터 정녕 고통과 시
련이 육의 생활에 시작됨을 너희는 알
아야 할 것이니라.
5 더욱이 깨달음의 길에 들어서서 한 발
짝 한 발짝 나 여호와에게 다가오는
그와 같은 삶을 살며 나에게 다가올수
록 너희는 고통과 시련의 삶이 시작됨
이니, 그것은 무엇이더냐?
6 육신의 욕망을 모두 저버리고 그 모두
를 다스리며 정도의 길을 가는 것이기
때문에 고통과 시련이 시작되는 것이
요, 나에게 가까이 오면 올수록 그러
하니라.
7 그러니 너희가 나에게 가까이 옴은 무
엇이더냐?
8 너희가 깨달음의 길에 들어서며 참진
리의 이치를 볼 수 있으며 들을 수 있
는 그 경지에 오르는 것이니,
9 그때서부터 가속이 붙어 변하는 그 삶
은 오로지 육의 모두를 다 저버리고,
자신의 잘못된 것을 다스리고 스스로
단죄하는 그와 같은 길을 가지 아니하
면 역사할 수 없기 때문에, 그 고통과
시련이 얼마나 어렵고 힘든지 알겠느
냐?
10 그러나 너희는 육체를 통제함으로 인
하여 닥쳐 오는 그 고통과 시련을 생
각하지 말라.
11 그것은 정녕 정상적인 길을 가는 것이
며, 부족했던 너희 삶을 정상 수치로
길을 들이며 올려놓는 것임을 알아야
할 것이니라.
12 내가 나의 아들을 통하여 말했듯이 너
희는 모든 삶에서 기준 수치에 함량이
미달된 백성이라 하지 아니하였더냐?
13 그러니 그 정상 수치에 오르는 것이
얼마나 힘들고 어렵겠냐?
14 그것이 바로 너희가 당연히 와야 할
길이며 이루어야 할 길이거늘, 여기서
좌절하며 두렵고 무섭다 그리 생각하
지 말라.
15 너희가 정상에 오르기 위하여 그 고통
의 터널을 지나고 나면 너희는 자유로
움과 행복함을 알게 되며,
16 그 속에서 너희가 얻는 인간의 그 즐
겁고 행복함은 감히 상상할 수 없으
며, 다른 세상에 사는 것임을 알게 될
것이니라.
17 그때 너희가 자유로움과 행복을 얻는
그것을 느끼고 살 때, 바로 그때가 나
의 축복이 너희에게 내려짐이니, 나의
사랑 속에서 받고 사는 것을 너희는

알게 될 것이니라.
18 이제 나의 아들을 따르는 백성 너희의
오늘의 고통이요, 나에게 다가올수록
힘들고 어려운 것은 정상 수치요, 정
상적인 궤도에 오르는 고비에 임한 백
성이기 때문에 그러한 줄 알아야 할
것이니라.
19 나 여호와가 모두를 역사하는 것은 나
무인들 역사하지 못하며 돌을 가지고
모든 역사를 할 수 없겠는가?
20 이 세상의 수만수억 가지 셀 수 없는
모든 미생물이요, 자연이요, 돌이요,
나무요, 그 모든 것을 가지고 어떠한
형국이든지 역사하고자 하면 나 여호
와는 완벽하게 역사할 수 있는 것이
아니더냐?
21 그러니 이 세상의 그 많은 만물 중에
서 내가 너희를 불렀으며 내가 너희를
다스림이니,
22 이것이 바로 나로부터 받은 그 은혜에
감사함을 무엇으로 갚아도 갚지 못하
는 것이 너희임을 알아야 할 것이니라.
23 오늘 내가 너희를 불렀으며, 내가 너
희를 선택하여 이와 같은 역사의 은혜
를 받은 것으로써 감사함을 생각한다
면, 너희의 고통과 그 어려움은 과연
무엇이더냐?
24 그건 아무것도 아님이니라.
25 그러니 너희가 오늘을 보며 역사했을
때, 평화와 자유로움을 충만하게 느낄
수 있는 미래가 보장된다는 것,
26 그리고 그 은혜와 감사가 어디서 오는
것이며 어찌하여 역사하는 것인지 알
게 되는 백성이 된다는 것을 잊지 말
라, 사랑하는 나의 아들딸들아!
27 자유로움과 평화 속에 그 삶을 느꼈을
때, 고통이 자유로움이요, 행복함이라
는 것을 느꼈을 때, 나의 은혜요, 나의
감사함이 어떤 것이며 내가 너희에게
내리는 상이 무엇인가를 알게 될 것이
니라.
28 이 세상 만물 중에서 선택된 그 은혜
에 감사하는 마음만으로도 너희는 모
든 것을 이길 수 있는 것이니 그리 알
라.

8,188 번째 하나님 말씀

2003년 10월 30일 12시 38분

1 사랑하는 나의 아들아!
2 **"네, 아버님! 말씀하옵소서."**
3 너희 제자들은 들어야 할 것이며, 그
리고 나의 법전을 읽고 깨우친 만백성
너희는 들으라.
4 그리고 지금 종교 집단에 속해 있는
광신도요, 구원을 받아 하늘의 황금
열쇠를 손에 든 것처럼 착각하는 백성
너희는 알라.
5 지금 내가 나의 아들을 통하여 160권
의 법전을 역사하면서 너희가 가진 그
교회보다, 너희가 가진 그 재물보다,
제왕보다도 더 위대한 것을 가진 것보
다 나의 아들을 천배 만배 더 위대하
게 역사할 수 있으며 그 위치를 줄 수
있음이니라.
6 그리고 너희가 받고 누리는 것보다 천
배 만배 더 부귀영화를 누릴 수 있으
며 육의 행복을 누릴 수 있는 것이 나
의 아들이며, 나의 아들의 위치이니라.
7 그러나 내가 그 모두를 역사하지 아니

하는 것이 무엇인 줄 알겠는가?
8 나의 아들은 참목자요, 만백성을 구하
는 자이니,
9 그는 누구에게도 빚을 져서는 아니 되
며 그 빚에 대한 부담을 가지고 가서
도 아니 되며,
10 곧 나의 아들은 남에게 신세를 지고
부담을 주며 고통을 주는 그와 같은
길이요, 누구에게도 빚을 져서도 아니
되는 것이 나의 아들의 운명이요, 그
가 가야 할 길이기에,
11 오늘의 너희보다 천배 만배 더 위대한
교회요, 성전이요, 그 화려함이요, 그
모두를 주지 아니함을 너희는 알아야
할 것이니라.
12 나의 아들은 누구에게도 지금 빚을 지
고 가서는 아니 되며, 오로지 그 빚을
갚고 정리하는 길만 가느니라.
13 오로지 나의 아들이 모든 백성에게 빚
을 질 수 있는 것은, 사랑의 빚만을 질
수 있음을 너희는 알아야 할 것이니라.
14 나의 아들은 오로지 모든 백성에게 아
름다움이요, 남부럽지 않은 삶을 사는
것, 고통에서 벗어날 수 있도록 사랑
을 베풀어 주는 것, 그리고 그를 역사
할 수 있도록 하는 것, 그것이 나의 아
들의 길이니,
15 나의 아들이 남에게 모두 베풀지 못하
고 남을 사랑하지 못하는 그 사랑의
빚은 짊어지고 갈 수 있지만,
16 물질적인 것이요, 명예요, 욕망이요,
이 세상에서 이루는 인간 세상의 그
모두에 대해서는 나의 아들은 누구에
게도 빚을 져서도 아니 되며, 그 빚을
몇 배로 갚고 가야 하는 것이 나의 아
들이기에,
17 너희보다 더 많은 대우를 받으며 더
많은 것을 누리며 더 많은 것을 역사
하며 더 위대한 제왕적인 대우를 받을
수 있는 나의 아들이지만,
18 나의 백성에게 죄를 지어서는 아니 되
는 것이 나의 아들의 운명이요, 남에
게 부담을 주어서는 아니 되는 것이
나의 아들이 가야 할 길이기에, 내가
그 모두를 내리지 아니하는 것을 너희
는 어찌 모르는가?
19 너희는 자만하고 오만하지 말라.
20 지금 나의 아들이 어렵고 힘든 그 길
을 가니, 그가 어찌하여 나로부터 선
택된 백성이요, 진정한 하나님의 아들
이냐고 말할 것이니라.
21 너희는 사탄의 자식으로서 나의 아들
을 보니 눈이 가려 볼 수 없으며 평가
할 수 없으며 들을 수 없는 것이 너희
임을 모르느니라.
22 내가 나의 아들을 통하여 너희보다 천
배 만배 더한 것을 줄 수 있으나 오로
지 그건 나의 아들이 가서는 아니 되
며 역사하면 아니 되기 때문이니,
23 그리하여 내가 내리지 아니하고 나의
아들이 취하지 아니함을 알라.
24 그건 다 부질없는 것이요, 나의 아들
을 죄를 짓게 만들며 그가 만백성에게
거울이 될 수 없는 길이기에, 내가 오
늘 모든 백성에게 빚을 지는 그와 같
은 삶을 살지 아니하도록 나의 아들을
다스려가는 것이 나의 뜻이기 때문이
니,
25 그 제자들이요, 나의 법전을 읽고 깨
우친 너희는 오늘 초라한 나의 성전이

요, 나의 아들의 그 초라한 삶을 보고
시시비비하지 말라.
26 나의 아들은 오로지 너희를 사랑하는
마음, 그 사랑을 베풀지 못하는 그 빚
을 가슴에 안고 살아갈 수 있으나,
27 물질적인 어떠한 것도 나의 모든 백성
보다 앞에 가서도 아니 되며, 그들에
게 빚을 져가면서 그 무엇을 가지고
역사하는 것은 나 아들의 삶이 아님이
니라.
28 너희는 지금 나의 아들을 비웃으며 불
쌍한 자요, 진정한 목자가 아니라 하
나,
29 너희는 나의 피조물 만백성들에게 헤
아릴 수 없이 수많은 빚을 진 자들이
요, 재물의 빚이요, 노동력의 빚이요,
생활의 빚이요, 그들에게 빚투성이로
가슴에 얽혀 있는 자들이 큰 교회요,
큰 성당이요, 화려한 교회요, 화려함
속에서 살아가며 부귀영화를 누리고
살아가느니라.
30 한 점의 음식을 먹는 것도 나의 백성
으로부터 빚을 지는 것이며 빚 속에서
살아가는 것이 오늘의 가련한 종교 집
단이요, 지도자 너희의 초라한 모습이
라는 것을 알라.
31 그 빚을 지지 아니하고 살아갈 수 있
도록 하는 나의 아들보다 너희는 천배
만배 불쌍하고 가련한 자들이요, 빚투
성이요, 죄 속에서 살아가는 자들이
어찌하여 너희 자신을 바라다보며 그
를 볼 줄 모르는 어리석은 자들이더냐?
32 나의 아들은 그와 같은 빚 속에서 살
아가서는 아니 되기 때문에 오늘 이
길을 감을 알라.

8,189 번째 하나님 말씀

2003년 10월 30일 12시 41분

1 사랑하는 나의 아들아!
2 "네, 아버님! 말씀하옵소서."
3 예수를 따르는 그 제자들은 나의 아들
예수가 제자로서 선택했으며 그들을
불러 쓴 그와 같은 역사의 흐름이었음
이니라.
4 그러나 지금은 나의 법전에 내가 직접
임하고 내가 역사하며, 나의 법전을
여는 순간에 나 여호와가 너희와 같이
한다 하지 아니하였던가?
5 그러니 나 여호와가 같이하는 나의 법
전을 만들어 만백성을 구하는 그 역사
를 하는 오늘 나의 아들을 따르는 제
자요, 선택된 백성은,
6 나의 아들이 너희를 선택하고 제자로
역사한 것이 아니요, 나 여호와가 너
희를 불러 제자로서 임하도록 했으며,
7 너희는 선택된 백성으로서 참진리의
길을 가고 볼 수 있도록 내가 역사한
것이요, 내가 직접 선택한 백성임을
알아야 할 것이니라.
8 이것이 마지막 시대 나 여호와가 역사
하는 시대에 선택된 백성은 다름을 알
라.
9 나의 아들 예수가 2천 년 전에 역사한
신약 시대의 제자들은 나의 아들 예수
가 불러 썼으며 그가 임명하여 그들을
썼음이니라.
10 그러나 지금 마지막 시대요, 심판 시
대에 선택된 너희야말로 내가 직접 선
택한 나의 백성임을 알라.
11 그러니 내가 직접 불러 선택한 백성

너희가 소중함을 안다면, 너희 자세
요, 너희가 살아감이 얼마나 너희가
바르고 고와야 하는가를 알겠는가?
12 그것을 너희는 알아야 할 것이니, 그
것을 모르는 나의 백성이 되어서는 절
대로 아니 됨을 알라.
13 나의 아들을 통하여 너희를 선택한 것
이 아니요, 내가 직접 너희를 불러 모
든 법전을 만들어 이고 지고 세상에
전하는 그 역사를 하라 하였음이니 그
리 알라.
14 그리하여 너희가 소중한 자들이요, 너
희의 대명이 소중하며, 이것이 마지막
시대요,
15 너희가 좌절하고 돌아서고 무너지는
그와 같은 역사가 있다면 곧 나 여호
와가 뜻이 이루지 못하고 지상 낙원은
이루어지지 못하며 나 여호와의 역사
가 이루어지지 못하는 것이니, 너희의
중책이요, 너희의 소중함을 알라.
16 지금 나의 아들을 따르는 제자들이요,
나의 법전을 읽고 깨우친 만백성은,
나의 법전이 내가 직접 임하며 같이한
다 하였으니,
17 그를 보고 깨우치는 자는 바로 내가
너희를 선택한 자요, 내가 직접 불러
쓰는 백성이니, 그 소중하고 위대한
선택됨을 알아야 할 것이니 그리 전하
라, 사랑하는 나의 아들아!

8,190 번째 하나님 말씀

2003년 10월 30일 22시 03분

1 사랑하는 나의 아들아!
2 **"네, 아버님! 말씀하옵소서."**
3 나의 피조물 만백성 너희는 하나를 가
지면 그것으로써 만족하며 기뻐하는
것이 아니요,
4 하나를 가진 자는 둘을 갖고자 하며
둘을 가진 자는 셋을 갖고자 함이니,
너희 마음의 그 욕심은 끝이 없느니라.
5 그리하여 너희 말에 있기를, '말 타면
또한 마부를 두고자 하는 것'이 너희
뜻이라 하였으며 너희 마음이라 하였
음이니라.
6 그러니 그것이 인간의 마음이니 너희
의 욕심은 끝이 없음이니,
7 결국 이 세상에서 살다 나에게 오는
것이 무엇이더냐?
8 하나서부터 백 가지 천 가지 만 가지
욕심에 욕심을 거듭하다 나에게 옴이
니,
9 너희들이 욕심 덩어리 속에서 헤어나
지 못하고 살다 왔음이니, 과연 심판
대에 설 자격이 있겠느냐?
10 너의 제자들에게 물어보라.
11 하나를 가진 자가 둘을 갖고 싶어하고
셋을 갖고자 하며 셋을 가진 자는 넷
을 갖고자 하고, 높은 자는 더 높고자
하는 그와 같은 마음을 버리지 못하고
사는 것이 너희의 마음가짐이니라.
12 그러니 너희는 죽을 때 나에게 어찌
오는 줄 모르고 삶은 무엇이더냐?
13 더 이루고자 더 갖고자 하는 그 욕심
의 끈을 따라 살다가 결국 나에게 옴
이니,
14 나의 법전에 기록하여 너희에게 전하
기를 인간의 마음이 그러함이니라.
15 나의 백성 너희는 그 마음을 단절하
고, 하나 가진 자는 그것으로 기쁨을

얻으며 행복이라 느끼고 살라 그리하
여,
16 걷는 자가 말을 타면 그것이 행복이
요, 축복이요, 은혜라 생각하는 그와
같은 마음을 가지고 사는 것이 인간의
도리요, 나에게 오는 길이라 나의 법
전에 기록하여 너희에게 전하는 그 뜻
이 과연 어떠한 것이 나 여호와의 뜻
이더냐?
17 너희는 여기서 그와 같은 이치의 깨달
음을 알아야 할 것이니라.
18 너희가 욕심을 부리고 부리다 결국 욕
심의 그 한계에 도달하지 못하고 죽어
나에게 와 심판을 받을 때, 너희 앞에
는 욕심이라는 두 글자 외에는 아무것
도 남은 게 없으니,
19 곧 욕심은 죄의 근원이요, 죄의 근원
은 멸망의 길이라는 나의 가르침을 너
희가 알지 않는가?
20 이것이 너희의 오늘의 삶이니, 내가
그와 같은 것을 버리고 자르며 오늘의
삶에 만족하는 그와 같은 마음을 갖고
사는 것이 도리라 가르침이니,
21 거기에는 시기하고 질투하는 것이 없
으며 음해하는 것이 없는 그와 같은
마음 자세이니라.
22 정녕 내가 나의 아들을 통하여 법전을
내려 너희에게 가르치는 것이 아름다
운 진리던가, 너희 마음대로 살아가는
것이 진리라 생각하느냐?
23 지금 내가 나의 아들에게 명하여 가르
쳤느니라.
24 너는 보통 인간으로서 남들에게 받을
수 있는 대우 이상을 너의 제자로부터
기대하고 그를 받는 것은 나의 이름을
팔아먹는 자요, 지도자로서 나의 아들
로서 역사할 수 없으며 존재할 수 없
다고 가르치며 그 길을 가라 하는 나
의 아들의 가르침과,
25 평생 육의 삶을 위하여 그저 거둬들이
고 또 거둬들이며 수십 년 동안 온갖
수단과 방법을 다하여 나의 피조물 만
백성들에게 거둬들이고 또 거둬들여
오늘의 교회요, 성전이라 역사한 이와
같은 형국이 이루어짐이니,
26 과연 어떠한 것이 하나를 가지면 둘을
갖고자 하며, 둘을 가지면 셋을 갖고
자 하는 욕심 덩어리로써 가는 믿음이
요, 종교 집단이더냐?
27 정녕 나의 아들은 인간의 도리 이상
더 갖추지 못하고 더 이상 받지 못하
고 더 이상 생각하지 못하며,
28 가장 최소의 생활이요, 인간 대 인간
으로서 형제로서 거래한 것 그 이상
자신을 내세우지 못하며, 나로부터 받
은 성령의 뜻을 내세우지 못하게 그와
같이 가라 가르치는 나 여호와의 뜻이
아름다움이요, 진리가 아니던가?
29 너희는 정녕 지금 누가 사탄의 지시를
받고 가는 백성이요, 누가 나의 뜻대
로 살아가는 백성인가 그것을 알면 될
것을,
30 그것을 모르는 자식을 보는 내 마음이
어떠한 줄 알겠느냐?
31 지금과 같이 잘못 살아가며 방종한 생
활을 하면 너희 부모들처럼 나이가 먹
어 길거리에서 노숙자가 되어 죽어 가
는 그 신세를 알기에,
32 사랑하는 부모가 자식들에게 그리 살
아가지 말라 눈물로써 호소하는 것보

다도 더 피눈물을 흘리며 나 여호와가
너희에게 호소하고 전하고 깨우치고
자 하여 오늘의 이 역사를 이루는 것
이거늘,
33 자식이 잘못 살아감으로 인하여 노후
에 저희보다도 더 비참한 생활을 하는
것을 뻔히 알기에 눈물로써 그와 같이
살지 말라 호소하는 것보다도,
34 너희가 영원히 살고 못 사는 것이 달
린 것이기에 내가 피눈물로써 너희에
게 바로 살라, 그리고 나의 법전을 읽
고 진리를 보고 깨우치라 그리 전하는
그 마음을 너희가 모르니,
35 오늘도 나 여호와가 피눈물을 흘리고
있음을 너희는 알아야 할 것이며, 나
의 아들을 따르는 제자와 나의 법전을
읽고 깨우친 만백성 너희는 알아야 할
것이니 그리 알라.

8,191 번째 하나님 말씀

2003년 10월 30일 22시 07분

1 사랑하는 나의 아들아!
2 "네, 아버님! 말씀하옵소서."
3 구약 시대는 때가 되어 다 지나 갔음
이니, 너희 마음에 더 이상 구약 시대
에 역사한 것은 담지 말고 가슴에 남
기지 말고 모두 지워 버리라고 가르치
는 것이 종교 지도자요, 오늘의 가르
침을 배워 구원을 받았다는 백성이 아
니던가?
4 그러면서 너희에게 또 그들은 뭐라 가
르치는가?
5 율법은 삶이요, 신앙생활에 도움이 되
는 것이 아니라, 오로지 율법이라는
것은 너희가 살아가는 그 삶에 고통을
주고 시련을 주고 아픔을 주는 것이요,
6 인내할 수 없고 지킬 수 없는 것만을
주며 너희에게 고통의 길이요, 불안한
마음을 심어 주는 것이 바로 율법이라
가르침이니,
7 이것이 바로 오늘의 모든 백성을 가르
치는 종교 집단들의 가는 길이니라.
8 그러면서 너희는 뭐라 말하느냐?
9 구약의 시대는 지나갔으며 신약의 시
대가 왔기 때문에 나의 아들 예수가
세상에 내려왔으며, 예수를 마음에 받
들며 따르기만 하면 된다고 말하느니
라.
10 구약의 시대는 지나갈 때가 되었으며
끝날 때가 되었기에 새로운 시대에 맞
춰 나의 아들 예수가 왔으니, 그를 받
아들이며 그가 가르치는 신약에서 열
어 가는 그와 같은 것을 그저 배우고
듣기만 하면 구원을 받는다고 말하느
니라.
11 정녕 구약의 시대가 때가 되어 이루어
졌으며 또 신약의 시대가 때가 되어
온 것이라면, 신약의 시대가 다 끝나
가며 새로운 시대가 밀려와 제3의 시
대가 역사한다는 것을 너희는 어찌하
여 인정하지 않으려 하며 그를 믿지
않으려 하는가?
12 너희가 2천 년 동안 오면서 나 여호와
의 뜻에 의해 역사했는가, 나의 아들
이 행하고 따르는 것이 하늘에 오르는
길이라 가르친 그것을 너희가 그와 같
이 역사하려 했던가?
13 너희는 나의 뜻을 거역하는 삶을 살았
으며, 나의 아들 예수가 그 고통 속에

죽어 가면서 너희에게 예수의 삶을
본받아 하늘에 오르라 부르짖고 죽어
간 그 죽음까지도 모두 말살시켜 버린
것이 오늘 예수의 삶을 믿는 자들이니
라.
14 그러니 내가 그 시대는 접어 두고 다
시 새로운 시대요, 제3의 시대를 열며
새로운 시대를 역사한다는 것, 마지막
심판의 시대를 지금 내렸으며 지금 행
하고 있다는 것을 너희는 어찌하여
인정하지 않으려 하며 믿지 않는가?
15 내가 너희에게 일찍이 말하였느니라.
16 인간 세상에서 받는 교육도 인간 시대
의 교육 과정이 있으며 초등 교육이
요, 중등 교육이요, 고등 교육이 있다
말하지 아니하였느냐?
17 믿음이요, 하늘에 오르는 깨우침 또한
그러하니라.
18 그와 같은 과정에서 지금 내가 마지막
시대를 연다는 것이니라.
19 구약의 시대가 때맞추어 종말을 거두
게 되었으니 때맞추어 신약의 시대가
왔듯이,
20 신약 시대의 모든 종말이 왔으니 제3
의 시대요, 마지막 심판의 고등교육
시대가 열리고 있음을 너희는 알고 이
를 받아들여야만 할 것이니라.
21 이를 받아들이지 아니하고 거부하면
아무것도 깨달을 수 없으며 오로지 너
희는 구습과 악습에서 헤어나지 못하
는 백성이니, 가장 어리석은 백성임을
너희가 알아야 할 것이니라.

8,192 번째 하나님 말씀

2003년 10월 30일 22시 48분

1 사랑하는 나의 아들아!
2 "네, 아버님! 말씀하옵소서."
3 지금의 신앙생활을 하는 그 백성의 마
음이 과연 어떠한 상태에서 가고 있는
가?
4 럭비공이라는 공은 제 마음대로 튀며
제 뜻대로 튀는 공이니, 튀는 방향을
알지 못하며 튀어 오는 것을 모르는
것이니라.
5 그러나 너희의 그 믿음은 무엇이더냐?
6 럭비공이 네 앞으로 올 것이며 반드시
네가 그를 잡아야 할 것이니, 너는 그
자세로 기다리면 된다고 가르치는 자
들과 무엇이 다르던가?
7 그와 같이 럭비공이라는 것이 네 앞으
로 올 것이니, 너는 한 자리 에 서서
그 자리를 지키고 기다리기만 하면 반
드시 공이 너에게 오며 네 앞으로 올
것이니, 너는 그를 잡을 것이라 그리
가르치는 자와 무엇이 다르던가?
8 그와 같이 노력이요, 어떠한 공이 없
이 모두 구원을 받으며 역사할 수 있
다는 것이 오늘 너희의 가르침이 아니
더냐?
9 튀는 럭비공이라는 것을 잡기 위해서
얼마나 많은 노력과 그 공을 향하여
달려가고 그를 향하여 질주했을 때 남
보다 먼저 잡고 역사할 수 있는 것이
니,
10 튀는 공의 방향을 보고 뛰어야 하는
것이 아니던가?
11 그래야 그 공을 잡을 수 있거늘, 오늘

의 종교 집단이요, 지도자들은 그와
같이 어렵고 힘들게 공을 들이고 노력
할 필요가 없다고 가르는 자들이 아니
더냐?
12 한 곳에 서 있기만 하면 그 공은 반드
시 네 앞으로 올 것이니, 너희가 달려
가는 수고로움이요, 힘들게 일할 것이
없으니, 그저 그대로 있다 잡으라, 반
드시 온다 그리 가르치는 자들과 똑같
은 형국을 하는 자들이 지금 나의 피
조물 만백성들을 이끌어 가는 종교 지
도자들이니라.
13 그저 나의 아들 예수의 이름으로써 그
보혈로써 구원을 받으니 믿기만 하면
구원을 받는다고 말하는 자요,
14 공이 필요 없으며 선과 악이라는 것도
다 필요 없으며, 그저 나의 아들 예수
의 이름만 부르면 구원을 받는다 하느
니라.
15 럭비공이 네 앞으로 올 것이니 기다렸
다 가서 받기만 하면 된다는 쉽고 편
안한 길을 가도록 가르치는 것이 너희
이니라.
16 어디로 튈지 모르는 공을 정녕 잡고자
한다면, 그 공이 움직이는 방향을 향
하여 최대의 노력으로 질주를 다했을
때 남들보다 먼저 공을 잡을 수 있는
것이니라.
17 그러니 믿음의 길을 가는 것도 너희가
지금 어찌 갈지도 모르며 어찌 역사할
지도 모르면서 구원을 받았으며 예수
의 보혈로써 구원을 받은 자들이라 그
리 가르치는 것이 종교 집단이니라.
18 그 공이 옆으로 튀어서 네 앞으로 온
다고 가르치는 그와 같은 형국이 오늘
의 믿음의 집단들이 가는 짓이며 행하
는 짓임을 너희는 알아야 할 것이니라.
19 너희는 수고로움을 역사하지 아니하
려 하며 어렵고 힘든 좁고 협착한 길
을 선택하지 아니하려 하며,
20 그저 평탄하고 넓은 길을 가기만 하면
된다는 그와 같은 가르침의 형국으로
전락하였고 타락된 것이 오늘의 믿음
의 길을 가는 백성이요, 가르치는 지
도자요, 그 집단들이니라.
21 그리하여 너희는 아래위로 다 썩어 세
상에 그 썩은 냄새가 진동함이니, 그
게 하늘까지 덮으려 한다는 나의 뜻을
알아야 할 것이니라.

8,193 번째 하나님 말씀

2003년 10월 30일 22시 52분

1 사랑하는 나의 아들아!
2 **"네, 아버님! 말씀하옵소서."**
3 그 공이 어디로 튈지도 모르면서 네
앞에 오니 기다리면 된다는 종교 집단
이요, 지도자들이 어찌 가르치느냐?
4 너희는 나의 아들딸로서 거듭나는 그
길을 가라, 그리고 아들딸로 거듭나지
아니하면 구원을 받지 못하며 나로부
터 버림을 받는다, 그러니 구원을 받
는다는 것은 나의 아들을 믿으며 나를
믿기만 하면 된다고 가르치는 것이 아
니더냐?
5 그러면서 나의 피조물 만백성들에게
종으로서 남아 있어서는 아니 되며,
나의 아들딸로서 거듭나는 것만이 구
원을 받는다 말하며,
6 종이라는 것은 그 직분을 다하지 못하

고 주인의 눈 밖에 났을 때, 그 능력이
상실되어 쫓겨나는 것이 종이요,
7 아들은 절대로 버림을 받지 아니하며
쫓겨날 수 없는 것이 아들이니,
8 너희는 나의 아들딸로서 거듭나는 삶
이요, 오로지 나의 아들이 될 수 있는
그 길을 찾는 것이 하늘에 오르는 길
이요, 영원히 나에게 버림받지 않는
백성이라 그리 가르치느니라.
9 그리하여 아들딸로서 거듭나는 것은
바로 나의 아들 예수의 보혈로써 은혜
받음을 믿으며 너희 손으로 지은 교회
에 와 기도하고 경배하며 울고불고 나
를 찾기만 하면 나의 아들딸로서 거듭
남이니,
10 그리 거듭나는 자는 영원히 버림받지
아니하며 쫓겨남이 없음이니, 그와 같
은 것이 나의 아들딸과 종으로 구분되
는 것이라 그리 가르침이니라.
11 그러나 너희는 여기서 알아야 할 것이
니라.
12 이 세상에 피조물 만백성은 모두 나의
아들딸로서, 그들이 나로부터 은혜를
받고 나의 아들딸로서 세상에 간 자들
이니,
13 그들 중에 종과 나의 아들딸로 구분된
다는 어리석은 짓을 행하지 말라.
14 모두 나의 소중한 아들딸이니라.
15 다만, 그들이 나의 아들딸로서 거듭날
수 있는 것은 참진리의 길이요, 나의
뜻을 순종하며 거역하지 않는 자, 그
리고 비진리를 따르지 아니하는 자,
그와 같은 백성으로서 구분되는 것이
며, 너희가 나의 아들딸로서 거듭나고
참진리의 길을 오는 자는 나의 유업을
계승받을 것이며 내 모든 유산을 받을
수 있는 자들이니,
16 이는 곧 내가 너희에게 내릴 수 있는
모든 은혜요, 영광을 받을 수 있는 것
이 거듭나는 백성임을 너희는 알아야
할 것이니라.
17 참진리의 길을 가느냐, 비진리의 길을
가고 있느냐 그것으로 너희들이 나의
아들딸로서 거듭나느냐, 종이 되어 정
녕 나로부터 버림을 받는 자가 되느냐
그 구분함을 거기서 찾도록 그리해야
할 것이니라.
18 너희가 믿고 안 믿는 것, 나를 찾고 안
찾는 것으로써 아들딸이 되고 종이 되
는 구분을 하여서는 아니 될 것이며,
그게 바로 어리석은 자들이 가는 길임
을 너희는 알라.
19 참진리요, 나의 뜻에 순종하는 자가
나의 아들딸이요, 그를 거역하는 자는
종이 아니요, 사탄의 자식이니, 그는
그 대가를 치르러 가는 것임을 알라.

8,194 번째 하나님 말씀

2003년 10월 30일 22시 57분

1 사랑하는 나의 아들아!
2 "네, 아버님! 말씀하옵소서."
3 수천 년 동안 믿음의 길을 온 종교 집
단 지도자, 그리고 구원을 받았다는
백성에게 너희는 전해야 할 것이니라.
4 기도로써 모두 이루어지며 기도로써
모두 역사한다는 그 생각 자체를 바꾸
도록 그리 전하라.
5 너희는 기도로써 모두 역사하고 이루
어지며 너희 소원이 이루어지고 그 뜻

이 이루어지며, 하늘에 전달되는 것처
럼 생각하지만,
6 기도로써 아무것도 이루어지지 아니
하고 있음을 알라 그리 전하라.
7 그 기도의 자세요, 그 기도의 형태요,
기도하는 자의 마음이 중요함을 알라.
8 너희는 나의 아들 예수의 보혈로써 구
원을 받으며, 나 여호와를 찾고 믿는
것으로써 구원을 받았다고 이야기하
느니라.
9 너희는 기도로써 이루어지며 또한 그
와 같은 길을 가는 것으로써 이루어진
다고 이야기하나, 너희는 여기서 알아
야 할 것이니라.
10 너희가 나의 아들 예수의 삶을 따라
얼마나 열심히 전진했느냐에 그 모두
가 달렸음을 알아야 할 것이니라.
11 내가 너희에게 명하여 가르치지 아니
하였던가?
12 이 세상의 모든 것을 저버리고 따를
수 있는 자, 그와 같은 길을 갈 수 있
는 자가 나로부터 구원을 받으며 나에
게 오를 수 있는 백성이라 하지 아니
하였더냐?
13 그러니 너희는 알아야 할 것이니라,
그리고 나의 아들을 따르는 제자 너희
는 지켜야 할 것이니라.
14 너희는 이 지구상의 어떠한 것에도 마
음을 두어서는 아니 될 것이며, 지상
에 너희 눈으로 보이고 육의 세상에서
이루어지는 그 모든 것들에 대하여 마
음을 거기에서 거두지 못하며, 그곳에
마음을 두어서는 아니 될 것이니라.
15 그리고 인간 세상에서 이루어지는 그
삶에 너희의 모든 마음을 뺏겨서도 아
니 되며, 너희 마음을 그리 흘려보내
서도 절대 아니 되는 것이 너희가 살
아가는 길이라는 것을 알라.
16 너희는 이 지구상에 어떠한 형태든
그곳에 마음을 두지 말며 마음을 뺏기
는 어리석은 백성이 되지 아니해야만
참진리요, 나에게 오를 수 있는 그 길
을 볼 수 있다는 것을 잊지 말라.
17 그러나 그와 같은 길을 역사하려 하는
것이 아니요, 모든 종교 집단 지도자
들은 기도만 드리면 기도로써 모두 역
사하며 이루어진다고 생각하는 자들,
18 그들의 생각부터 바꿔야 함을 절대 잊
어서는 아니 될 것이니라.
19 기도만으로써 모두 이루어지는 것이
아니요, 너희가 행하는 그 역사함에서
모두 이루어진다는 걸 그들에게 전하
라.
20 그리고 모두를 다 버리는 마음, 모두
에 너희 자신의 마음을 뺏기지 않는
것, 그리고 욕심이라는 것에 네 마음
이 흔들리지 아니하는 그와 같은 마음
으로써 살아가지 못한다면,
21 너희는 악마의 계략에 넘어지며 사탄
의 계략에 넘어지며 그들의 유혹에 무
너지고 넘어지게 되어 있음이니라.
22 그러하니 그와 같은 마음을 가진 자는
사탄의 유혹을 극복지 못함이니, 그는
곧 죽음이요, 지옥의 길을 간다는 것
을 알아야 할 것이니라.
23 진정 나의 아들 예수의 보혈로써 구원
을 받았다 말하는 백성, 그리고 나를
찾기만 하면 구원을 받는다는 그와 같
은 백성에게 내가 물어보고자 함이니
라.

24 사랑하는 나의 아들이 이 세상에 와
너희를 위하여 그가 당한 고통과 그가
당한 그 시련이 어느 정도인가를 과연
한번 생각해 보았는가?
25 그리고 그 고통을 직접 체험해 보고자
생각해 보았는가?
26 그와 같은 고통의 길이 무엇인가를 생
각해 보았는가?
27 너희가 진정 나의 아들 예수의 보혈로
써 구원을 받았으며 그 이름을 찾기만
하면 구원을 받으며, 나를 부르기만
하면 구원을 받으며, 또한 감히 구원
을 받았다 말하는 백성, 너희는 먼저
행해야 할 것이니라.
28 나의 아들 예수가 죽어 가는 그 고통
이 과연 얼마나 고통스러운 것이며,
인간으로서 어느 정도 참기 어려운 그
길을 나의 아들이 그를 거쳤는가?
29 너희는 그것을 진심으로 느껴야 할 것
이며, 너희의 피부요, 몸으로써 마음
으로써 그 고통을 느껴야 할 것이니라.
30 그와 같은 체험은 하지 못한다 해도,
그 체험에 버금가는 그와 같은 고통을
너희가 직접 역사함으로 나의 아들이
죽어 간 그 고통이 어느 정도인가를
알 것이니라.
31 또한, 나의 아들이 죽어 가는 모습을
바라보는 나 여호와의 마음은 과연 어
떠했겠는가, 내 마음이 얼마나 고통스
러웠는가를 생각해 본 적이 있는가?
32 그리고 너희 스스로 그와 같은 생각으
로써 그와 같은 마음 자세로써 그 깊
이를 알아보고자 생각을 했는가?
33 이와 같은 것부터 먼저 깨우치며 생각
하는 그와 같은 백성이 되어야 할 것
이니 그리 알라.

8,195 번째 하나님 말씀

2003년 10월 30일 23시 01분

1 사랑하는 나의 아들아!
2 "네, 아버님! 말씀하옵소서."
3 창조주 나 여호와가 너희에게 끝없이
내리는 그 사랑이요, 내가 내리는 그
은혜를 과연 무엇과 비교할 수 있느냐?
4 이 세상 무엇과도 비교할 수 없는 내
가 내리는 그 사랑을 너희는 정녕 어
찌하여 그리도 모르는가?
5 태양이 끊임없이 비춰 주는 그 사랑보
다도 더 깊고 더 넓게 나의 사랑을 세
상에 내려보냄이니, 무엇과도 비교할
수 없는 것이 내가 너희에게 내리는
사랑이니라.
6 그와 같은 위대한 사랑을 어찌하여 나
의 피조물 만백성 너희는 모르고 살아
간단 말이더냐?
7 그러니 정녕 내가 내리는 사랑을 모르
는 자가 나의 백성에게 그와 같은 사
랑을 내릴 수 있겠는가?
8 이제 사랑하는 나의 아들을 따르는 너
희는 들어야 할 것이니라.
9 나 여호와가 끝없이 내리는 순수한 그
사랑처럼, 너희도 모든 백성에게 그
순수한 사랑을 전하고 베풀 수 있는
것이 나의 뜻을 역사하는 백성이요,
나에게 오를 수 있는 백성이라는 것을
절대 잊어서는 아니 될 것이니 그리
알라.
10 나 여호와가 너희에게 내리는 순수한
사랑이요, 넓고 깊은 그 사랑의 행위

로써 나의 피조물 만백성들을 사랑하
는 것,
11 그 순수한 사랑의 열정만이 사탄과 대
항하여 이길 수 있으며, 그 사탄에게
무너지지 아니하며,
12 너희 자리를 확고히 지켜 건재하게 존
재함으로 인하여 나에게 오를 수 있다
는 것을 절대 잊어서는 아니 됨이니
그리 알라.
13 나 여호와의 순수한 사랑, 끝없이 베
푸는 사랑을 실천하는 것은 아무리 힘
들고 어렵다 해도 나의 아들을 따르는
그 선택된 제자들이 해야 할 길이며
가야 할 길이니 그리 알라.
14 그리고 나의 법전을 읽고 깨우친 만백
성 너희도 알라.
15 나 여호와는 태양보다 더 깊고 넓고
그리고 비춰 주지 아니하는 곳이 없
이, 또 변함없이 너희에게 사랑을 내
림이니, 나의 큰 사랑은 순수한 사랑
이니라.
16 그러니 나 여호와가 너희에게 내리는
그 아름답고 순수한 사랑처럼 너희가
나의 피조물 만백성들을 사랑하는 그
열정과 순수한 마음만이 너희 마음을
무너트리며 쓰러트리려는 그 사탄에
게 대항하여 너희가 이길 수 있으며,
17 너희 자리를 확고히 지키며 확실히 지
켜 흔들리지 않는 백성으로서 사는 삶
을 살았을 때만이 너희가 나에게 오를
수 있는 그 빛을 볼 수 있으며, 그 빛
을 따라올 수 있다는 것을 명심 또 명
심하도록 그리 전하라.

8,196 번째 하나님 말씀

2003년 10월 30일 23시 05분

1 사랑하는 나의 아들아!
2 "네, 아버님! 말씀하옵소서."
3 오늘의 종말의 시대요, 말세의 시대
요, 거짓 하는 자, 살인하는 자, 사악
한 자들이 들끓는 이 세상을 만든 것
은,
4 모든 종교 집단 지도자들이 진정한 길
이 아니요, 사탄의 자식이요, 사탄의
후예가 되어 나의 피조물 만백성들을
하나하나 유혹하고 현혹하여 끌어들
여 나로부터 보호받으려고 인의 장막
으로 성곽을 이루는 그것이 오늘의 현
실이라 그리 말하였음이니라.
5 지금 타락과 파멸의 길을 가고, 그 길
을 맞다며 따라가는 나의 피조물 만백
성, 너희의 신앙이요, 그 믿음은 나의
뜻을 따라 나에게 오는 길을 가는 것
이 아니라, 사탄의 자식들로서 타락하
고 파멸의 길을 가는 것,
6 그 모두는 다 너희 스스로 이룬 것이
며, 너희로부터 시작되었으며, 너희가
자초한 길이라는 것을 알아야 할 것이
니라.
7 내가 너희에게 지은 죄는 너희 스스로
모든 대가를 치러야 한다 말했듯이,
지금까지 파멸의 길이요, 타락의 길로
간 것은 너희 스스로 시작하였으며 자
초했으니,
8 거듭나 모두 되돌려 놓은 그와 같은
역사를 하지 아니하면 너희는 나에게
올 수 없는 백성이라는 것을 알아야
될 것이니라.

9 지금의 이 험악한 세상이요, 나의 백
성의 황폐한 마음이요, 인간미를 찾을
수 없도록 말살시킨 것은 모두 너희
스스로 역사한 것이며, 너희가 판 무
덤이라는 것을 그들에게 깨우쳐 주라.
10 그러니 이 길에서 벗어나는 것, 그리
고 거듭나는 모든 것도 누구도 너희를
이끌어 주고 안내할 수는 없음이니라.
11 먼저 벗어나고자 노력하는 자, 거기서
벗어나는 자는 구원을 받을 것이며,
벗어나지 못하는 자는 나로부터 버림
을 받게 될 것이니라.
12 그리하여 지금의 모든 종교 집단이요,
그들이 나의 피조물 만백성을 사탄으
로 하여 나 여호와의 공격이요, 나의
불 칼을 막고자 어리석고 불쌍한 백성
으로서 인의 장막을 쌓고 또 쌓았으니,
13 나의 피조물 만백성들이 그 도구로 쓰
이면서도 거기에서 벗어날 수 없는 무
기력한 형국으로 다 타락되고 전락된
것도 모두 너희 자신의 욕심이요, 과
욕에서 이루어진 것이니라.
14 그러니 너희 스스로 벗어나는 그와 같
은 길을 가지 아니하면 아니 될 것이
니라.
15 벗어나지 못한다면 너희는 영영 두 번
다시 나올 수 없는, 나오는 문이 없는
지옥의 그 길로 너희가 팔려 가며 그
길로 가고 있음을 너희는 알아야 할
것이니라.

8,197 번째 하나님 말씀

2003년 10월 30일 23시 09분

1 사랑하는 나의 아들아!
2 "네, 아버님! 말씀하옵소서."
3 나 여호와의 뜻이요, 만백성을 구하는
나의 법전이요, 그리고 심판의 기본이
되는 새로운 이 성경, 이는 만백성을
구하며 그들을 이끌어 가고 그들이 거
듭나는 역사를 이루는 그 방대한 대업
을 이룸에서 많은 백성으로 하여금 그
일을 대행케 하고자 하는 것이 아님을
알라.
4 나 여호와는 몇 명 안 되는 나의 선택
된 백성으로써 그 역사를 이룰 수 있
으며, 그 모두를 이룰 수 있기에,
5 내가 만백성을 구하는 그와 같은 중대
한 이 대업을 많은 백성으로 하여금
역사하고자 하지 아니하는 것이 나의
뜻임을 알라, 사랑하는 나의 아들아!
6 몇 명 안 되는 너의 제자들과 나의 법
전을 읽고 깨우친 백성, 그들로 하여
금 모두 역사할 수 있음을 알라.
7 그리하여 그들로 하여금 내가 바로잡
을 것이며 역사할 것이니, 바로 선택
된 너희이니라.
8 너희만으로써 이 인간 세상의 모든 백
성을 역사할 수 있음이니라.
9 나 여호와가 나의 피조물 만백성들을
깨우치며 참진리요, 바른길로 인도하
는 것은, 사람인 나의 백성 너희를 통
해서만 모두 역사할 수 있으며 그들을
인도할 수 있으며 깨우치는 길밖에 없
기 때문이니라.
10 그리하여 내가 많은 지도자요, 많은
나의 백성으로써 역사하는 것이 아니
요, 몇 명 안 되는 너희로 하여금 모든
역사를 이루고자 하는 것이 나의 뜻이
며, 이로써 역사할 수 있다는 것을 너

희는 그리 알라.
11 나의 아들 예수가 세상에 나가 열두
명의 제자를 두고 그 모두를 역사하려
했듯이,
12 바로 나 여호와가 직접 역사하여 만백
성을 구하는 제3의 시대를 열어 가면
서, 많은 백성으로 하여금 그들을 깨
우쳐 이를 역사하고자 하는 것이 아니
요,
13 몇 명 안 되는 선택된 너희로 하여금,
지금 나의 아들을 따르는 너희로 하여
금 모두 역사할 수 있으며, 역사하고
자 하는 것이 하늘의 뜻이요, 나 여호
와의 뜻이라는 것을 전하라.
14 그러니 너희가 얼마나 바로 서고 곧게
가야 하는지 스스로 너희가 알아야 할
것이니 그리 알라.
15 나의 아들 예수의 죽음으로까지 너희
를 깨우쳐 주고자 했던 모든 것이 무
용지물이 되었으며 물거품이 되어 버
린 이 시점에서, 너희는 나의 고통이
무엇인가를 생각하는 백성이 되어야
할 것이며,
16 2천 년 전에 나의 아들을 던져 그 모
두를 구하려 했던 것이 다 물거품이
된 그와 같은 내 고통이 얼마나 컸으
며 내 마음이 얼마나 저리고 아팠는
가, 나의 아들을 따르는 제자 너희는
먼저 그걸 생각해야 할 것이며,
17 그 역사의 아픔을 모두 다시 돌려놓고
기쁨으로 역사하는 대장정의 역사는
오로지 몇 명 안 되는 나의 아들의 제
자, 그들로부터 시작하여 그들로 하여
금 모든 역사를 하기 때문에, 너희가
얼마나 귀한 백성인가 잊지 말라.

8,198 번째 하나님 말씀

2003년 10월 30일 23시 13분

1 사랑하는 나의 아들아!
2 너희는 알아야 할 것이며, 지켜야 할
것이니라.
3 나 여호와가 너희에게 일찍이 성경에
기록하여 전하기를 뭐라 말하였더냐?
4 '천국으로 가는 거듭나는 길은 협착하
고 좁은 길이며 가기가 어렵고 힘든
길이라' 그리 전하였음이니라.
5 그러니 나의 피조물 만백성들이 그 길
을 가고자 하는 백성이 없는 것이 오
늘의 현실임을 알라.
6 그와 같은 길을 가지 아니하는 자는
정녕 구원의 길을 역사할 수 없다는
것을 먼저 깊이 새겨 두어야 할 것이
니 그리 알라.
7 지금의 종교 집단과 지도자들이 좁고
협착한 그 길을 가겠다고 나서는 자가
있으며, 과연 그 길을 가고 있는가?
8 너희는 알아야 할 것이니라.
9 내가 무섭게 명한 것, 내가 너희에게
전한 것, 좁고 협착한 길이 하늘에 오
르는 길이라 내가 가르치고 너희에게
전했건만,
10 너희는 어느 날 무서우리만큼 나의 명
령을 따르지 아니하고 나의 뜻을 따르
지 아니하며, 그리 가르치지 아니하고
행하지 않는 백성으로 전락되었음이
니라.
11 지금의 종교 집단의 지도자들에 의하
여 좁고 협착한 길이 하늘에 오르는
길이라 가르치는 것을 모두 저버려 두
었으며,

12 어느 날 나도 모르는 사이에 넓고 평
탄한 쉽게 가는 길이 거듭나는 생명의
길이요, 나에게 오르는 길이라 둔갑하
여 나의 피조물 만백성들을 이끌어 가
고 그리 가르치며,
13 그걸로 재물을 거둬들이는 사악한 장
사까지 하는 것이 오늘의 종교 집단이
요, 지도자들이 가는 길이니라.
14 나의 백성이 구원의 길이 아니요, 멸
망의 길을 가고 있다는 것을 알라.
15 바로 이것이 무엇인 줄 알겠느냐?
16 성경을 이용한 종교 집단이요, 지도자
들이 구원의 길을 잘못된 길을 가고
있기 때문이니라.
17 하늘에 오르는 길이 아니요, 인간이
성경을 이용하여 장사하고 있고, 기업
으로 육성해 가고 있으며,
18 인간의 구원관에 맞춰 나의 피조물 만
백성을 구원하고자 역사한다 가르침
이니라.
19 나는 너희에게 전함이니라.
20 너희는 협착하고 좁은 길이요, 어려운
길을 거치지 아니하면 절대로 나에게
올 수 없다는 것을 알라.
21 그 길을 등지고 넓고 평탄한 길로써
오는 것이 하늘에 오르는 길이라 어느
날 갑자기 누가 둔갑시켰으며, 나 여
호와를 이리 당혹하게 만들었는가?
22 그리고 나의 사랑하는 백성을 멸망의
길로 끌고 가는 것인가?
23 그것부터 바로삽아 너희는 좁고 협착
한 그와 같은 길을 가야 함을 절대 잊
지 말라.
24 그 길이 아니고는 나에게 오를 수 없
음을 알아야 할 것이니라.

8,199 번째 하나님 말씀

2003년 10월 30일 23시 16분

1 사랑하는 나의 아들아!
2 "네, 아버님! 말씀하옵소서."
3 오늘 나의 피조물 만백성들이 그저 가
을에 잎이 떨어지는 것처럼 지옥으로
우수수 떨어지는 그 형국은, 지금의
종교 집단이요, 지도자들이 나의 피조
물 만백성들을 잘못 가르친 것이라 하
였음이니라.
4 그들이 어찌 가르치고 있는가?
5 천국에 가는 길은 선한 행위나 악한
행위 같은 것은 아무런 관계가 없으
며, 어떠한 공로나 역사한 것이 없다
해도, 나의 아들 예수만 찾으며 그 보
혈로써 구원을 받았다며 울고불고 광
란의 짓을 하면 구원이요, 나에게 오
를 수 있다고 가르치는 자들이니라.
6 그러니 막연한 그 믿음 속에서 안일한
생각으로 구원을 받을 수 있다고 지금
가르치며 그 착각 속에서 헤매는 그와
같은 백성으로 만들었으며, 그리 이끌
어 가고 있느니라.
7 어떠한 행위와 관계없이 그저 나의 아
들 예수를 찾기만 하면 천국에 오를
수 있는 자요, 하늘에 오를 수 있는 자
라 가르치는 것,
8 그 막연한 생각에서 벗어나지 못하도
록 나의 피조물 만백성들을 현혹하고
세뇌시켜 갔기 때문에,
9 지금 나의 피조물 만백성들이 가을에
떨어지는 낙엽처럼 우수수 지옥으로
계속 떨어져 가는 것이 현실임을 너희
는 알아야 할 것이니라.

10 지금 지옥문 앞에서 들어가지 아니하
려고 몸부림치며 악을 쓰는 그와 같은
백성이 바로 오늘의 믿음의 길을 가는
백성이요, 구원을 받았다 말하는 백성
이요,
11 그리고 선행과 악행은 관계없으며, 어
떠한 역사의 공이요, 깨달음이요, 어
렵고 힘들게 변하는 그 삶은 관계없
이, 그저 나의 아들 예수의 보혈로써
구원을 받았다 생각하며,
12 손으로 지은 죄의 온상에 들어가 너희
가 나를 찾기만 하면 구원을 받는다는
안일한 생각이요, 막연한 믿음의 길을
가는 자들은 곧 멸망의 길로 가는 자
들임을 알라.
13 모든 경기요, 시합에서도 말로만 우승
한다 하는 자는 그 결과 앞에 이름도
없는 오늘의 너희 삶인 것과 마찬가지
로,
14 구원을 받았다 말하는 자는 나에게 와
심판받을 때, 내 뜻에 살았으며 내 뜻
에 역사했다 해도 내가 너희를 모른다
고 하는 그와 같은 무서운 답만이 너
희 앞에 기다리고 있다는 것을 명심하
고 또 명심하지 아니하면 너희는 영원
히 구원의 길을 오를 수 없는 자들임
을 알라.

8,200 번째 하나님 말씀

2003년 10월 30일 23시 20분

1 사랑하는 나의 아들아!
2 "네, 아버님! 말씀하옵소서."
3 너희는 이것 또한 지키지 아니하는 길
이니, 이를 지키지 아니하면 결코 나
에게 오를 수 없음을 알라.
4 천국은 나 여호와의 뜻대로 행하는 자
들만 들어올 수 있으며 나에게 임할
수 있다고 나 여호와가 일찍 너희에게
전하였느니라.
5 나의 뜻에 따라 행하는 자만 천국의
길에 들어올 수 있다고 전했음이니,
그와 같은 역사는 어떠한 길이더냐?
6 그 길은 자기 자신을 포기하고 자신의
십자가를 지고 가는 길이요, 나의 아
들 예수가 갔던 그 길을 따라 나에게
와야 한다고 내가 너희에게 일찍 깨우
치고 전했음을 명심해야 할 것이니라.
7 나 여호와의 뜻대로 행하는 자만 나에
게 올 수 있으며 나의 뜻대로 행하는
자는 자기 자신을 포기하고 자신을 생
각하지 아니하며, 나의 아들 예수가
왔던 그 길을 따라오는 자만 구원을
받을 수 있다는 이 뜻을 너희는 들어
배우고 깨우쳤으면서 과연 얼마나 행
하고 사는가?
8 지금의 종교 집단과 지도자들, 그리고
그 밑에서 구원을 받았다는 백성, 너
희는 나의 계명대로 살고 자신을 저버
리고 남을 위한 기도를 하며 남을 위
한 그와 같은 아름다운 삶을 살아가는
가?
9 이 세상에서 살면서 정녕 육의 세상
의 부귀와 영화를 다 버렸으며 세속적
인 이 지상에서 자기 자신의 존재함
을 미련없이 지워 버리고 가는 종교
지도자와 집단이 있는가, 그리고 믿음
의 길을 가는 백성이 있는가?
10 그와 같은 길을 가지 아니하고 그와
같은 삶을 살지 아니하면 나와 관계

없는 백성이라 하였음이니라.
11 내가 너희를 구원하기 위하여 너희가
나에게 오르는 길을 위하여 나는 나의
아들 예수를 너희에게 던져 주었으며
내가 그를 버렸음이니,
12 그 고통 속에 가는 것을 보면서도 나
의 아들을 버려서까지 너희를 구원하
고자 했던 나의 마음이 어떠하겠는가?
13 지금 나 여호와의 눈에서 피눈물이 나
는 것을 너희는 알고 있는가?
14 내가 너희를 위하여 나의 아들까지 버
렸거늘, 너희는 그 모두를 거역하는
삶만을 살며 내 뜻을 순종치 아니하며
나를 능멸하는 그와 같은 오늘의 삶을
삶이니,
15 너희는 여기서 알아야 할 것이니라.
16 천국이요, 나에게 오는 것은 나의 뜻
대로 행하는 자들만 올 수 있다는 것
을 명심해야 할 것이며,
17 그와 같이 나의 뜻을 행하는 자는 바
로 자기 자신을 버리며 오로지 남을
위해 살아가는 자, 그와 같은 삶을 살
것이며,
18 나의 아들 예수가 왔던 그 길이요, 나
의 아들 예수가 행한 사랑이요, 그 모
든 길을 따라오는 것이 나에게 오를
수 있다는 것을 절대 잊지 말라.
19 내일도 모레도 그와 같은 삶이 아니고
는 너희가 나를 볼 수 없다 함을 알라.

8,201 번째 하나님 말씀

2003년 10월 30일 23시 26분

1 사랑하는 나의 아들아!
2 **"네, 아버님! 말씀하옵소서."**
3 너희가 천국에 들어오는 길은 협착하
고 좁고 어려운 길을 역사하는 것이며
그 길을 행하는 자며, 이는 곧 너희가
깨닫고 깨달을수록 어렵고 힘든 삶을
살게 되어 있기 때문이니라.
4 이를 지키지 아니하는 자, 그리고 선
함과 악함의 행함으로써 심판대에서
구원을 받고 못 받는 것이 아니라 하
며,
5 아무런 공이 없이 그저 살아가며, 변
화되는 역사함도 없이 천사와 같은 삶
을 살고자 노력하지 아니하면서, 예수
의 보혈로써 구원을 받았다 부르짖기
만 하는 백성, 너희는 천국에 들어갈
수 없으며,
6 천국은 나의 뜻대로 행하고자 하는 자
만 들어올 수 있는 것이며 그와 같이
나의 뜻대로 행하는 자는 곧 자기 자
신을 버리고 나의 아들 예수가 왔던
그 길의 삶을 따라오는 자만 나에게
올 수 있다는 것을 다시 한 번 가슴에
새겨야 함을 너희는 알아야 할 것이니
라.
7 내가 이와 같은 내용을 성서에 기록하
여 전했으며 나의 법전에 기록하여 전
했음이니, 너희는 알라.
8 나 여호와가 제시하며 내가 명령한 것
이며 내가 명한 길은 모두 너희의 과
거와 현재와 미래에도 동일한 명령이
며, 그리고 똑같은 지시니라.
9 그건 어떠한 상황에서도 변하지 아니
하며, 불변함을 먼저 알라.
10 절대 변하지 아니함을 너희는 알라.
11 절대 변하지 아니함은 무엇이더냐?
12 너희가 이를 지키지 아니하고 행하지

아니하면 정녕 나에게 올 수 없다는
것을 알라.
13 어떠한 백성도 나로부터 어떠한 특혜
를 받은 자요, 선택된 백성이라 말하
는 자도, 천국의 문에 들어서고자 한
다면 지금 내가 나의 아들을 통하여
기록한 이 길을 선택하지 아니하고는
절대 나에게 올 수 없음이니라.
14 어제의 삶도 오늘의 삶도 내일의 삶
도, 어떠한 백성이든 어떠한 형국으로
가든, 미신을 믿든 기복 신앙을 믿든,
기독교요, 지금의 어떤 종파에서 믿든
모두 예외가 없음을 너희는 명심하고
또 명심해야 할 것이니라.
15 너희의 과거 미래 현재에도, 또 오늘
너희가 어떠한 종파를 가든 어떠한 백
성도, 오늘과 내일의 살아가는 삶 속
에서 너희가 변화 속에 산다 해도,
16 어떠한 백성이든 이 지상에 존재하는
백성은 내가 지금 나의 아들을 통하여
명한 이와 같은 길을 가지 아니하고는
예외가 없음을 명심하라.
17 절대로 예외는 없음을 명심하고 또 명
심해, 이를 지키고 행하는 백성만 나
에게 올 수 있다는 그 무섭고 두려운
사실을 너희는 알고 넘어가야 할 것이
니 그리 알라.
18 너를 따르는 제자들, 지금 나의 아들
을 따르는 그 제자들, 법전을 읽고 깨
우친 백성, 너희는 이를 목숨을 바쳐
시행하고 지켜야 하는 것이 너희의 대
명임을 알아야 할 것이니라.
19 지금 나의 아들을 따르는 백성이요,
법전을 읽고 깨우친 백성은 지금 내가
나의 아들을 통하여 기록한 이 모든
내용을 목숨을 바쳐 시행하는 것만이
하늘에 오르는 길이요,
20 여기는 예외가 없으며 용서함이 없으
며 변경되는 것이 없으며 설마가 없으
며 타협이 없음을 너희는 명심하고 또
명심하라.
21 그렇지 아니하면 너희는 결국 나를 찾
지 못하며 나를 보지 못하며 나의 나
라에 오를 수 없다는 것은 무엇이더냐?
22 너희가 구원을 받을 수 없음이니라.
23 그러니 나의 아들을 따르는 제자 너희
는 이를 행하고 지키는 그 각오가 없
이는 구원받고자 하지도 말며 구원이
라는 말도 하지 말며,
24 너희 스스로 심판대에 설 수 없는 백
성이요, 심판대에 설 수 없는 운명이
라는 것을 명심하고 또 명심하라.
25 모든 종교 집단 지도자들이 이를 먼저
지켜야 할 것이며, 이를 행하지 아니
하면 결코 나에게 오르는 길은 없으며,
26 이는 예외가 없으며 불변이라는 것을
전하라.

8,202 번째 하나님 말씀

2003년 10월 30일 23시 30분

1 사랑하는 나의 아들아!
2 "네, 아버님! 말씀하옵소서."
3 육의 세상의 삶에 대한 후회가 아님이
니라.
4 육의 세상은 너희가 살면서 다시 돌이
킬 수 있으며 다시 일어설 수 있으며
다시 역사할 수 있는 것이니라.
5 그러나 나에게 오르는 길이요, 구원의
길이요, 믿음이요, 신앙생활이요, 신

앙의 길은 후회하는 길을 가서는 절대
아니 됨을 너희는 알아야 할 것이니라.
6 믿음이요, 신앙의 길을 후회하는 길의
소용돌이 속에서 살아간다면 절대 아
니 됨을 알라.
7 너희는 후회해도 소용이 없으며, 회개
하고 다시 돌이키려 아무리 몸부림친
다 해도 돌이킬 수 없으며, 다시 시작
할 수 없는 것이 믿음이요, 신앙생활
이기 때문이니라.
8 믿음이요, 신앙생활에 매진하여 인생
을 모두 바치고 사는 자는 곧 무엇이
더냐?
9 나에게 와 심판대에 서서 너희가 심판
을 받을 때만 오늘 신앙생활의 믿음이
잘못된 것인지 잘 된 것인지 그때 알
고 깨닫게 됨이니,
10 그때는 너희가 아무리 슬피 울고 용서
를 바라며 회개하고 다시 기회를 달라
몸부림쳐도 단 1초도 회개하고 반성
할 수 있는 시간을 얻을 수 없는 길이
니라.
11 너희가 육의 세상에 살며 육의 삶에서
다시 시작하고 반성하며 깨우칠 수 있
는 그와 같은 길이 있으나,
12 믿음이요, 신앙의 길을 가는 백성은
육은 죽어 가고 영혼이 나에게 와 심
판을 받을 때만 너희가 잘못 간 것이
며 사탄의 자식인지 나 여호와의 아들
딸인지 거기서 구분됨이니,
13 너희가 아무리 통곡하고 울고불고 단
1초만 기회를 달라 몸부림쳐도 얻을
수 없고 아무리 후회하고 회개해도 돌
이킬 수 없으며 다시 갈 수 없는 길이
기 때문에,
14 믿음이요, 신앙생활은 바로 보내 참진
리요, 나 여호와의 뜻이요, 하늘에 오
르는 길이 아니면 아니 되며, 그리하
여 무섭고 두려운 길이라는 것을 알아
야 할 것이라 그리 전하라.
15 너희가 인간 세상에 살면서는 돌이킬
수 있고 다시 시작할 수 있는 그와 같
은 기회가 있으나,
16 신앙의 믿음이요, 오늘의 종교 집단
속에서는 모두 아집이요, 고집 속에
변할 줄을 모르며, 죽어 와 심판을 받
을 때 모두를 아니,
17 그때는 돌이킬 수 없는 길에 서 있다
는 것을 알라.
18 그때 너희가 아무리 몸부림치며 슬피
울고 통곡해도 나 여호와는 너희를 모
른다 하며 너희에게 단 1초의 기회도
줄 수 없는 것이 하늘의 법도며 하늘
의 뜻임을 미리 가르치고 전함이니,
19 하늘의 법도요, 하늘의 길을 나의 아
들을 통하여 듣고 배우는 백성, 오늘
의 너희가 얼마나 영광된 것이며 축복
받은 것인가?
20 이 귀한 것을 놓치고 버리는 어리석은
삶을 살아서는 아니 될 것이니 그리
알라, 사랑하는 나의 아들딸들아!

8,203 번째 하나님 말씀

2003년 10월 30일 23시 35분

1 사랑하는 나의 아들아!
2 "네, 아버님! 말씀하옵소서."
3 지금 믿음의 길이 나 여호와의 참뜻과
나의 계명이요, 나의 성경에 의한 구
원의 길을 가고 있는가, 가지 아니하

고 있는가?
4 구분해야 함을 알아야 할 것이니라.
5 지금 나의 피조물 만백성 너희는 들으라.
6 너희의 지금의 믿음이요, 신앙생활이 나 여호와의 뜻과 나의 계명이요, 나의 성경에 의한 구원의 길이요, 참된 그 길을 가고 있는가?
7 너희는 지금 결코 그와 같은 길을 가지 아니하는 백성이라는 것을 알라.
8 너희는 인간의 구원 관이요, 인간이 만들고 인간이 생각한 구원 관이요, 나 여호와의 참뜻에 의한 구원의 길이 아님이니라.
9 인간이 만든 교리요, 교회가 만든 각종 교리와 기복 신앙의 믿음의 길로 이끌어 가고 있으며, 지금까지 수천 년 동안 그와 같이 이끌어 왔기 때문에,
10 모든 나의 피조물 만백성들이 거기에서 벗어나지 못하고 악습이요, 구태의연한 그 방법에서 인간이 만든 교리요, 교회가 만든 각종 교리와 기복 신앙의 믿음의 길에서 지금까지 이끌려 왔으며,
11 또한 앞으로도 그 길을 가며, 그 길에서 벗어나지 못하는 것이 나의 백성 너희임을 알아야 할 것이니라.
12 지금의 종교인들이요, 믿음의 길을 가는 백성이 가장 시급하게 알아야 하며 가장 급히 고쳐야 할 문제가 무엇인 줄 알겠는가?
13 지금 나 여호와의 명에 의한 믿음의 길을 가는 것인가, 성경을 이용한 교회의 교리인가 이를 구분하는 것이 급선무이며, 이것이 가장 급한 과제임을 너희는 알아야 할 것이니라.
14 그것을 모두 구분할 수 있는 것은, 너희는 말로써 구분하고 이를 아는 자이니, 말로만 구원을 아는 너희는 지옥의 길을 가며 그 길을 알지 못하기에,
15 내가 너희에게 지금 160권의 법전이요, 나의 뜻이요, 하늘의 뜻을 상세히 풀어 나의 아들을 통하여 세상에 내려 보냄이니,
16 이를 정독하고 성경을 들여다보면, 너희 스스로 성경 속에 있는 그 뜻을 알게 될 것이며, 내 비유의 뜻을 알 것이며, 내가 역사하고자 하는 것을 알게 될 것이니라.
17 그러니 너희가 성경을 스스로 정독하여 읽고 나의 법전을 정독하든, 나의 법전을 먼저 정독하고 성서를 읽든, 이 두 가지를 같이 보지 아니하면, 너희는 육의 눈을 뜰 수가 없고 마음의 눈을 뜰 수가 없으며,
18 하늘의 음성을 들을 수 있는 귀가 열릴 수 없는 것이 너희의 오늘의 형국임을 알라, 사랑하는 나의 아들딸들아!

8,204 번째 하나님 말씀

2003년 10월 31일 07시 23분

1 사랑하는 나의 아들아!
2 "네, 아버님! 말씀하옵소서."
3 나의 피조물 만백성 너희가 나의 법전이요, 나의 계명이요, 나의 율법대로 살아갈 수 없다고 말하는 자들이 있다 하였음이니라.
4 그러니 그들은 과연 어떠한 마음의 자

세던가?
5 그와 같은 말을 할 수 있는 자, 그와
같은 설교를 할 수 있는 자, 그와 같은
강론을 할 수 있는 자들은 지금 믿음
의 길을 가는 것이 아니요,
6 인간이 만든 교리에 의하여 모두를 역
사하는 그와 같은 백성임을 알아야 할
것이니라.
7 내가 너에게 말하여 전하기를, 물에
빠진 자가 죽음 직전에 무엇을 원하는
가?
8 던져서 그를 구할 수 있는 밧줄만 생
각한다고 내가 그리하지 아니하였던
가?
9 맹수에게 쫓기는 자는 힘을 다하여 질
주할 것이며, 적이 모든 것으로써 공
격할 때 너희는 피하는 그 순간에 무
엇을 생각하는가?
10 오로지 너희는 삶에 대한 생각밖에는
없음이니, 살기 위하여 질주하고 도주
할 것이니라.
11 그와 같은 인간의 생각이요, 마음이
과연 어떠하던가?
12 그와 같은 순간에도 다른 생각을 할
수 있으며 수천수만 가지의 생각을 할
수 있는가?
13 너희는 어찌하여 영원히 사는 삶이요,
거듭나는 생명의 삶이 얼마나 귀하고
소중한지 모르는가?
14 지금도 너희는 말로써는 소중하며 말
로써 그 길을 위해 모두를 바쳐 살아
간다고 하지만, 정녕 얼마만큼 나를
위하여 경배하며 내 뜻을 숭배하고 살
아가는 마음 자세가 있는가?
15 그것을 모두 너희 스스로 돌이켜 봐야
할 것이니라.
16 그러니 그만큼의 마음 자세도 되지 아
니한 자들이 하늘에 오르는 길이요,
어렵고 힘든 그 길을 온다 말하기에,
17 너희는 그와 같은 힘들고 어려운 길을
선택하는 것이 아니요, 어느 날 갑자
기 나도 모르는 사이에 편안하고 넓은
길을 가는 백성으로서 타락되고 변해
있다 내가 말하지 아니하였던가?
18 이것이 너희의 믿음이요, 너희가 지금
가는 길이니라.
19 내가 너에게 뭐라 말하였느냐?
20 수술대에 있는 환자가 의사를 바라보
는 그 마음이요, 그 애절함이 어떠할
것인가 내가 법전에 기록하여 전하였
으니,
21 그를 당해 본 자는 알 것이니라.
22 얼마나 갈구하고 애절한 마음으로써
그 의사를 바라보며, 그 고통 속에서
구원의 길이요, 삶의 그 길을 위하여
얼마나 몸부림치는가?
23 너희가 그때 나에게 기도하고 나에게
소원하는 그와 같은 마음으로 과연 다
른 생각을 할 수 있으며 나의 계명대
로 역사할 수 없다고 말할 수 있는가?
24 죽음의 선고를 받은 자가 나에게 기도
할 때, 무엇을 못 지키며 무엇을 넘지
못한다는 말을 할 수 있겠는가?
25 이것이 오늘의 너희 자세이니, 이게
바로 타락한 자요, 사악한 마음이요,
도둑질하는 마음이요, 간음하는 마음
이요, 그리고 그 욕심의 뿌리를 버리
지 못하는 백성이요, 육의 삶에 한계
에서 벗어나지 못하기 때문에 그와 같
은 말을 할 수 있는 자들이니라.

26 그러니 그와 같은 말을 하는 자의 말
을 듣고 그들의 가르침 속에 진리가
어디 있으며, 거기에 나에게 오를 수
있는 안내의 길이 어디 있으며, 가르
침이 어디 있는가?
27 이와 같은 것을 모두 생각하는 마음
자세로 한번 생각하고 기도해 보라.
28 그리고 너희가 그러한 환경에 처해 있
다 생각해 보라.
29 그때도 과연 너희가 나의 계명을 지킬
수 있다 없다 갑론을박할 수 있으며,
나의 법전대로 살 수 있다 없다 말할
수 있는가?
30 너희는 마음 자세가 하나도 되어 있지
아니하며, 나를 경배하는 마음의 근본
이 되어 있지 아니하며, 기도하는 마
음의 근본이 되어 있지 아니함을 알라.
31 그리하기 때문에 너희는 그와 같은 삶
의 막다른 체험 한 번도 제대로 해 보
지 못하고 이를 이룰 수 없다고 갑론
을박하며 역사할 수 없다 하는 것이니
라.
32 그 순간에 어떠한 생각을 하겠는가 그
체험을 하는 백성이 있다면, 너희는
오로지 그 마음보다도 더 강한 마음으
로 오늘의 믿음의 길을 갈 때, 그리고
도전할 때,
33 너희는 그와 같은 어떠한 말도 할 수
없다는 것을 알게 될 것이니 이를 너
의 제자들에게 전할 것이며,
34 나의 법전을 읽는 백성 너희는 두 번
다시 십계명을 시시비비하지 말며, 율
법을 시시비비하지 말며, 나의 법전을
시시비비하며 두렵고 무섭다 말하지
말라고 전하라.

8,205 번째 하나님 말씀

2003년 10월 31일 07시 26분

1 사랑하는 나의 아들아!
2 "네, 아버님! 말씀하옵소서."
3 믿음의 가는 길이 무엇인 줄 알겠느냐?
4 사막에서 오아시스를 만나지 못하여
뙤약볕에 갈증 속에 죽어 가기 직전에
오아시스를 찾으며 물을 갈구하는 그
소망함이 어떠하겠는가?
5 그보다 더 애절한 마음이요, 그보다
더 애절한 열정으로써 너희는 오늘의
믿음의 길을 가야 할 것이며,
6 하늘에 오르는 그 길을 역사하지 아니
하면 절대 아무것도 얻을 수 없으며
이룰 수 없는 것이 너희라는 것을 알
아야 할 것이니라.
7 지금까지 수천 년 동안 종교 집단이
요, 지도자의 가르침을 받으며 거기에
서 구원을 받았다고 울고불고 광란의
역사를 하는 백성 그 누구도 나로부터
구원을 받은 자 없으며 내 나라요, 내
옆에 온 자가 없다는 그 무서운 뜻을
알겠는가?
8 그와 같은 속에서 너희가 다른 백성의
삶과 무엇을 다르게 살며, 너희의 행
함이 과연 무엇이 얼마나 다르다 하는
가?
9 한두 자 높이가 다르다 하여 깨달음을
얻은 자요, 구원을 받을 자요, 나에게
오를 수 있다는 그와 같은 생각부터
너희는 버려야 할 것이니라.
10 완벽한 백성의 마음이 아니 되면 너희
는 절대 어떠한 것도 역사할 수 없음
이니라.

11 내가 다시 말함이니 사막에서 갈증에
지쳐 쓰러져 죽기 직전에 너희가 바라
는 것이 무엇이며, 얼마나 간절하고
애절한 마음으로 오아시스를 찾겠는
가?
12 그보다 백배 천배 더한 마음으로써 나
에게 오고자 하는 것, 그리고 나의 나
라에 오고자 하는 것, 생명의 거듭남
이 그보다 더 어렵고 힘든 것을 너희
는 알아야 할 것이니 그리 알라.
13 그것만이 믿음의 가는 길이요, 신앙의
길을 가는 자들임을 알아야 할 것이니
라.
14 너희는 인간 세상에서 모두를 움켜쥐
고 그것을 놓을 줄 모르며 버릴 수 없
는 그와 같은 마음 자세로써는 아무것
도 이룰 수 없음이니 그리 알아야 할
것이니라.
15 이제 너의 제자들과 나의 법전을 읽은
만백성 너희는 알아야 할 것이니라.
16 구원의 길이요, 하늘에 오르는 길이
얼마나 힘들고 어려운 길이며, 거듭나
는 생명을 얻는 그 역사가 얼마나 두
렵고 무서운 길인가?
17 그 길이기에 아무나 올 수 없으며 아
무나 갈 수 없는 길이라 하였음이니,
18 이와 같이 무서운 마음으로써 믿음을
행하며, 나의 법전을 따라 나의 법전
에 행하라 명한 대로 살아가는 그와
같은 마음 자세요, 각오가 없이는 아
무것도 역사할 수 없다는 것을 알아야
할 것이니라.

8,206 번째 하나님 말씀

2003년 10월 31일 11시 17분

1 사랑하는 나의 아들아!
2 "네, 아버님! 말씀하옵소서."
3 나의 피조물 만백성의 종교 지도자는
한 점의 부끄럼이 없으며, 유리로 비
춰봐 한 점의 부끄러운 모습이 보여서
는 아니 된다 말하지 아니하였던가?
4 이는 곧 무엇이더냐?
5 지도자라는 자들이 실수하고 잘못 갔
을 때, 수많은 나의 피조물 만백성들
이 저희도 그와 같은 길을 갈 수 있으
며 그 길을 가도 되는 것으로 보고 깨
우쳐 그와 같이 행하기 때문임을 알아
야 할 것이니라.
6 그리하여 지도자로서 나의 법전을 읽
고 깨우친 만백성이요, 그리고 전사로
서 역사할 자들이요, 나의 아들을 따
르는 너희에게 내가 농담의 거짓말도
하지 말라 한 그 뜻을 이제 알아야 할
것이니라.
7 내가 너희에게 거짓말을 함으로써, 남
에게 손해를 입히지 않는 거짓말을 함
으로써 모든 사람이 웃고 즐기고 행복
을 느끼는 그와 같은 것도 하지 말라
함은 바로 무엇인 줄 알겠느냐?
8 지도자는 모든 사람의 모범이 되며,
만백성이 그를 보고 따르고 행하기 때
문이니,
9 너희가 행하는 것은 그 백성이 그것은
정녕 해도 괜찮은 것이며 정당한 것이
며, 역사해도 죄가 되지 아니한다고
단순하게 생각하고 따르는 백성이 수
없이 있기 때문임을 너희는 먼저 알아

야 할 것이니라.
10 종교 지도자요, 가르치는 자, 그리고
나의 아들을 따라 전사가 될 수 있는
백성, 너희야말로 정녕 한 점의 부끄
럼이 없는 그와 같은 삶의 역사를 하
지 아니하면 아니 됨이니라.
11 나 여호와는 이 세상의 모두를 역사함
에 많은 백성을 통하여 역사하는 것이
아니요,
12 나의 아들 예수가 열두 명의 제자로서
그 시대의 모두를 역사하고자 했듯이,
내가 너희로 하여금 모든 역사를 하고
자 함이니, 너희는 그를 알아야 할 것
이니라.
13 몇 명 되지 않는 너희의 행함이요, 역
사함이 바르지 못하며, 한 점의 부끄
럼이 없는 그와 같은 삶을 살지 못한
다면, 나의 피조물 만백성들은 너희를
보고 변화될 수 없으며 역사할 수 없
기 때문이니,
14 그리하여 지도자가 중요하며, 그리하
여 종교 지도자의 자세가 중요하다 함
을 너희는 알아야 할 것이니라.
15 이제 그와 같은 이치를 깨달았다면 너
희는 정녕 한 점의 부끄럼이 없는 그
와 같은 삶을 살아야 할 것이니라.
16 너희가 말하지 아니하더냐?
17 남보다 더 나쁜 것을 가진 자가 저보
다 나쁜 것을 갖지 않고 저보다 나은
것을 가진 자를 비방한다 말하지 않느
냐?
18 말하자면 속된 말로, '똥이라는 것이
묻은 자가 겨 묻은 자를 나무란다'는
그와 같은 말이 있지 않으냐?
19 남을 비방하고 남을 탓하는 것은 바로
그와 같은 자들이 하는 행위라는 이치
를 깨달아, 너희는 그와 같은 행위를
해서는 아니 될 것이며, 그와 같이 본
보기로써 살아가는 자가 되어야 할 것
이며,
20 남의 허물을 탓하는 것도 용서할 수
없지만,
21 너희는 살아가는 모든 것 중에서 남에
게 허물이 되는 그와 같은 행위를 해
서는 절대 안 된다는 것을 가슴 깊이
새겨 두고 살아가야 하는 것이 너희의
오늘의 삶이라는 것을 절대 잊지 말
라, 사랑하는 나의 아들딸들아!

8,207 번째 하나님 말씀

2003년 10월 31일 11시 20분

1 사랑하는 나의 아들아!
2 "네, 아버님! 말씀하옵소서."
3 내가 나의 아들에게 깨우침을 주었음
이니,
4 너희가 모든 자식을 다스리는 것이요,
그리고 스승이 제자를 다스리는 것이
요, 그리고 이웃과 더불어 모두 이해
하고 깨우쳐 더불어 가는 그 삶은 진
정 너희가 남을 탓하고 남에게 매를
들며,
5 스승이 제자에게 매를 들고 부모가 자
식에게 매를 들 수 있으며 또한 상사
가 부하에게 탓할 수 있으며 또한 부
하가 상사를 탓할 수 있으며 서로 조
언할 수 있는 것이 인간관계의 살아가
는 것이니라.
6 서로 조언하고 다스리는 것은 귀하고
소중함이니, 잘못된 것을 바로잡고자

하는 것이 너희의 마음 자세가 아니더냐?
7 그러나 너희가 자식에게 내리는 매도, 스승이 제자에게 내리는 매도, 상사가 부하에게 내리는 것도, 또한 부하가 상사에게 잘못을 조언하는 것도, 그 모두는 사랑의 매이어야 할 것이며, 사랑의 다스림이 아니고서는 어떠한 것도 역사할 수 없음을 너희는 알아야 할 것이니라.
8 너희가 감정이 복받쳐, 감정이 앞서 내리는 매요, 그와 같은 언사요, 조언은 모두 패망하는 그와 같은 결과로 역사하는 것이니라.
9 그러니 너희가 말하는 것, 또 행하는 것, 그 모두는 사랑의 언어로써 사랑의 뜻으로써 행해야만 될 것이며,
10 질투의 말로써 시기하는 마음으로써 한다면, 어떠한 결과를 초래하겠는가?
11 너희는 상상할 수 없는 무서운 결과가 이루어짐이니라.
12 작은 구멍에 물이 새면 그 제방이 무너지듯이,
13 너희가 작은 사랑의 말이 아니요, 질투의 말이요, 사랑의 매가 아닌 것으로써 걷잡을 수 없는 상황에 휘말리며, 너희 자신이 무너지는 그와 같은 결과가 된다는 것을 명심하고 살아가야 하는 것이 나의 아들을 따르는 제자들이요, 나의 법전을 읽고 깨우친 백성 너희가 반드시 지켜야 할 덕목임을 알라.
14 너희는 모두를 역사함에 있어서 사랑으로써 다스려야 할 것이며, 사랑의 언어로써 모두를 다스려 나가야 함을 잊지 말라.
15 그렇지 아니하면 아무리 나의 법전을 읽고 깨우쳐 경지에 오른 백성이라 해도 너희는 깨달음이 없는 자요,
16 인간의 욕심이요, 인간의 한계를 벗어나지 못한 그와 같은 형태에서 살아가는 삶이니 그리 알아야 할 것이니라.

8,208 번째 하나님 말씀

2003년 10월 31일 11시 24분

1 사랑하는 나의 아들아!
2 "네, 아버님! 말씀하옵소서."
3 나 여호와가 오늘 나의 법전에 다시 한 번 기록하여 너희에게 전함이니, 너희가 남의 허물을 보며 남의 잘못된 것을 보는 것은 무엇이라 말하였더냐?
4 너 자신의 마음에 그와 같은 행동이요, 마음을 가지고 있기에 너희 눈에 보이며 그와 같은 음성을 들을 수 있는 것이라 하지 아니하였더냐?
5 그러니 너희가 그와 같은 마음을 가지고 있다는 것은 남의 허물을 보고 남의 허물을 욕할 수 있으며 그를 탓할 수 있는 것이니,
6 이제 나의 아들을 따르는 제자요, 나의 법전을 읽고 깨우친 만백성, 너희는 자신을 달래는 그와 같은 훈련에 들어가야 할 것이니라.
7 모든 것이 나쁘게 보이고 잘못 보이며 탓하고자 하는 그 마음은 너희에게 그와 같은 마음이 있으며 그와 같은 행동을 할 수 있기에 그것이 보인다 말했음이니,
8 이제 너희 스스로 자신을 달래는 그와

같은 내면의 훈련에 강도 높게 임해야
할 것이니라.
9 너희가 그 싸움에서 이겨 다스린다면
바로 나에게 오를 수 있는 한 걸음 앞
에 더 다가옴이니,
10 나의 뜻을 더 많이 알게 될 것이며, 나
의 뜻을 듣게 될 것이며, 내가 역사하
는 그림을 너희가 보게 될 것이니 그
리 알라, 사랑하는 나의 아들딸들아!
11 나는 천 년 후에 역사할 그림을 다 그
려 놓았음이니,
12 너희가 그 조감도대로 역사하며 모든
것을 세우고 이루어야 할 것이니라.
13 너희가 그 조감도 앞에 와 그를 만지
고 보며, 자로 재고 구상하고 생각하
며, 나에게 가까이 와야만 그것을 모
두 역사할 수 있으며 거기서 대명을
맡을 수 있는 자가 됨이니라.
14 가까이 오지 못하는 자는 거기에서 자
기 직분을 맡을 수 없음이니, 그 자리
는 다른 사람이 메우게 됨을 너희는
알아야 할 것이니 그리 알라, 사랑하
는 나의 아들딸들아!
15 너희가 정녕 그러한 마음으로써 나에
게 가까이 와, 천 년 후에 내가 역사할
그 조감도를 보며 네 직분이 무엇이며
네 기능이 무엇이며,
16 네가 목수로서, 벽돌을 쌓는 자로서,
나무를 깎는 자로서, 못을 박는 자로
서, 그와 같은 네 자리에 와 임무를 다
할 수 있는 것은 바로 어떠한 삶을 살
아야 하는지 알겠느냐, 사랑하는 나의
아들딸들아!
17 너희가 그 조감도를 보고 네가 맡은
직분을 다할 수 있으려면, 모든 나의
백성이 원하는 것을 행동에 옮겨 그대
로 행해 주는 것이 사랑이요, 베풂임
을 알아야 할 것이니라.
18 상대방이 원하는 것, 그리고 네 이웃
이 원하는 것, 너희 형제들이 원하는
것, 너희와 더불어 같이 공부하며 나
의 법전을 듣고 법전을 가지고 깨우치
고 역사하는 그 모든 사람이 무엇을
원하며 그가 무엇을 바라는가,
19 상대방이 원하고 요구하는 것이 무엇
인가 그걸 알고 깨달았으면 그대로 행
동에 옮겨, 그에게 사랑을 베풀고 나
눔을 베푸는 것이 근본이니라.
20 그가 원하는 것이 무엇인지 알면서 행
하지 않는 자는 타오르는 불꽃을 짓밟
는 그와 같은 행위를 하는 자들이니라.
21 그러니 나의 법전이 불붙어 타오르는
그 불을 끄는 그와 같은 행위를 하는
자는 감히 그 조감도 앞에서 너희가
맡은 임무를 수행하는 사람이 될 수
없음이니 그리 알라.
22 상대방이 원하는 것을 행할 수 있고
행동에 옮길 수 있는 그 마음이 나의
법전이 불붙어 세상에 탈 때, 더불어
역사하는 백성이요, 그 불을 끄지 않
는 백성이요,
23 개인적으로 네 직분을 알 수 있도록
나에게 가까이 올 수 있는 그와 같은
영광을 얻는 길이라는 것을 잊지 말
라, 사랑하는 나의 아들딸들아!

8,209 번째 하나님 말씀

2003년 10월 31일 11시 28분

1 사랑하는 나의 아들아!

2 나 여호와가 너에게 일찍이 그림으로 써 깨우쳐 주었음이니라.

3 작은 그릇이 큰 그릇을 덮으려 한다면 그는 덮을 수 없으며 서로 부서지고 깨지며 이룰 수 없는 역사라 하지 아니하였던가?

4 큰 그릇이 작은 그릇을 가슴에 안을 수는 있으나, 작은 그릇이 큰 그릇을 안을 수 없음이니,

5 이 세상에 너희가 살아가는 그 형국이 작은 그릇이 큰 그릇을 덮고자 하는 자들이 이 세상을 지배하는 그와 같은 양상이라 내가 그리 말하지 아니하였던가?

6 이제 너희는 알아야 할 것이니라.

7 작은 그릇은 제가 담을 수 있는 그 양이 정해져 있으며, 또한 제가 작은 그릇의 양을 보는 그 그릇은 그것 외에는 보지 못함이니, 이웃에 있는 큰 그릇에 담을 수 있는 그 양을 모르느니라.

8 그러니 큰 그릇에 저보다 몇 배가 더 담아지며 얼마만큼 더 역사하는지 그는 모름이니, 큰 그릇을 보는 순간에 그것은 그릇이 아니라 그리 말할 것이며,

9 그리고 저보다도 더 많이 담을 수 있는 그릇은 그릇이 아니고 그것은 담는 것이 아니라 그리 말할 것이니라.

10 이것이 바로 오늘의 믿음의 길을 가는 백성이요, 나의 피조물 만백성을 하늘에 오르는 길로 간다 하는 것이니라.

11 그러니 모두 제 것에 맞추는 것만 완전한 것이요, 곡식을 담는 그릇이요, 그것에 담는 것만 상하지 아니하고 썩지 아니한다 말하느니라.

12 저보다도 큰 그릇이요, 더 많은 양을 담는 그릇은 그릇도 아니요, 그것은 썩고 병들어 가니, 그것은 새싹으로서 다음 봄에 뿌릴 수 있는 그와 같은 자질이 없어지고 변질된 것이라 그리 과소평가하고 욕하며 그들을 험담하고 나무라는 것이 오늘의 믿음의 길을 가는 자들이니라.

13 그러니 저보다 더 많이 담을 수 있는 그릇이요, 저보다 더 큰 그릇의 뜻을 모르는 자들이 바로 어떤 백성이더냐?

14 남을 시기하고 남을 질투하는 것이며,

15 개인적으로는 저만 최고요, 남의 가르침이요, 남의 깊이를 모르는 자요,

16 그리고 더 나아가서는 모든 종교 집단이요, 지도자들이 저희가 하는 것만 옳은 것이요, 남들이 가는 것은 이단이요, 사탄이요, 거기에는 진리가 없다 말하고 가르치는 오늘의 이 형국이 되어 있음을 알라.

17 나는 너희에게 명하여 전하였느니라.

18 이 세상의 모두는 나 여호와가 존재할 필요성이 있기 때문에 존재시켰으며 그들이 있어야만 하기 때문에 만들어 놓았음이니,

19 그 모두 속에는 나름대로 진리가 있으며, 그들 속에서 깨우칠 수 있는 것이며, 너희가 갖지 못한 아름다움이 있으며, 너희가 베풀지 못하는 사랑의 길을 가고 있으며 그를 행하는 자들이 세상에 수없이 있음이니라.

20 그러니 이제 그 모두를 받아들이고 그 모두를 가슴에 안는 큰 그릇의 역할을 하는 것이 나의 법전을 읽고 깨우친

만백성 너희이니라.
21 너희는 말로써만 큰 그릇이라 말하며,
그 큰 그릇으로써 많은 양을 그 그릇
에 맞춰 담지 못한다면, 그 그릇은 무
엇을 말하는가?
22 작은 그릇의 비평함을 반드시 들어야
할 것이니라.
23 제가 덩치만 크고 그릇만 크면서 저만
큼도 담지 못한다는 그 비평을 면할
수 없으며 그를 받아들이지 아니할 수
없는 것이 너희 운명이니라.
24 너희가 그만큼 큰 그릇이요, 그와 같
이 큰 그릇으로써 역사한다면, 너희가
그만큼 모든 것을 담으며 감싸는 변화
되는 삶이요,
25 현실의 생활에서 그와 같은 역사를 하
는 삶이 얼마나 중요한 것인가를 몸소
깨우쳐 그 큰 그릇만큼 담아야 할 것
이니라.
26 말로만 큰 것이라 하는 나의 아들딸이
되어서는 아니 될 것이며 나의 아들을
따르는 제자가 되어서도 아니 되며,
나의 법전을 읽고 깨우친 만백성이 나
는 큰 것이라 그리 말해서는 아니 되
며,
27 거기에 담고 관리하고 다스릴 수 있는
것을 모두 겸비한 모습으로 변화되지
아니하면 아니 됨을 알라, 사랑하는
나의 아들딸들아!

8,210 번째 하나님 말씀

2003년 10월 31일 11시 32분

1 사랑하는 나의 아들아!
2 "네, 아버님! 말씀하옵소서."
3 의인 한 사람이 세상에 태어남이니,
그 모두를 다 주어도 나 여호와의 기
쁨이 이루 말할 수 없다고 법전에 기
록하여 전했듯이,
4 너희가 인간 세상에 살아가는 그 속에
서도 좋은 친구 한 사람이 있으면 세
상 것이 모두 부럽지 아니하며 그는
행복한 사람이라 그리 말하지 아니하
였더냐?
5 그와 같은 친구가 있다는 것은 무엇이
더냐?
6 물질로써 도움을 받으며 환경에 도움
을 받는 것으로써 그와 같이 좋은 친
구 한 사람이 있다는 것을 평하는 것
이 아님을 알라.
7 너희가 한 사람의 좋은 친구와 세상을
바꾸지 아니한다고 말할 수 있는 그
좋은 친구란 무엇이더냐?
8 모두를 이해하며 사랑으로써 너희를
감싸 주며, 포근한 마음으로써 너희와
대화하는 그와 같은 마음이요,
9 그보다도 더 소중하고 귀한 것은 무엇
이더냐?
10 너희가 어렵고 힘들 때, 그리고 곤궁
하고 빈곤할 때, 그리고 쓰러져 일어
나지 못할 때, 도저히 견딜 수 없는 어
렵고 힘든 그 환경에서 너희에게 등을
돌리지 아니하는 그것이 진정한 친구
요, 세상에 하나밖에 없는 소중한 친
구이니,
11 무엇과도 바꿀 수 없는 그 친구란 바
로 그와 같은 친구이니라.
12 이해하며 사랑하며 포근히 감싸 주며,
그리고 그가 무너질 때 그가 어려울
때 곤궁할 때, 그리고 핍박받을 때,

13 그와 더불어 변하지 아니하고 갈 수
있는 것이 진정한 사랑이요, 아름다움
이라는 것을 알아야 할 것이니라.
14 이제 이와 같은 뜻을 알았다면, 나의
성전에서 나의 법전을 듣고 깨우치는
백성, 너희는 이웃에게 세상에서 가장
좋은 친구가 되는 그 길을 갈 것이며,
15 너희 스스로 좋은 친구가 되고자 노력
해야 함을 잊지 말라.
16 너희가 스스로 좋은 친구가 되며 하나
밖에 없는, 이 세상 무엇과도 바꿀 수
없는 귀한 친구로서 친구 앞에 남고자
한다면, 너희는 그와 같은 삶을 먼저
행하며,
17 그와 같은 이치를 깨달아, 오늘 내가
법전에 기록하여 나의 아들을 통하여
너희에게 전하는 그 포근한 사랑이요,
이해하는 사랑이요, 감싸주는 사랑이
요,
18 그리고 어렵고 힘들 때 등 돌리지 아
니하며 곤경에 빠진 친구를 변호할 수
있는 그와 같은 마음 자세로써 접근하
고 살아가는 백성이 되도록 그리하라.
19 너희는 말하지 않느냐?
20 손뼉이 마주치지 아니하면 소리가 나
지 아니한다 하였음이니,
21 그와 같은 친구를 갖지 못하고 있다
면, 또 그와 같은 친구가 너희가 되지
아니한다면, 너희가 먼저 그와 같은
친구가 되는 그 길을 선택해야 할 것
이니라.
22 나의 법전에서 공부하며 나의 강론을
듣는 백성이 세상 것을 다 주고도 바
꿀 수 없는 소중한 친구가 없다 함은
그 사람이 잘못 산 것도 있지만,
23 주변에 있는 너희가 그와 같은 사람이
되어 주지 못한 너희 마음 자세가 잘
못되었음이니,
24 이를 잘 소화시켜 너희 것으로 만들도
록 그리하라, 사랑하는 나의 아들딸들
아!

8,211 번째 하나님 말씀

2003년 10월 31일 11시 35분

1 사랑하는 나의 아들아!
2 "네, 아버님! 말씀하옵소서."
3 나 여호와가 나의 법전에 기록하여 너
희에게 전하였음이니라.
4 '허허' 웃는 사람 앞에는 독화살도 날
아오다 관통치 못하고 그 앞에서 떨어
진다 말하지 아니하였더냐?
5 그리하여 내가 너희에게 '허허' 웃는
그와 같은 삶을 살라 하였음이니라.
6 그러나 너희는 이제 하나를 더 깨우쳐
야 함을 알라.
7 너희가 속마음과 겉마음이 다른 그와
같은 상태에서 아무리 '허허' 웃는다
해도, 그 화살은 너희 앞에서 떨어지
지 아니하니, 너희를 관통하지 못하고
중단되는 역사가 있지 아니함을 알라.
8 속마음과 겉마음이 다른 자는 아무리
'허허' 웃는다 해도 그 화살은 절대 너
희를 용서치 아니하고 그대로 관통할
것이며, 너희 숨을 멈추게 할 것이니,
이 무서운 사실을 알라.
9 너희가 아무리 나 여호와를 속이고자
하며 아무리 나를 숨기고자 한다 해
도, 너희가 살아가는 삶이요, 행하는
그 모두를 나 여호와는 다 보고 있음

이니라.
10 그러니 이제 나의 아들을 따르는 제자
너희는 속마음과 겉마음이 다른 그와
같은 거짓 웃음을 웃는 삶을 살지 말
라.
11 너희는 속과 겉이 다른 거짓 웃음으로
사는 것이 현명한 자요, 모든 것을 감
출 수 있고 너희를 향하여 날아오는
그 독화살이 나 여호와의 뜻처럼 너희
앞에서 관통치 못하고 떨어질 것이라
그리 생각하나,
12 절대 그 화살은 멈추지 아니하고 너희
를 관통하며 너희 숨을 멈추게 한다는
이 무서운 사실을 알아야 할 것이니
그리 알라.
13 이 이치를 깨닫지 못하고 살아가는 어
리석은 백성이 있다면, 너희는 나의
법전을 만질 자격도 없으며, 나의 법
전을 다스릴 자격도 없으며, 나의 성
전에 와 강론을 들을 자격도 없는 자
임을 알라.
14 너희는 겉마음과 속마음이 다르다면
나의 독화살이 너희를 관통한다는 그
무서운 사실을 알라.
15 오로지 모든 것을 비우고 속과 겉이
하나가 된 자, 그와 같은 백성이 세상
의 모든 것을 놓고 '허허' 웃는 그 순
박하고 아름다운 순진한 웃음 앞에서
만 나의 독화살이 통과하지 못하고 그
앞에서 자연히 힘을 잃고 떨어지는 그
와 같은 기적의 역사를 이룬다는 것을
명심하고 또 명심하도록 그리하라, 사
랑하는 나의 아들딸들아!

8,212 번째 하나님 말씀

2003년 10월 31일 11시 41분

1 사랑하는 나의 아들아!
2 "네, 아버님! 말씀하옵소서."
3 너의 제자들은 알아야 할 것이며, 그
리고 깨달아야 할 것이니라.
4 참진리의 길은 무엇이더냐?
5 나 여호와의 순수한 사랑이요, 그 자
체가 바로 무엇이더냐?
6 순수한 나 여호와의 뜻이요, 순수한
참진리의 길이라는 것은 진정한 헌신
과 봉사가 근본임을 너희는 알아야 할
것이니라.
7 그 길이야말로 영원한 생명의 길이요,
거듭나는 영광을 얻을 수 있는 그 길
에 너희가 오는 것임을 알아야 할 것
이니, 나의 법전에 기록하여 만백성에
게 전하라.
8 참진리의 길과 나의 순수한 사랑 그
자체를 역사하는 것은 진정으로 헌신
하는 마음이요, 봉사하는 마음이요,
9 진정 아름다운 사랑의 마음으로써 존
재하는 그 길만이 영원히 나에게 오르
는 길이라는 것을 너희는 잊어서는 아
니 될 것이니라.
10 나 여호와의 참뜻과 사랑함과 참진리
의 길이 아닌 것은 곧 죄의 행위에 연
결되는 것이며, 죄의 고리에 연결된다
는 그 무서운 사실을 너희는 잊어서는
아니 될 것이니라.
11 오늘의 모든 종교 집단이요, 그들이
진정 계산되지 아니한 진정한 헌신과
진정한 봉사와 진정한 사랑으로써 역
사했다면 오늘과 같이 험악한 세상은

이루어지지 아니하였을 것이며,
12 나의 사랑하는 피조물 만백성들이 혹한에 떨어지는 그 낙엽처럼 지옥 불로 그리 떨어지는 형국은 결코 있지 아니하였을 것이니라.
13 그를 바라보는 나 여호와의 마음이 어떠한 것인가 너희가 다시 한 번 짚어 보고,
14 너희가 나 여호와의 입장이 되어 과연 어떠한 길을 역사해야 할 것이며, 나의 아들을 따르는 제자 너희는 어찌 가야 할 것인가?
15 나의 법전을 만들어 만백성에게 전하는 너희가 개인의 영달이요, 개인의 생각의 연결 고리를 먼저 두고 모두를 살아갈 수 있으며 역사할 수 있는 그 시간과 마음의 여유가 있는가 내가 너희에게 물어보고자 함이니 그리 알라.
16 지금의 모든 나의 백성이 어찌 살아가는 줄 알겠느냐?
17 헛된 욕망과 저 자신이 마음의 구속에서 스스로 벗어나지 못하는 그와 같은 삶을 살고 있음이니라.
18 저희가 욕망의 뿌리요, 욕심의 뿌리를 버리지 못하기 때문에, 나의 사랑하는 피조물 만백성들이 아름다운 자연 속에서 살면서도 저희도 모르는 사이에 마음이 모두 구속된 생활에서 벗어나지 못함이니,
19 불안과 초조함이 그들에게 엄습함을 너희는 알아야 할 것이니라.
20 그리하여 내가 그들에게 욕심의 뿌리요, 사악한 마음의 뿌리를 지우라 하는 것이 여기 있음을 너희는 알아야 할 것이니라.
21 너희가 지금까지 살아온 인간 세상의 향락이요, 인간의 욕심이요, 허황된 그 욕망이요,
22 그저 말로써 행하면 모두 구원을 받는다는 그와 같은 믿음의 길을 가는 백성은 결국 영원히 나로부터 대가요, 은혜요, 상을 받는 것이 아니요,
23 벌과 상의 기준에서 너희가 저지른 그 죄에 대한 대가를 치르는 그 삶밖에 없으며, 죄에 대한 그 대가를 치르는 것은 들어가면 나올 수 없는 지옥 불에 들어가 그 대가를 치른다는 것이니라.
24 나 여호와가 불바다를 걸으며 지옥 불에 들어가며 그 고통이 상상할 수 없다고 말하니 너희는 설마 그러한 고통이 있을까 생각하나,
25 너희는 나로부터 버려진 백성이요, 내가 손을 놓는 그 백성은 그 대가가 얼마만큼 무서운 것인지 알아야 할 것이니라.
26 나 여호와가 너희에게 생명을 내려 주었으며 육의 세상에 살아갈 수 있는 모든 것을 주었으며 그리고 너희가 깨달아 하늘에 오를 수 있도록 몇천 년 전부터 구약과 신약의 시대요, 또 나의 아들 예수까지 너희에게 던져 주었으며,
27 오늘의 나의 아들을 통하여 160권의 법전을 만드는 대장정의 기나긴 장고의 역사를 이루면서까지 내가 너희를 구원하고자 하였음이니,
28 너희가 거기에서 정녕 내 뜻을 따르지 아니하고 거역한 자는 그것이 너희가 치러야 할 대가임을 알아야 할 것이니

라.
29 그 대가가 얼마나 과중하고 무거운가,
그리고 나의 피조물 만백성들을 하늘
로 인도한다면서 그들로부터 모든 것
을 갈취하고 거둬들이며 제왕적인 생
활을 하는 자들이 과연 어떠한 대가를
받을 것인가는, 너희가 나 여호와가
수천 년 동안 역사한 것에 대비해서
생각해 봐도 알게 될 것이니라.
30 모두를 다 태워 버리기 때문이니라.
31 모든 가라지를 뽑아 버리고 유황불에
태워 버린다는 것이 무엇이더냐?
32 악의 씨요, 악의 근본을 모두 숨을 쉬
지 못하도록 하고 존재하지 못하는 그
곳에 들어감이니,
33 그 모두를 태워 버리는 고통이 얼마
나 저리고 아픈가를 스스로 깨달아
행하도록 그리하라.

8,213 번째 하나님 말씀

2003년 10월 31일 11시 46분

1 사랑하는 나의 아들아!
2 "네, 아버님! 말씀하옵소서."
3 이제 내가 너희에게 부탁하고자 하는
그 의미가 어디 있는 줄 알겠느냐?
4 나 여호와가 너희에게 이제 다시 한
번 부탁하며 내가 간곡히 너희에게 원
함이니, 내가 너희에게 크고 높은 경
지를 원함이 아니니라.
5 너희가 매일같이 먹는 그 음식 앞에
진정한 마음이요, 진실된 마음이요,
그리고 너희가 역사하여 먹을 수 있는
그 순간까지 그 모두를 내려 준 나 여
호와에게 감사하며,
6 또한 그를 만들어 너희에게 전하는 인
간의 노고에 대해 진정 감사한 마음을
느끼고 살아가는 그와 같은 순수하고
아름다운 사랑의 마음이라도 갖는다
면 그것으로써 더 이상 바랄 것이 없
는 나 여호와니라.
7 너희가 음식을 놓고 나에게 기도할 때
눈물의 기도요, 감사한 기도요, 진정
감사한 마음으로써 기도한다면,
8 너희가 매일같이 먹고 취하고 하는 그
음식 앞에 감사의 기도를 드릴 때, 그
감사한 은혜에 너희 자신을 다스리지
못하여 자신도 모르게 눈물의 기도를
드릴 수 있는 그와 같이 순수하고 아
름다운 마음을 가지고 그 순간만이라
도 그리 기도한다면 나는 너희에게 더
이상 바라지 아니할 것이니 그리 알라.
9 이것이 나 여호와가 너희에게 바라는
마음이라면, 너희가 얼마나 사악해졌
으며 얼마나 구원하기가 어려우며, 너
희를 다시 되돌려 나의 뜻으로 내 품
에 올 수 있도록 되돌려 놓기가 얼마
나 어렵고 힘들면 이와 같은 작은 소
망이 나의 소망이라 말하겠느냐?
10 매일 먹고 취하는 그 음식 앞에서 그
모두에 눈물로써 감사 기도를 드릴 수
있는 애절하고 순수하고 아름다운 그
마음을 그 순간만이라도 가져 달라는
것이 나의 소원이니라.
11 이는 무엇인 줄 알겠느냐?
12 너희가 음식을 접할 때만이라도 깨끗
하고 아름다운 마음이요, 감사의 눈물
로써 접하며 나에게 기도를 드린다 하
면, 그것이 바로 너희가 지옥문 앞에
서 들어가지 아니하려고 몸부림치는

것은 면할 수 있는 가장 근본이라 하
면 믿겠느냐?
13 그와 같은 행위만 한다 해도 그것으로
써 지옥문 앞에서 몸부림치는 것은 면
할 수 있다 함이니,
14 나의 아들딸 너희에게 하늘에 오르는
것은 다음이요, 감히 기대하지 못하고
그것을 요구하지 아니함이니라, 사랑
하는 나의 아들딸들아!
15 육의 세상에서 부모의 마음이 무엇이
더냐?
16 그저 너희가 건강하게 잘 자라는 것이
먼저 바라는 마음이요, 부귀영화를 누
리며 공명을 얻는 것은 다음 생각이듯
이,
17 죽어 가는 그 자식 앞에서 너희는 어
떠한 기도를 하느냐?
18 제발 죽지만 말고 살아 주기만 바라
며, 살아서 사람 노릇을 해 주기를 바
라며, 공명이요, 효도하는 것은 생각
지도 않지 않더냐?
19 바로 그보다도 더 애절한 마음이 나의
마음이니라.
20 이제 나의 아들을 통하여 너희에게 전
함이니, 너희가 눈으로 보고 매일 먹
고 취하는 그 음식 앞에서 감사의 눈
물의 기도를 드릴 수 있는 순수하고
아름다운 마음으로써 너희를 다스리
고 변해 가도록 하라, 사랑하는 나의
아들딸들아!
21 그렇다면 정녕 지옥문 앞에 가 들어가
지 아니하려고 악을 쓰고 몸부림치는
그것이라도 면할 것이니라.
22 그다음에 깨달음을 얻어 하늘에 오르
는 그 빛을 볼 수 있도록 이를 너희에
게 간곡히 원하고 바람이니 그리 알며,
23 이 모두를 너희 제자들과 나의 법전을
읽고 깨우친 백성, 너희는 나의 이 소
망을 알아야 할 것이며, 내가 원하는
이 작고 아름다운 소망을 만백성에게
전해 주기를 바라느니라, 사랑하는 나
의 아들딸들아!

8,214 번째 하나님 말씀

2003년 10월 31일 11시 51분

1 사랑하는 나의 아들아!
2 "네, 아버님! 말씀하옵소서."
3 성서에 기록하여 전하기를, '5리를 가
기를 원하고 동행하기를 바라는 친구
가 있다면 10리를 가 주라' 그리 말하
지 아니하였더냐?
4 그와 같이 가 주는 것이 무엇이더냐?
5 자기가 아닌 상대방을 위하여 즐겁게
하려고 베푸는 것이며, 또 사랑이라
하였음이니라.
6 그리하여 상대방이 즐거워할 수 있는
일을 해 주는 것, 그리고 너희도 더불
어 그와 같이 역사해 주는 것은 사랑
의 근본이니, 그 모두가 중요하다 하
였음이니라.
7 이제 나의 아들을 따르는 제자들이요,
나의 법전을 읽고 깨우친 만백성 너희
는, 너희로 하여금 상대방이 즐거움은
얻을 수 있는 그와 같은 일이 있다면
그를 거절하며 거부하지 말아야 할 것
이니라.
8 또한, 너희로 하여금 즐거움을 얻을
수 있는 이웃이 있고 형제가 있다면
모두 받아들이고 거부하지 아니해야

하는 그 뜻도 알아야 할 것이니라.
9 그는 바로 무엇인 줄 알겠느냐?
10 너희가 진정한 마음으로써 베푸는 자
요, 진정한 마음으로써 하는 자, 그리
고 진정한 기쁨이요, 진정한 사랑으로
써 그와 같이 역사하는 것은 곧 무엇
이더냐?
11 마음과 행동이 하나가 되는 것임을 알
아야 하기 때문이니라.
12 너희가 진정 아름다운 마음으로써 주
는 자와 받는 자가 같이 그와 같은 마
음을 가지고 주고받는다면 그것은 무
엇이더냐?
13 그 즐거움이요, 그 행복 속에서 너희
도 모르는 사이에 하나가 되며, 또한
너희가 하나로써 역사하는 그와 같은
길이 열리기 때문이니라.
14 그러니 너희는 알아야 할 것이니라.
15 계산이 없고 이해 관계가 없이 진정한
기쁨을 너희로 하여금 남이 얻을 수
있다면, 그 또한 베풀어 주고 역사하
는 것도 너희가 행하고 가야 할 길이
라는 것을 알아야 할 것이니라.
16 이것이 너희가 하나가 되는 길이요,
하나로써 역사할 수 있는 기본이니,
17 여기는 진정한 사랑이요, 진정한 기쁨
이요, 진정한 아름다움을 얻을 수 있
는 자들이 서로 주고받고 역사하는 것
이 바로 하나가 되는 길이니 그리 알
라, 사랑하는 나의 아들딸들아!
18 너희는 이와 같은 이치를 깨우쳐야 할
것이며, 하나를 알면 둘을 알아야 할
것이며,
19 물이 흐르고 흐르는 그 물줄기의 흐름
의 역사와 또 그 물이 흘러가 역사하
는 것을 모두 들여다보며 그를 볼 줄
아는 깨달음의 경지에 이제 한 발짝
한 발짝 다가서야 함을 알아야 할 것
이니라.
20 물이 위에서부터 밑으로 흐르는 것만
고집함이 아니요, 그 물이 흐르면서
많은 생명이요, 식물들이요, 모든 미
생물의 생명수가 되며 흘러가는 그와
같은 것도 더러는 바라볼 줄 알아야
함이니 그리 알라, 사랑하는 나의 아
들아!

8,215 번째 하나님 말씀

2003년 10월 31일 11시 55분

1 사랑하는 나의 아들아!
2 "네, 아버님! 말씀하옵소서."
3 나의 아들 예수는 수없이 십자가의 고
난 속에서 죽어 갈 것이며 그리 꼭 역
사할 것이라는 것을 미리 그 제자들과
그를 따르는 많은 자들에게 알려 주었
으며 여러 번 말로 전해 주었음이니라.
4 그러나 나의 아들 예수는 그와 같이
죽음의 시기에 임박하여 나 여호와에
게 간곡한 기도를 드리지 아니하였던
가?
5 나의 아들 예수는 기도를 드리기를 뭐
라 말하였더냐?
6 '내 아버지여, 만일 할만하시거든 이
잔을 내게서 지나가게 하여주옵소서.
7 그러나 나의 소원대로 마옵시고 아버
지의 뜻대로 하옵소서.' 나의 아들은
마지막 그와 같은 기도를 하였음이니
라.
8 나의 아들은 나로부터 명받은 자요,

나로부터 명받아서 모든 역사를 하는
것은 의지대로 행할 수 없음이니, 자
유로운 의지대로 자신의 뜻대로 행할
수 없다는 것을 잘 아는 나의 아들이
그와 같은 간절한 기도를 드렸음을 너
희는 알아야 할 것이니라.
9 나의 아들 예수가 이 간절한 기도를
드린 것은 무엇이더냐?
10 인간 너희의 육의 고통을 똑같이 다
알고, 그가 당할 시련을 겪는 그것을
나의 아들은 알고 있었기 때문이니라.
11 그리하여 너희가 나의 아들에게 '주
여, 나의 구세주여!' 하며 오로지 나의
아들 예수만이 구원할 자요, 명령권자
요, 구원자라는 그와 같은 말을 하는
것이 얼마나 망발인 것인지를 알아야
할 것이니라.
12 여기서 예수가 나에게 드린 기도요,
예수가 나에게 애원했던 그 기도의 한
구절을 본다면,
13 예수는 구원의 길을 알려 주고 안내하
는 그 위업을 달성하려는 것이요, 너
희를 직접 구원하는 구세주가 아니라
는 것을 알아야 할 것이며, 이를 모르
는 자가 어디 있겠는가?
14 그러나 너희는 이를 알고도 나의 아들
예수가 나요, 내가 나의 아들이라는
이와 같은 광란의 믿음에서 지금 헤어
나지 못하며 그와 같은 행위를 하고
있음이니,
15 너희는 정녕 이와 같은 벽을 넘는 대
변화의 역사가 없이는 하늘에 오르는
진리요, 그 길을 볼 수도 없으며, 나와
아무런 관계도 없는 백성이라는 것을
명심해야 할 것이니라.
16 나의 아들은 십자가에 달릴 시기가 다
왔을 때, 한적한 곳에 앉아 피땀을 흘
려 나에게 기도하였느니라.
17 나의 아들이 기도한 것이 무엇이더냐?
18 이는 나의 아들은 보내진 자로서 명을
받은 자요, 보낸 자는 엄연히 하늘에
창조주 나 여호와가 있음을 나의 아들
이 만백성에게 깨우치고 전함을 너희
는 알아야 할 것이니라.
19 그와 같은 기도 내용이요, 그와 같은
역사를 알고 있으면서도, 어찌하여 오
늘과 같은 사악한 방법으로써 나를 욕
되게 하며, 나의 아들이 내 앞에 와 고
개를 들 수 없는 그와 같은 형국의 짓
을 하고 있는가?
20 너희는 이를 깨우쳐야 할 것이니라.
21 이제 나의 아들을 따르는 너희는 알아
야 할 것이니라.
22 나의 아들은 자유의지대로 모든 것을
할 수 없다는 걸 알고 있음이니라.
23 오로지 나에게 보내진 자요, 나에게
명받은 자니, 그는 자유의지대로 행하
는 것이 아니요, 모두 나의 뜻대로 행
하여진다는 이와 같은 의미를 알고 오
늘에 나의 아들과 더불어 역사하는 그
길을 가야 할 것이니 그리 알라.
24 수천 년 동안 나의 아들 예수가 나와
같다는 그와 같은 말이 나올 수 있는
말이요, 행동이요, 그와 같은 것을 너
희 마음대로 기록하고 전하는 오류를
범해서는 절대 아니 됨을 알아야 할
것이며,
25 오로지 나의 법전에 기록된 그 내용
외에 너희 임의로 변질되어 행하는 행
동을 해서는 아니 될 것이니 그리 알

라.
26 이제 너희는 알라.
27 보내진 자가 따로 있으며 보냄을 받은
자가 있으며, 보낸 자가 있으며, 그리
고 너희를 안내하는 역사를 하는 것이
나의 아들이 예수요,
28 그는 정녕 구원하고 심판하는 권한을
가지고 있지는 아니하며, 구원하고 못
하는 것을 결정짓는 나의 아들이 아니
라는 이 벽을 넘어 바로 서는 그와 같
은 믿음의 길을 가도록 그리 전해 주
고 깨우쳐 주라.
29 불쌍한 나의 백성을 바로 인도하는 것
이 너희의 대명이요, 오늘 해야 할 역
사임을 잊지 말라.

8,216 번째 하나님 말씀

2003년 10월 31일 12시 01분

1 사랑하는 나의 아들아!
2 "네, 아버님! 말씀하옵소서."
3 나의 아들 예수는 십자가에서 고난을
당한다는 걸 수없이 제자들에게 알려
주었다 말하였음이니라.
4 그리고 그는 피눈물보다 더 진한 기도
를 했다 하였음이니라.
5 그러면서 나의 아들이 그 십자가에 매
달려 뭐라 기도했는지 너희는 아느냐?
6 '하나님 아버지! 아버지여 어찌하여
저를 버리시나이까?' 그는 그 고통스
러운 절규의 기도를 했음이니,
7 너희는 그 기도의 내용으로써 모든 하
늘의 이치요, 법도를 깨달아야 할 것
이며, 내가 더 이상 너희에게 말하지
아니하고자 함이니라.
8 다만, 나의 아들의 그 기도 소리를 들
으면서 나 여호와를 원망하는 그 기도
를 나의 아들이 했음을 너희는 알겠는
가?
9 '아버지, 어찌하여 저를 버리시렵니
까?' 그 기도는 무엇이더냐?
10 의지대로 할 수 없는 것을 깨달은 나
의 아들이 나를 원망하는 기도를 드렸
다는 것을 너희는 다시 한 번 상기해
보라.
11 나를 원망하는 그 기도를 드리는 나의
아들의 소원을 듣지 아니하고 그를 거
둬들이지 아니하며 버린 나 여호와이
니, 그 가슴의 아픔을 과연 너희는 어
찌하겠는가?
12 그와 같은 가슴 아픔을 안다면 오늘의
종교 집단이요, 지도자들 너희는 어찌
살아야 하는가?
13 너희가 호의호식하기 위해 나의 백성
으로부터 재물을 거둬들이고 더 큰 교
회요, 더 큰 성전을 지으려고 역사하
는 그와 같은 삶을 살아갈 수 있는가?
14 그와 같은 행위를 하는 자들이 과연
내가 나의 아들의 원망하는 그 기도를
들어 주지 아니하고 너희를 위하여 모
든 것을 덮어 두었던 그 고통의 시련
을,
15 그리고 나의 아들이 어찌하여 '아버
지, 나를 버리시렵니까?' 한 그 애절한
기도,
16 모든 것을 자유의지대로 할 수 없는
그 길을 간다는 것을 알면서도 나의
아들이 원망 섞인 그 고통의 기도는,
얼마나 절규했으며, 얼마나 고통스럽
고 두려웠으면 그 기도를 했겠는가?

17 그 기도의 내용을 듣는다면, 오늘의
이와 같은 험악한 세상을 만든 그 죄
인들은 고개를 들고 이 광명천지를 볼
수 없으며,
18 오늘의 종교 집단이요, 지도자요, 구
원을 받았다는 자들은 혓바닥을 땅에
대고 기어야 할 것이며, 코를 땅에 대
고 기어야 하는 것이 오늘의 종교 지
도자요, 사악한 자들이 가야 할 길이
라 나의 법전에 기록한 대목을 너희는
상기해야 할 것이니라.
19 너희 스스로 말하느니라.
20 말세요, 종말의 시대요, 도둑이 들끓
는 세상이라 그리 말함이니라.
21 어찌하여 사람이 사람을 맹수보다도
더 두렵고 무섭게 보는 세상을 만들었
는가?
22 이것이 과연 나의 아들이 원망스러운
그 기도를 드리며 '아버지 어찌하여
나를 버리시렵니까?' 하고 절규하는
원망 소리를 들으면서 들어주지 아니
하고, 너희를 위하여 그를 던져 버린
그 결과가 오늘이란 말이더냐?
23 오늘의 종교 집단 지도자 그리고 광적
인 신도들이 얼마나 어리석고 불쌍한
백성이며 사악한 자들인 줄 알겠는가?
24 그들은 모든 기본 자체도 말살한 자들
이며 기본의 원리도 모르는 자들이니,
얼마나 기본을 무시하는 어리석은 백
성이며, 오늘에 사악한 삶을 사는 줄
아느냐?
25 어떤 자가 죽어 가면서 말하지 아니
하였느냐, '산을 산으로 보고 물을 물
로 보라'.
26 그리하여 너희가 물을 물로 보며 산을
산으로 보는 그와 같은 기본의 기초반
이라도 알고 그것만이라도 아는 지혜
가 있었다면, 오늘같이 험악한 이와
같은 세상은 되지 아니하였을 것이니
라.
27 산을 산으로 보며 물을 물로 보는 그
와 같은 지혜를 얻지 못했으며 그 지
혜마저도 다 버리고 사는 자들이니,
28 그대로 보지 아니하고 그대로 받아들
이지 아니하는 것이 오늘의 종교 집단
이요, 사악한 자들이니라.
29 그리하여 그들이 오늘의 이 비극을 초
래했으며 이 사악한 시대를 만들었으
며 종말의 시대를 만들었음이니라.
30 그 대가를 나의 법전으로 하여금 너희
를 다스리고자 하는 것이요, 너희에게
다시 한 번 기회를 줌이니,
31 여기서 깨닫고 나의 법전을 가슴에 안
고 정독하는 자는 구원을 받을 것이
며, 나의 아들의 그 원망의 기도에 대
한 대가를 치르며 그 보상을 하는 길
이요,
32 그렇지 아니하는 자는 영원히 그것을
모두 거역하는 자요, 나에게 오기를
거부하는 자들이라는 것을 알라.

부 록

【하나님께서 가르쳐 주신 운동】

천재지변이 일어날 때, 동물이나 미물들은 미리 알고 대피하지만, 인간은 알지 못하고 큰 화를 당합니다. 하나님께서 인간에게 가장 높은 지혜를 주시고 완벽하게 창조해 주셨기에 동물들보다 더 잘 알 수 있지만, 욕심으로 마음이 혼탁해져서 한 치 앞을 보지 못하는 것입니다.

마찬가지로, 인간은 누구나 스스로 필요한 운동을 해서 건강을 지킬 수 있도록 하나님께서 만들어 주셨습니다. 우리의 머리에서 우리 몸에 필요한 동작을 해 달라고 끊임없이 신호를 보내지만, 인간이 혼탁하게 살아서 그 신호를 알아채지 못합니다. 그러니 자연스럽게 자기 몸이 원하는 그 신호를 따라서 운동하는 것이 하나님께서 가르쳐 주신 운동 방법입니다. 바로, 우리의 영이 육을 이끄는 운동입니다.

▶ 하나님 운동법

1. 눈을 감고, 발을 어깨너비로 벌리고 바르게 선다.
2. 몸에 힘을 풀고, 허리를 숙이면서 손과 머리를 아래로 내린다.
3. 허리를 펴고 싶을 때, 천천히 펴면서 하고 싶은 동작을 하면 운동이 시작된다. (사람마다 다르다.)
4. 멈추지 말고, 어떤 동작이든지 자기 몸의 느낌대로 계속 이어서 한다.

▶ 참고 사항

① 눈을 감은 상태로 아무 생각 하지 않고, 자기 몸의 느낌대로 움직입니다.

② 마음을 비우고, 욕심을 버리고, 지난날의 잘못을 반성하면서 몇 차례 시도하다 보면, 자기도 모르게 하고 싶은 동작이 끊임없이 생깁니다.

③ 운동 장소는 방 안이든 운동장이든 관계없으며, 걷거나 달리고 싶을 때는 눈을 떠도 됩니다.

④ 매일 40분 이상, 주 4회 이상, 3개월 이상 하면 음식 조절에 들어갑니다.
- 음식으로 생긴 병은 음식으로 치료하게 되며, 어떤 음식을 먹어야 하는지 스스로 알게 됩니다.
(자기 몸에 필요한 음식만 먹고 싶어집니다.)

⑤ 사랑하는 사람과 함께 운동하면 서로 치료해 주기도 합니다.

⑥ 운동을 하다가 몸의 어느 한 부분을 계속 손으로 자극한다면 그쪽에 이상이 있는 것이니, 의사에게 상담을 받고 적절한 치료를 받으면 됩니다.

⑦ 다이어트 및 기타 건강관리에 효과적입니다.

⑧ 꾸준히 운동하여 영이 맑아지면, 자신의 과거와 미래를 스스로 보게 됩니다.

누구나 스스로 하실 수 있습니다.

간행사

《새로운 성경》은:

· 새로운 성경은, 하나님께서 선량하고 선한 자를 선택하여 십계명을 암송하도록 하시고, 십계명을 암송한 다음에 음성으로써 들려주시는 말씀을 듣고 그대로 카세트테이프에 녹음해서 받아쓴 책입니다.

· 90분짜리 녹음테이프 700여 개에 달하는 말씀으로, 1999년 8월부터 2004년 7월까지 총 160권(권당 288쪽)을 완성하였으며, 그 이후에도 현재까지 계속 말씀을 내려 주고 계십니다.

· 새로운 성경은 "하늘을 두루마리 삼고 바닷물을 먹물 삼아 쓰고 써도 다 못 쓴다"는, 끝없이 방대한 하나님의 말씀이 두루마리로 직접 내려오는 것입니다. 이러한 새로운 성경은 구약과 신약을 폐하려는 것이 아니라 "인봉된 성서의 비유의 뜻"을 상세히 설명하여 완성하고자 하나님께서 직접 내려 주신 말씀입니다.

《새로운 성경》의 구성:

· 제 목: 2013년, 160권 모음집을 발간하면서, 본 도서의 제목을 "하나님! 말씀하옵소서"에서 《새로운 성경》 으로 명해 주셨습니다.

· 단행본: 각 권당 288쪽(신국판) 책이 160권까지 시리즈로 출판됩니다.
(모음집은 단행본을 16권씩 묶어서, 총 10부로 구성됩니다.)

《새로운 성경》의 성경적 근거:

· 신약 성경 [요한복음] 16장 13절에 "진리의 성령이 오시면 그가 너희를 모든 진리 가운데로 인도하시리니 그가 자의로 말하지 않고, 오직 듣는 것만을 말하며" 하신 말씀처럼 하나님의 음성을 들은 것만 기록하였으며,

· "장래 일을 너희에게 알리시리라" 하신 말씀과 같이 개인, 나라, 인류의 "장래"일을 하나님께서 알려 주시는 것만 기록하여 책으로 만들었습니다.

《새로운 성경》의 기록 방법:

· 1999년 8월부터 하나님께서 저에게 들려주시는 음성을 기록하였습니다. 처음에는 제가 들은 말씀을 불러 주면 저의 아내가 기록하여, 2000년 1월 29일에 1권 초판이 세상에 나왔습니다. 2000년 4월부터는 주시는 말씀을 받아 녹음기에 기록하여 시리즈로 출간하기 시작하였습니다.

· 녹음을 시작하면서 하나님의 말씀을 받는 데 가속도가 붙었고, 2001년 5월 3일에 1부(1~16권까지)를 인쇄하여 출판하였으며, 2004년 7월까지 총160권 분량의 말씀을 받아 기록하였습니다.

하나님께서 저에게 주신 것은:

· 첫째, 만백성을 상대로 내려 주시는 "기도", 둘째, 수시로 내려 주시는 "묵상", 셋째, 개인의 과거, 현재, 미래를 알려 주시는 "개인 기도", 넷째, 개인의 건강을 위해서 내려 주시는 "음식 처방", 다섯째, 하나님께서 가르쳐 주신 "운동"등이 있습니다. 이 중에 첫 번째, "기도"를 책으로 편찬하였습니다. 사람의 생사, 개인의 미래에 관한 천기는 수록하지 말라 하셨습니다.

강론 안내:

· 하나님께서는 지금도 매일 저에게 새로운 하늘의 비밀의 말씀을 내려 주고 계십니다. 수시로 내려 주시는 말씀을 정리해서 제자를 육성하라는 말씀에 따라 매주 강론을 하고 있습니다. 누구나 무료로 들으실 수 있습니다. (book160.com)

《새로운 성경》을 읽는 분들에게 드리는 선물:

· 개인 기도: 개인의 과거, 현재, 미래에 관하여 말씀을 내려 주십니다.

· 음식 처방: 사람은 음식을 먹고살다가 건강을 잃으니, 음식과 운동으로 건강을 되찾는 방법을 알려 드립니다. 단, 하나님이 계심을 믿고, 십계명을 지키겠다고 진실로 서약하는 분들께 알려드립니다.

《새로운 성경》의 은혜와 기적:

· 새로운 성경 전160권은 16권씩 묶어서 총 10부의 모음집으로 구성됩니다. 모음집 한 부를 읽고 깨우치는 자에게 하나님께서 다음과 같은 기적이 있다고 하셨습니다.

· "첫째, 그가 죽어 하늘에 갔을 때 그의 죄를 묻지 아니하며, 구원을 받는 위대한 은혜가 있으며, 둘째, 그의 소원과 소망이 이루어지고, 셋째, 죽은 자(부모, 형제, 자식, 사랑하고 은혜 입은 분)의 이름으로 구입한 책을 읽고 누군가 한 사람이 깨우칠 때, 그 죽은 자가 지옥에서 천국으로 구원을 받게 되며, 넷째, 유산, 중절 수술 등으로 태어나지 못한 아이를 위하여 구입한 책을 보고 한 명이 깨우쳤을 때, 그 아이가 사람으로 다시 한 번 태어나는 은혜를 받는다."

· "새로운 성경"을 3회 이상 정성을 다해 정독하는 자, 성서의 비밀을 알게 되고, 세상의 이치를 알게 되며, 세상을 지배하고 통제할 수 있는 지혜를 다 얻게 된다고 하셨습니다. 이 책은 만백성이 정독하고 이웃에게 전하여, 평생 가슴에 묻은 슬픔과 고통의 짐을 벗고 미래를 위한 힘찬 삶을 살아가도록 하는 책입니다.

끝으로

· 하나님께서는 흰 눈이 세상을 덮듯이 새로운 성경을 온 세상에 전하라고 하셨습니다. 《새로운 성경》을 각국어로 번역해서 온 인류에게 구원의 길을 깨우쳐 주고, 그 수익으로 가난하고 어려운 백성을 구제하여, 만백성의 영과 육을 함께 구원하는 선지자의 임무를 수행하라고 저에게 명하셨습니다.

· 하늘에서 내려 주신 말씀의 보화를 만백성에게 나누어 주는 것이 선지자의 임무라고 하셨습니다. 새로운 성경을 통해서 얻는 재물을 사용할 곳도 하나님께서 일일이 명해 주십니다. 모든 재물은 저의 자의로 쓸 수 없고, 하나님께서 명하시는 대로만 쓰여집니다.

· 어떤 명분으로든 십일조나 각종 헌금을 거두어들이지 말라 하셨으며, 국내뿐 아니라 각국에 성전과 단독 서점을 운영하며, 한국의 많은 젊은이들을 전 세계에 지도자로 내보내라고 하셨습니다.

· 우리는 세계적으로 새로운 성경을 보급하며 어려운 이들을 돕는 역사를 해 나갈 것입니다. 지금까지 비록 몇 명 안 되는 제자들과 함께 이러한 일을 역사했지만, 앞으로도 계속 하나님께서 기뻐하시는 일들을 해 나갈 것입니다. 부족한 저희에게 여러분들의 지혜와 성원을 보내 주시기를 바랍니다. 많은 분들의 참여와 도움을 간절히 기다립니다. 감사합니다.

한국어로 내려온 《새로운 성경》 단행본을 출간하며
2016년 4월 10일

발행인 **김 용 철**

한국어로 내려온

새로운 **성 경** · 7부 · 제112권

지은이 하나님 말씀
대역자 김용철

초판인쇄 1쇄 2017년 4월 3일

펴낸 곳 도서출판 하얀마음
등록번호 제 10-2107호 (2001년 2월 14일)
주소 서울시 노원구 덕릉로86길5, 2층
전화번호 02) 313-1114
팩스 02) 393-5554
전자우편 book160@hanmail.net
편집위원 조나영 김미향 이석교
제작지원 김남태 이은미 김보라 조옥순

도서상담 1600-7527
ISBN 978-89-5875-212-7 (04230)
978-89-5875-100-7 (세 트)

값 10,000원
잘못된 책은 구입하신 곳에서 바꾸어 드립니다.

※이 책은 10부로 제작되며, 각 부 16권씩 총160권으로 구성됩니다.※

1부	2부	3부	4부	5부	6부	**7부**	8부	9부	10부
1권	17권	33권	49권	65권	81권	97권	113권	129권	145권
2권	18권	34권	50권	66권	82권	98권	114권	130권	146권
3권	19권	35권	51권	67권	83권	99권	115권	131권	147권
4권	20권	36권	52권	68권	84권	100권	116권	132권	148권
5권	21권	37권	53권	69권	85권	101권	117권	133권	149권
6권	22권	38권	54권	70권	86권	102권	118권	134권	150권
7권	23권	39권	55권	71권	87권	103권	119권	135권	151권
8권	24권	40권	56권	72권	88권	104권	120권	136권	152권
9권	25권	41권	57권	73권	89권	105권	121권	137권	153권
10권	26권	42권	58권	74권	90권	106권	122권	138권	154권
11권	27권	43권	59권	75권	91권	107권	123권	139권	155권
12권	28권	44권	60권	76권	92권	108권	124권	140권	156권
13권	29권	45권	61권	77권	93권	109권	125권	141권	157권
14권	30권	46권	62권	78권	94권	110권	126권	142권	158권
15권	31권	47권	63권	79권	95권	111권	127권	143권	159권
16권	32권	48권	64권	80권	96권	112권	128권	144권	160권